SAFE

2017

国家外汇管理局

重要文件选编

State Administration
of Foreign Exchange

2017 SELECTED
IMPORTANT
DOCUMENTS

国家外汇管理局综合司 编

中国财经出版传媒集团
中国财政经济出版社

图书在版编目（CIP）数据

国家外汇管理局重要文件选编．2017/国家外汇管理局综合司编．—北京：中国财政经济出版社，2018.6

ISBN 978－7－5095－8285－5

Ⅰ.①国…　Ⅱ.①国…　Ⅲ.①外汇管理－金融法－汇编－中国②外汇管理－文件－汇编－中国　Ⅳ.①D922.286.9②F832.63

中国版本图书馆CIP数据核字（2018）第115316号

责任编辑：贾延平　张　莹　　　　责任校对：杨瑞琦

封面设计：孙俪铭

中国财政经济出版社出版

URL：http：//www.cfeph.cn

E－mail：cfeph@cfeph.cn

社址：北京市海淀区阜成路甲28号　邮政编码：100142

营销中心电话：010－88191537　北京财经书店电话：64033436　84041336

北京联兴盛业印刷股份有限公司印刷

787×1092毫米　16开　19.25印张　533 000字

2018年8月第1版　2018年8月北京第1次印刷

定价：90.00元

ISBN 978－7－5095－8285－5

（图书出现印装问题，本社负责调换）

本社质量投诉电话：010－88190744

打击盗版举报热线：010－88191661　QQ：2242791300

目　　录

第一章　综合管理

第二章　结售汇与外汇市场管理

第三章　国际收支统计

第四章　经常项目外汇管理

第五章　资本项目外汇管理

第六章　外汇管理检查

附　录

第一章　综合管理

国家外汇管理局关于进一步推进外汇管理改革完善真实合规性审核的通知

汇发〔2017〕3号

国家外汇管理局各省、自治区、直辖市分局、外汇管理部，深圳、大连、青岛、厦门、宁波市分局，各中资外汇指定银行：

为进一步深入推进外汇管理改革，简政放权，支持实体经济发展，促进贸易投资便利化，建立健全宏观审慎管理框架下的资本流动管理体系，现就有关措施通知如下：

一、扩大境内外汇贷款结汇范围。允许具有货物贸易出口背景的境内外汇贷款办理结汇。境内机构应以货物贸易出口收汇资金偿还，原则上不允许购汇偿还。

二、允许内保外贷项下资金调回境内使用。债务人可通过向境内进行放贷、股权投资等方式将担保项下资金直接或间接调回境内使用。银行发生内保外贷担保履约的，相关结售汇纳入银行自身结售汇管理。

三、进一步便利跨国公司外汇资金集中运营管理。境内银行通过国际外汇资金主账户吸收的存款，按照宏观审慎管理原则，可境内运用比例由不超过前六个月日均存款余额的50%调整为100%；境内运用资金不占用银行短期外债余额指标。

四、允许自由贸易试验区内境外机构境内外汇账户结汇。结汇后汇入境内使用的，境内银行应当按照跨境交易相关规定，审核境内机构和境内个人有效商业单据和凭证后办理。

五、进一步规范货物贸易外汇管理。境内机构应当按照“谁出口谁收汇、谁进口谁付汇”原则办理贸易外汇收支业务，及时办理收汇业务，外汇局另有规定除外。

六、完善经常项目外汇收入存放境外统计。境内机构因各种原因已将出口收入或服务贸易收入留存境外，但未按《国家外汇管理局关于印发货物贸易外汇管理法规有关问题的通知》（汇发〔2012〕38 号）、《国家外汇管理局关于印发服务贸易外汇管理法规的通知》（汇发〔2013〕30 号）等办理外汇管理相关登记备案手续或报送信息的，应于本通知发布之日起一个月内主动报告相关信息。

七、继续执行并完善直接投资外汇利润汇出管理政策。银行为境内机构办理等值 5 万美元以上（不含）利润汇出业务，应按真实交易原则审核与本次利润汇出相关的董事会利润分配决议（或合伙人利润分配决议）、税务备案表原件、经审计的财务报表，并在相关税务备案表原件上加章签注本次汇出金额和汇出日期。境内机构利润汇出前应先依法弥补以前年度亏损。

八、加强境外直接投资真实性、合规性审核。境内机构办理境外直接投资登记和资金汇出手续时，除应按规定提交相关审核材料外，还应向银行说明投资资金来源与资金用途（使用计划）情况，提供董事会决议（或合伙人决议）、合同或其他真实性证明材料。银行按照展业原则加强真实性、合规性审核。

九、实施本外币全口径境外放款管理。境内机构办理境外放款业务，本币境外放款余额与外币境外放款余额合计最高不得超过其上年度经审计财务报表中所有者权益的 30%。

十、违反本通知规定的，由外汇局根据《中华人民共和国外汇管理条例》依法处罚。

十一、本通知自发布之日起施行，由国家外汇管理局负责解释。外汇局将定期评估政策实施效果，根据国际收支形势对政策进行调整。以前规定与本通知内容不一致的，以本通知为准。

各分局、外汇管理部接到本通知后，应尽快转发辖内中心支局、支局和外汇指定银行，并认真遵照执行。

二〇一七年一月十八日

附 1：

深入推进外汇管理改革
维护外汇市场健康有序发展

（国家外汇管理局新闻稿　2017 年 1 月 26 日）

为贯彻落实党的十八大和十八届三中、四中、五中、六中全会以及中央经济工作会议精神，进一步深入推进外汇管理改革，简政放权，支持实体经济发展，防范跨境资金流动风险，日前，国家外汇管理局发布《国家外汇管理局关于进一步推进外汇管理改革完善真实合规性审核的通知》（汇发〔2017〕3 号，以下简称《通知》）。

《通知》主要是兼顾便利化和防风险。一方面继续锐意改革，实施利于外汇收支平衡的政策措施，支持实体经济发展。另一方面督促银行、企业遵守现行外汇管理规定，严格落实真实合规性审核责任，加强境外留存资金等统计分析，完善跨境资金本外币一体化管理，防范风险。真实合规的跨境收支和汇兑不受影响。具体包括三方面九项措施：

一、深化改革，提升贸易投资便利化水平。一是扩大境内外汇贷款结汇范围。二是允许内保外贷项下资金调回境内使用。三是提高境内银行国际外汇资金主账户吸收的存款境内运用比例。四是允许自由贸易试验区内境外机构境内外汇账户办理结汇。

二、完善管理，加强真实合规性审核。一是进一步规范货物贸易外汇管理，企业出口应及时收汇。二是继续执行并完善直接投资外汇利润汇出管理政策，明确等值 5 万美元（不含）以上外汇利润汇出业务的单证及签注要求。明确利润汇出前应先依法弥补以前年度亏损。三是进一步明确境内机构办理境外直接投资登记和资金汇出手续时，应向银行说明投资资金来源与资金用途（使用计划）情况，提供董事会决议（或合伙人决议）、合同或其他真实性证明材料。

三、加强统计，统筹本外币管理。一是境内机构因各种原因已将出口收入或服务贸易收入留存境外，但未按规定办理外汇管理相关登记备案手续或报送信息的，应于本通知发布之日起一个月内主动向所在地外汇局报告相关信息。二是对境内机构境外放款业务实行本外币一体化的宏观审慎管理。境内机构办理境外放款业务，本币境外放款余额与外币境外放款余额合计最高不得超过其上年度经审计财务报表中所有者权益的30%。

《通知》自发布之日起施行。外汇局将定期评估政策实施效果，根据国际收支形势适时调整。

附 2：

国家外汇管理局有关负责人就进一步推进外汇管理改革完善真实合规性审核有关问题答记者问

（2017 年 1 月 26 日）

日前，国家外汇管理局印发《国家外汇管理局关于进一步推进外汇管理改革完善真实合规性审核的通知》（汇发〔2017〕3 号，以下简称《通知》）。国家外汇管理局有关负责人就相关问题回答了记者提问。

一、《通知》出台的主要背景和思路是什么？

答：一直以来，外汇局紧密围绕党中央、国务院工作部署，加快推进简政放权和政府职能转变，狠抓改革攻坚，降低制度性交易成本，促进贸易投资便利化。同时，加强跨境资金流动监测预警，严格履行真实合规性审核要求，保持对外汇违法违规行为的高压打击态势，维护健康外汇市场秩序，服务实体经济发展。《通知》继续落实上述工作思路，一是有序推进重点领域改革，特别是境内外汇市场对外开放方面，进一步促进贸易投资便利化。二是建立健全宏观审慎管理框架下的资本流动管理体系，要求银行、企业遵守现行外汇管理规定，确保交易真实合规，在改革开放总原则下坚守风险底线，维护外汇市场秩序，防范跨境资金流动风险。真实合规的跨境收支和汇兑不受影响。

二、允许具有货物贸易出口背景的境内外汇贷款办理结汇，对市场有何好处？有何注意事项？

答：在风险可控前提下，允许具有货物贸易出口背景的境内外汇贷款办理结汇，将有利于解决部分中小进出口企业融资难融资贵问题，也利于实体经济发展。可结汇资金主要包括信用证及托收项下出口押汇、出口贴现、出口商业发票贴现、出口保理、福费廷、订单融资、协议融资、出口海外代付、打包放款等具有货物贸易出口背景的境内外汇贷款。同时，为避免企业和银行资金货币错配，降低境内外汇贷款结汇对货币政策的冲击，对于已结汇使用的境内外汇贷款，要求境内机构以货物贸易出口收汇资金偿还，原则上不允许购汇偿还，在总量上保持外汇市场供求平衡。

三、允许内保外贷项下资金调回境内使用的主要考虑是什么？

答：2016年以来，全口径跨境融资宏观审慎管理政策实施，境内中资企业可在净资产的一定比例内借用外债。在全口径跨境融资宏观审慎管理框架下，允许内保外贷项下资金以外债形式调回境内使用，将有利于进一步便利企业跨境投融资，充分利用境内外两个市场资源，缓解融资难融资贵的问题，服务实体经济。实际操作方面，按照现行外债管理相关规定办理外债登记即可。同时，也允许内保外贷项下资金按相关规定以股权投资形式调回境内使用。

四、对支持跨国公司外汇资金集中运营管理方面，有何新进展？

答：2015年印发的《跨国公司外汇资金集中运营管理规定》（汇发〔2015〕36号），允许"境内银行通过国际外汇资金主账户吸收的存款，可在不超过前六个月日均存款余额的50%额度内境内运用；在占用短期外债余额指标的前提下，可将国际外汇资金主账户吸收存款中超过50%的部分境内运用"。实践中各银行主要结合自身经营实际，确定境内运作的具体模式和路径。此次将50%的比例调整为100%，且境内运用资金不占用银行短期外债余额指标，主要是为进一步发挥银行主动性，优化国际外汇资金主账户功能，丰富资金运用渠道。

五、允许自由贸易试验区内境外机构境内外汇账户办理结汇，主要考虑是什么？

答：建立自由贸易试验区，是党中央、国务院在新形势下深化改革和扩大开放的重大举措，外汇局积极支持、贯彻落实。根据《国家外汇管理局关于境外机构境内外汇账户管理有关问题的通知》（汇发〔2009〕29号），未经注册所在地国家外汇管理局分局、管理部批准，不得直接或者变相将境外机构境内外汇账户内资金结汇。为探索离岸性质账户监管经验，进一步发挥自由贸易试验区全面深化改革和扩大开放试验区作用，《通知》允许在自由贸易试验区内银行开立的境外机构境内外汇账户（NRA账户）内外汇资金可办理结汇，结汇后汇入境内使用的，按照跨境交易相关规定，审核境内机构和境内个人有效商业单据和凭证后办理，按规定办理国际收支统计申报。此外，2015 年，外汇局已明确境外机构按照规定可开展即期结售汇交易的业务，注册在自由贸易试验区内的银行可以为其办理人民币与外汇衍生产品交易，允许自由贸易试验区内境外机构境内外汇账户结汇，也可进一步推进上述创新措施发挥效果。

六、《通知》为何再次强调“企业应当按照‘谁出口谁收汇、谁进口谁付汇’原则办理贸易外汇收支业务，及时办理收汇业务”？

答：按照《货物贸易外汇管理指引》第十四条以及《货物贸易外汇管理指引实施细则》第二条规定，企业应当按照“谁出口谁收汇、谁进口谁付汇”原则办理贸易外汇收支业务，出口业务应按合同约定及时、足额收回货款。代理进出口业务的，应由代理方收付汇。同时，对于符合规定的收付汇单位和进出口单位不一致的情况，企业可在所在地外汇局办理主体变更手续。近期外汇局在监测和核查中发现，少数企业存在出口不收汇或少收汇、进出口报关主体和收付汇主体不一致等情况，扰乱正常外汇收支秩序。为此，《通知》对上述要求进行重申，警示风险，强调外汇业务真实合规，以进一步规范外汇市场秩序，服务经济持续健康发展。

七、为何要求境内机构报送经常项目外汇收入存放境外信息？

答：按照现行《国家外汇管理局关于印发货物贸易外汇管理法规有关问题的通知》（汇发〔2012〕38 号）、《国家外汇管理局关于印发服务贸易外汇管理法规的通知》（汇发〔2013〕30 号）等规定，境内机构货物贸易和服务贸易外汇收入存放境外，应事前到外汇局办理境外外汇账户开户登记或核准手续，并及时报送境外外汇账户收支信息，外汇局对其实施非现场监测。监测核查中发现，个别机构因各种原因未按规定办理相关登记备案手续或报送信息。为全面了解和掌握经常项目外汇收入情况，对存放境外外汇收入信息进行全面采集，规范数据报送，完善外汇收入存放境外管理，《通知》要求对于未按照规定及时报告境外账户及其收支相关信息的，境内机构应在《通知》发布之日起一个月内主动、完整、准确地向所在地外汇局现场报告或通过系统补录相关信息，以便全面掌握相关信息。未按《通知》规定办理登记和信息报告的，外汇管理部门依据《外汇管理条例》予以处罚。

八、《通知》对境内机构利润汇出管理进行了哪些完善？

答：直接投资利润汇出属于经常项目。我国已实现经常项目可兑换，境内机构真实合规的利润，只要按程序出具证明材料，可以直接在银行办理汇出手续，没有任何限制。根据《公司法》等，《通知》进一步明确境内机构利润汇出前应先依法弥补以前年度亏损，重申等值5万美元（不含）以上利润汇出单证审核要求，对境内机构利润汇出未增加新的审核材料。等值5万美元（含）以下的利润汇出，仍按照《国家外汇管理局关于印发服务贸易外汇管理法规的通知》（汇发〔2013〕30号）规定，银行原则上可不审核交易单证，但对于资金性质不明确的，应要求境内机构和境内个人提交交易单证进行合理审查。银行应继续按照"展业三原则"的要求，完善对境内机构利润汇出真实性和合规性审核，这是符合国际惯例的。

九、在境外直接投资管理方面，是否有政策调整？

答：外汇局一贯支持真实合理的境外直接投资。近年来，在境外直接投资政策方面不断简政放权，从较多的审批核准转向登记备案，境外直接投资外汇管理政策是一贯的、稳定的。《通知》并未改变境外直接投资的监管导向，要求境内机构应向银行说明投资资金来源与资金用途（使用计划）情况，提供董事会决议（或合伙人决议）、合同或其他真实性证明材料，主要是完善真实性合规性审核，目的是促进我国境外直接投资持续健康发展，实现互利共赢、共同发展。相关真实性材料可为董事会决议（或合伙人决议）、合同或财务报表（说明资金来源）等，以及资金使用计划（说明资金用途）等。

十、实施本外币全口径境外放款管理的主要考虑是什么？

答：人民币与外币跨境流动对国际收支的影响本质相同，人民银行、外汇局一贯坚持完善跨境资金本外币一体化管理。2016年4月，人民银行发布《关于在全国范围内实施全口径跨境融资宏观审慎管理的通知》（银发〔2016〕132号），将本外币一体化的全口径跨境融资宏观审慎管理试点扩大至全国范围内的金融机构和企业，进一步丰富境内市场主体融资渠道，助力降低融资成本，服务和支持实体经济发展。《通知》对境内企业办理境外放款业务实施本外币一体化的宏观审慎管理，是为进一步建立健全宏观审慎管理框架下的资本流动管理体系，促进本外币跨境资金流动双向平衡，加强和改善宏观调控。现行其他外汇管理规定关于上述"所有者权益"的比例规定与本《通知》不一致的，按照本《通知》执行。

国家外汇管理局关于宣布废止失效6件外汇管理规范性文件的通知

汇发〔2017〕25号

国家外汇管理局各省、自治区、直辖市分局、外汇管理部，深圳、大连、青岛、厦门、宁波市分局，各中资外汇指定银行：

为贯彻落实国务院有关简政放权、放管结合、优化服务改革措施等要求，进一步促进贸易政策便利化，国家外汇管理局对有关规范性文件进行了清理，现就部分规范性文件效力通知如下：

一、对以下2件外汇管理规范性文件，予以废止：

（一）国家外汇管理局综合司关于信息系统代码标准化工作有关事项的通知（汇综发〔2009〕101号）

（二）国家外汇管理局关于发布金融机构外汇业务数据采集规范（1.0版）的通知（汇发〔2014〕18号）

二、对以下4件外汇管理规范性文件，宣布失效：

（一）国家外汇管理局关于境内居民个人外汇存款投资B股市场有关问题的补充通知（汇发〔2001〕33号）

（二）国家外汇管理局综合司关于推广使用外商投资企业外汇收支情况网上报审系统的批复（汇综复〔2005〕83号）

（三）国家外汇管理局国际收支司关于使用全国组织机构代码信息共享平台的通知（汇国发〔2006〕14号）

（四）国家外汇管理局综合司关于对外金融资产负债及交易统计系统上线运行的通知（汇综发〔2015〕1号）

本通知自公布之日起生效。国家外汇管理局各分局、外汇管理部收到本通知后，应及时转发辖内中心支局（支局）、城市商业银行、农村商业银行、外资银行；各中资外汇指定银行应尽快转发所辖分支机构。

特此通知。

二○一七年十二月一日

附：

持续推进法规清理　深化“放管服”改革工作

（国家外汇管理局新闻稿　2017 年 12 月 7 日）

为贯彻落实国务院有关简政放权、放管结合、优化服务改革措施等要求，进一步促进贸易政策便利化，国家外汇管理局持续开展法规清理，2009 年以来已废止和失效 900 余件外汇管理文件。

日前，国家外汇管理局发布《国家外汇管理局关于宣布废止失效 6 件外汇管理规范性文件的通知》（汇发〔2017〕25 号），进一步加大法规清理力度，宣布废止 2 件、失效 4 件外汇管理规范性文件。此 6 件规范性文件主要涉及个人外汇业务和外汇系统建设，所废止失效内容或根据当前“多证合一”等“放管服”改革要求废止或相关监管要求已被新的规范性文件替代，或阶段性工作已与当前管理实际不符，均不涉及新的政策调整。

下一步，国家外汇管理局将继续贯彻落实“放管服”改革要求，健全完善外汇法规体系，深入开展法规清理整合，提高政策透明度，更好地服务实体经济发展。

国家外汇管理局综合司关于印发《银行执行外汇管理规定情况考核内容及评分标准（2017 年）》的通知

汇综发〔2017〕31 号

国家外汇管理局各省、自治区、直辖市分局、外汇管理部，深圳、大连、青岛、厦门、宁波市分局，各全国性中资银行：

根据 2015 年 10 月至今的外汇管理规定变化和调整情况，国家外汇管理局制定了《银行执行外汇管理规定情况考核内容及评分标准（2017 年）》（见附件，以下简称《标准》）。现就有关问题通知如下：

一、2017 考核年度（2016 年 10 月 1 日至 2017 年 9 月 30 日，下同）银行执行外汇管理规定情况考核工作依照《标准》执行。

二、自 2017 考核年度起，风险性考核指标分值调整为 15 分[①]；银行总行最终考核得分计算公式[②]调整为：银行总行最终考核得分 = ∑银行一般性考核单项指标得分×60% + 风险性考核指标得分 + 总行单独考核指标得分。《国家外汇管理局关于修订〈银行执行外汇管理规定情况考核办法〉相关事宜的通知》（汇发〔2015〕26 号）中的相关条款废止。

三、国家外汇管理局各分局、外汇管理部接到本通知后，应立即转发辖内中心支局、支局、城市商业银行、农村商业银行、外商独资银行、中外合资银行、外国银行分行以及农村合作金融机构，并依据《标准》，公平、公

① 原分值为：10 分。

② 原公式为：银行总行最终考核得分 = ∑银行一般性考核单项指标得分 ×65% + 风险性考核指标得分 + 总行单独考核指标得分。

正地对辖内银行执行外汇管理规定情况进行考核。

四、各全国性中资银行接到本通知后，应尽快转发所辖分支机构，依法合规办理各项外汇业务。

五、自本通知下发之日起，《国家外汇管理局综合司关于印发〈银行执行外汇管理规定情况考核内容及评分标准（2016 年）〉的通知》（汇综发〔2016〕31 号）、《国家外汇管理局关于修订〈银行执行外汇管理规定情况考核办法〉相关事宜的通知》（汇发〔2015〕26 号）所附的《银行执行外汇管理规定情况考核内容及评分标准》废止。

执行中如遇问题，请及时向国家外汇管理局相关部门反馈。联系电话：010－68402113（综合司），010－68402593（国际收支司），010－68402104（经常项目司），010－68402127（资本项目司），010－68402378（管理检查司），010－68402467（外汇业务数据监测中心）。

特此通知。

附件：银行执行外汇管理规定情况考核内容及评分标准（2017 年）（电子版详见光盘）

二〇一七年二月十七日

银行执行外汇管理规定情况考核内容及评分标准（2017 年）

项目	细目	分值	考核指标	详细标准	评分办法	主要参考文件依据	备注
业务合规30 分	综合业务2 分	2 分	跨国公司外汇业务的合规性	1. 是否按规定办理国内、国际外汇资金主账户开立业务 2. 是否按规定办理国内、国际外汇资金主账户收支业务 3. 是否按规定做好外债、对外放款融出入资金额度控制 4. 是否按规定办理国内国际外汇资金主账户结售汇业务 5. 国际外汇资金主账户吸收的存款是否按照额度要求在境内使用 6. 是否按规定留存相关资料备查	1. 未按规定开立国内、国际外汇资金主账户的每发现 1 次扣 0.5 分 2. 未按规定办理国内、国际外汇资金主账户收支业务的每发现 1 次扣 0.5 分 3. 未按规定做好外债、对外放款额度控制的每发现 1 次，扣 0.5 分 4. 未按规定办理结售汇等业务真实性审查的每发现 1 次扣 0.5 分 5. 违反国际外汇资金主账户境内运用的，每发现一次扣 0.5 分 6. 未按规定留存相关材料备查的每发现 1 次，扣 0.5 分；本项总分扣完为止	《国家外汇管理局关于印发〈跨国公司外汇资金集中运营管理规定〉的通知》（汇发〔2015〕36 号）	
	国际收支7 分	7 分	结售汇等业务办理的合规性	1. 办理即期结售汇业务和人民币与外汇衍生产品业务	1. 银行开办即期结售汇业务和人民币与外汇衍生产品业务（含合作办	1.《中华人民共和国外汇管理条例》（国务院令第 532	

续表

项目	细目	分值	考核指标	详细标准	评分办法	主要参考文件依据	备注
业务合规30分	国际收支7分	7分	结售汇等业务办理的合规性	（含合作办理人民币与外汇衍生产品业务）是否经过外汇局审批或备案，是否具备开办结售汇及相关业务的基本条件 2. 办理人民币与外汇衍生产品业务（含合作办理人民币与外汇衍生产品业务）时是否对客户交易背景的真实性和合规性进行审核 3. 银行停止经营结售汇业务或者银行经营结售汇业务期间机构名称、营业地址等信息变更是否在规定时间内向外汇局备案 4. 是否按照规定办理银行自身收付汇和结售汇业务 5. 是否按照规定办理外币卡在境内的收单业务 6. 是否按照规定办理外币代兑机构备案，对授权外币代兑机构的管理是否到位 7. 是否按规定办理境外机构境内外汇账户有关业务 8. 银行是否按规定开办代理境外分支机构开户见证业务	理人民币与外汇衍生产品业务）未按规定到外汇局办理审批或备案，每发现1次扣2分 2. 办理结售汇及相关业务所需的基本条件不具备的，每发现1次扣1分 3. 银行为客户办理人民币与外汇衍生产品业务（含合作办理人民币与外汇衍生产品业务）时未进行真实性审核的，每发现1次扣1分 4. 银行停止经营结售汇业务或者银行经营结售汇业务期间机构名称、营业地址等信息发生变更但未及时办理备案的，每发现1次扣0.2分 5. 银行未按规定办理银行自身收付汇和结售汇业务的，每发现1次扣1分 6. 银行未按规定办理外币卡在境内收单业务的，每发现一次扣0.5分 7. 银行未按规定办理外币代兑机构备案的，每发现1次扣0.5分 8. 银行未对外币代兑机构尽到相关管理职责的，每发现一次扣0.5分 9. 银行未按规定办理境外机构境内外汇账户业务的，每发现一次扣0.5分 10. 银行未按规定开办代理境外分支机构开户见证业务的，每发现1次扣0.5分 本项总分扣完为止	号）第二十四、第二十六条 2.《银行办理结售汇业务管理办法》（中国人民银行令〔2014〕第2号） 3. 国家外汇管理局关于印发《银行办理结售汇业务管理办法实施细则》的通知（汇发〔2014〕53号） 4.《外币代兑机构管理暂行办法》（中国人民银行令〔2003〕第6号） 5.《国家外汇管理局关于改进外币代兑机构外汇管理有关问题的通知》（汇发〔2007〕48号） 6.《国家外汇管理局关于进一步完善个人本外币特许兑换业务有关问题的通知》（汇发〔2008〕24号） 7.《国家外汇管理局关于规范银行外币卡管理的通知》（汇发〔2010〕53号） 8.《国家外汇管理局关于境外机构境内外汇账户管理有关问题的通知》（汇发〔2009〕29号） 9.《国家外汇管理局关于合作办理远期结售汇业务有关问题的通知》（汇发〔2010〕62号） 10.《国家外汇管理局关于交通银行开办代理境外分支机构开户见证业务的批复》（汇复〔2010〕208号）	

续表

项目	细目	分值	考核指标	详细标准	评分办法	主要参考文件依据	备注
业务合规30分	经常项目12分	1分	支付机构跨境外汇支付业务的合规性	1. 银行是否为不在名录的支付机构开立备付金账户，且发生业务 2. 是否超出规定的收支范围办理外汇备付金账户的划转及结售汇业务 3. 银行是否通过外汇备付金账户为支付机构办理现钞存取业务	第1、2项每笔违规扣1分，第3项每笔违规扣0.2分。本项总分扣完为止	《国家外汇管理局关于开展支付机构跨境外汇支付业务试点的通知》（汇发〔2015〕7号）	
		4分	货物贸易外汇收支业务的合规性	1. 是否为不在名录的企业直接办理贸易外汇收支业务 2. 出口收汇（包括贸易融资放款）及进口付汇（包括开证），是否根据名录企业的分类状态，对其贸易进出口交易单证的真实性及其与贸易外汇收支的一致性进行合理审查 3. 企业贸易外汇收入是否按规定进入出口收入待核查账户，待核查账户收支是否在规定范围内 4. 外币现钞结汇是否合规，是否按规定审核单证 5. 办理B类企业付汇、开证、出口贸易融资放款或待核查账户资金结汇或划出手续时，是否进行电子数据核查，扣减其对应的可收付汇额度 6. 按规定需办理外汇局登记的贸易外汇收支业务，是否凭外汇局签发的登记表办理，是否按规定签注登记表使用情况 7. 是否按规定履行贸易融资真实性、合规性审查职责，防止企业虚构贸易背景套取银行融资 8. 是否按规定签注并完整留存相关单证正本或复印件	第1、2、3、4、5、6、7项每笔违规扣0.1分，第8项每笔违规扣0.04分 本项总分扣完为止	1.《国家外汇管理局关于印发货物贸易外汇管理法规有关问题的通知》（汇发〔2012〕38号） 2.《国家外汇管理局关于改进海关特殊监管区域经常项目外汇管理有关问题的通知》（汇发〔2013〕22号） 3.《国家外汇管理局关于完善银行贸易融资业务外汇管理有关问题的通知》（汇发〔2013〕44号） 4.《国家外汇管理局关于边境地区货物贸易外汇管理有关问题的通知》（汇发〔2014〕12号） 5. 国家外汇管理局关于进一步促进贸易投资便利化完善真实性审核的通知（汇发〔2016〕7号）	

续表

项目	细目	分值	考核指标	详细标准	评分办法	主要参考文件依据	备注
业务合规30分	经常项目12分	3分	服务贸易、经常转移、收益外汇业务真实性审核情况	1. 是否按规定审核相应单证 2. 是否按规定在相关登记证明或单据上进行签注 3. 是否按规定留存相应单证	第1项每笔违规扣0.1分，第2、3项每笔违规扣0.04分 本项总分扣完为止	1.《国家外汇管理局关于免税商品外汇管理有关问题的通知》（汇发〔2006〕16号） 2.《国家外汇管理局关于外币旅行支票代售管理等有关问题的通知》（汇发〔2004〕15号） 3.《国家外汇管理局关于境内机构捐赠外汇管理有关问题的通知》（汇发〔2009〕63号） 4.《国家外汇管理局关于印发服务贸易外汇管理法规的通知》（汇发〔2013〕30号） 5.《国家税务总局 国家外汇管理局 关于服务贸易等项目对外支付税务备案有关问题的公告》（国家税务总局 国家外汇管理局公告2013年第40号） 6.《国家外汇管理局关于印发〈境内机构外币现钞收付管理办法〉的通知》（汇发〔2015〕12号）	
		1分	办理保险公司项下外汇收支的合规性情况	1. 是否按规定审核相应单证 2. 是否根据外汇局审批内容办理有关结汇、售汇业务等 3. 是否按规定留存相应单证 4. 是否对用于托管的外汇资金运用账户收付情况进行记录	第1、2项每笔违规扣0.1分，第3、4项每笔违规扣0.04分 本项总分扣完为止	1. 国家外汇管理局关于印发《保险业务外汇管理指引》的通知（汇发〔2015〕6号） 2.《国家外汇管理局关于印发服务贸易外汇管理法规的通知》（汇发〔2013〕30号）	

续表

项目	细目	分值	考核指标	详细标准	评分办法	主要参考文件依据	备注
业务合规30分	经常项目12分	2.5分	银行办理个人外汇业务的合规性	1. 银行是否按照个人外汇管理有关规定开展个人外汇收支及结售汇（主要为大额购付汇）、境内划转、外汇账户、外币现钞等各项外汇业务，严格按照政策规定进行真实性审核，并留存相关材料备查 2. 银行是否按照推送信息反馈要求，准确、完整、及时地反馈个人外汇业务监测系统推送的信息 3. 银行是否按照数据采集规范准确、及时报送个人结售汇、外币现钞存取业务信息 4. 银行是否按规定接入个人外汇业务监测系统，是否存在新增业务渠道擅自接入、接口程序存在较大缺陷等情况 5. 是否存在违规与汇款机构、电子商务平台、支付机构等合作开展个人外汇业务的情况 6. 是否按照规定配合外汇局的“关注名单”管理，包括对个人风险提示、“关注名单”告知、相关解释以及应个人要求查询分类状态等信息 7. 银行是否存在协助个人规避额度及真实性管理的情况 8. 对于发现的个人分拆结售汇等异常、可疑业务，银行是否及时进行有效处理，并向外汇局汇报 9. 银行是否配合外汇局对个人及相关机构规避额度管理及真实性管理的核查 10. 应急预案启动期间，存在违规开展个人外汇业务的情况 11. 是否未按规定脱机办理个人结售汇业务	第1项每次扣0.5分，第2、3项每笔扣0.04分，第4、5项每次扣3分；第6、7、8、9、10、11项每次扣1分 本项总分扣完为止	1.《个人外汇管理办法》（中国人民银行令〔2006〕第3号） 2.《国家外汇管理局关于印发〈个人外汇管理办法实施细则〉的通知》（汇发〔2007〕1号） 3.《国家外汇管理局 海关总署关于印发〈携带外币现钞出入境管理暂行办法〉的通知》（汇发〔2003〕102号） 4. 国家外汇管理局关于印发〈携带外币现钞出入境管理操作规程〉的通知》（汇发〔2004〕21号） 5.《国家外汇管理局关于进一步完善个人结售汇业务管理的通知》（汇发〔2009〕56号） 6.《国家外汇管理局关于进一步完善个人外汇管理有关问题的通知》（汇发〔2015〕49号）	

续表

项目	细目	分值	考核指标	详细标准	评分办法	主要参考文件依据	备注
业务合规30分	经常项目12分	0.5分	银行办理外汇账户业务的合规性	1. 银行是否按照规定开立、变更、关闭经常项目外汇账户以及保险机构各类外汇账户 2. 是否存在串用账户或超范围使用外汇账户的情况 3. 规定应通过账户办理的业务，是否通过外汇账户办理并按规定报送相关数据	未按照规定办理外汇账户业务的，每发现1次扣0.04分 本项总分扣完为止	1.《国家外汇管理局关于境内机构自行保留经常项目外汇收入的通知》（汇发〔2007〕49号） 2.《国家外汇管理局综合司关于驻华使领馆经常项目外汇账户管理有关问题的通知》（汇综发〔2007〕114号） 3.《国家外汇管理局关于调整经常项目外汇管理政策的通知》（汇发〔2006〕19号） 4.《国家外汇管理局综合司关于开展外汇账户管理信息系统应用门户整合推广工作的通知》（汇综发〔2013〕87号） 5.《国家外汇管理局关于印发〈海关特殊监管区域外汇管理办法〉的通知》（汇发〔2013〕15号） 6.《国家外汇管理局关于改进海关特殊监管区域经常项目外汇管理有关问题的通知》（汇发〔2013〕22号） 7. 国家外汇管理局关于印发《保险业务外汇管理指引》的通知（汇发〔2015〕6号）	

续表

项目	细目	分值	考核指标	详细标准	评分办法	主要参考文件依据	备注
业务合规30分	资本项目8分	4分	直接投资项下外汇业务合规性	1. 账户开立、账户性质、收支范围、使用期限是否符合外汇局（银行）登记或外汇局核准信息 2. 直接投资项下资金账户收支： （1）资本金、境内资产变现账户、前期费用账户、保证金、再投资账户、境外资产变现账户等直接投资项下结汇是否符合相应管理要求 （2）外汇资金入账是否符合限额管理要求 （3）清算、转股、先行回收投资等直接投资项下购付汇是否符合外汇局（银行）登记信息 3. 境外投资：是否按境外投资外汇登记要求及外汇局（银行）登记信息汇出境外投资款及前期费用等资金；是否按境外投资外汇登记要求及外汇局（银行）登记信息将未使用完毕的前期费用资金调回；境外减资、转股、清算所得等调回境内，是否按照规定开立境外资产变现账户，是否按照外汇局（银行）登记信息入账 4. 境外放款：是否按照外汇局登记信息汇出、汇入境外放款资金 5. 直接投资外汇登记是否符合外汇局要求	1. 擅自开户每笔扣0.5分；开户不符合要求每笔扣0.2分；销户不符合要求每笔扣0.1分 2. 资本金、境内资产变现账户、前期费用账户、保证金账户等直接投资项下结汇不符合规定每笔扣1分；未在登记限额内办理入账每笔扣0.5分；未按外汇局（银行）登记或核准信息办理清算、转股、先行回收投资等直接投资项下购付汇每笔扣0.5分 3. 每汇错一笔境外投资扣0.2分；境外投资未经登记办理每笔扣0.5分，未按登记要求办理每笔扣0.2分 4. 未按登记信息汇出、汇入境外放款资金每笔扣0.5分 5. 直接投资外汇登记，每登错一笔扣1分 本项总分扣完为止	1.《中华人民共和国外汇管理条例》（国务院令第532号） 2.《结汇、售汇及付汇管理规定》（银发〔1996〕210号） 3.《境内外汇账户管理规定》（银发〔1997〕46号） 4. 建设部等六部委《关于规范房地产市场外资准入和管理的意见》（建住房〔2006〕171号） 5.《个人外汇管理办法》（中国人民银行令〔2006〕第3号）及其《实施细则》（汇发〔2007〕1号） 6.《国家外汇管理局关于境内企业境外放款外汇管理有关问题的通知》（汇发〔2009〕24号） 7.《境内机构境外直接投资外汇管理规定》（汇发〔2009〕30号） 8.《境内企业内部成员外汇资金集中运营管理规定》（汇发〔2009〕49号） 9.《国家外汇管理局综合司关于规范跨境人民币资本项目业务操作有关问题的通知》（汇综发〔2011〕38号） 10.《国家外汇管理局关于进一步改进和调整直接投资外汇管理政策的通知》（汇发〔2012〕59号） 11.《国家外汇管理局关于印发〈外国投资者境内直接投资外汇管理规定〉及配套文件的通知（《汇发〔2013〕21号》 12.《国家外汇管理局关于进一步简化和改进直接投资外汇管理政策的通知》（汇发〔2015〕13号） 13.《国家外汇管理局关于改革外商投资企业资本金结汇管理方式的通知》（汇发〔2015〕19号）	

续表

项目	细目	分值	考核指标	详细标准	评分办法	主要参考文件依据	备注
业务合规30分	资本项目8分	2分	外债和对外担保业务合规性	1. 外债专用账户开立和变更：外债专用账户异地开户，外债开户、关闭是否符合要求 2. 外债账户收支：每笔登记的外债合同是否对应一个外债账户，外债资金是否已存入所对应的外债账户，是否存在超额入账，外债资金使用（包括外债结汇和对外直接支付）是否符合合同规定用途，是否遵行外债专用账户资金不得用于借款企业质押人民币贷款等规定 3. 境内贷款项下的境外担保管理：境内贷款项下接受境外担保是否按时办理或有负债登记，是否擅自将担保履约资金结汇，担保履约后，是否在未办理外债登记情况下擅自为被担保人办理对外还本付息 4. 境内银行提供融资性对外担保：是否提供不符合条件的担保	1. 未经批准异地开户每笔扣0.5分，开户不符合要求每笔扣0.1分，关户不符合要求每笔扣0.1分 2. 企业多个外债账户出现混用扣0.1分，入错账户或超额入账每笔扣0.1分，外债资金使用不符合合同规定用途扣0.2分，外债资金结汇后偿还人民币债务扣0.2分，违规办理外债质押人民币贷款扣0.5分 3. 境内贷款项下接受境外担保中擅自将担保履约资金结汇每笔扣0.2分，擅自为被担保人办理对外还本付息每笔扣0.5分 4. 境内银行提供融资性对外担保：提供不符合条件担保的，每笔扣0.2分 本项总分扣完为止	1.《中华人民共和国外汇管理条例》（国务院令第532号） 2.《结汇、售汇、付汇管理规定》（银发〔1996〕210号） 3.《境内外汇账户管理规定》（银发〔1997〕416号） 4.《外债统计监测暂行规定》（1987年）及其实施细则（［97］汇政发字06号） 5.《外债登记管理办法》（汇发〔2013〕19号） 6.《国家外汇管理局关于发布〈跨境担保外汇管理规定〉的通知》（汇发〔2014〕29号）	

续表

项目	细目	分值	考核指标	详细标准	评分办法	主要参考文件依据	备注
业务合规30分	资本项目8分	2分	证券投资外汇业务合规性	1. 非银行金融机构（不含保险公司）开立外汇资本金账户、账户收支及结售汇： （1）是否根据非银行金融机构外汇业务需要，已办理基本信息登记、备案或审批手续。在境内银行开立相应的外汇账户 （2）账户性质、收支范围是否符合外汇局规定 （3）是否凭登记备案或审批的相关文件等办理相关资金结汇和购汇手续 2. 居民个人资本项下账户开立、外汇收支及结售汇： （1）境内个人参与境外上市公司股权激励计划所涉及外汇收支是否办理了登记，有关境内账户开立、购汇、资金汇出是否符合登记要求，资金结汇、划转是否符合规定 （2）账户性质、收支范围是否符合外汇局规定 3. 基金互认等各类证券投资项下账户开立、外汇收支及结售汇是否符合外汇管理规定	开户不符合要求每笔扣0.1分；变更或销户不符合要求每错1笔扣0.1分；结售汇每错1笔扣0.2分；入账每错1笔扣0.1分 本项总分扣完为止	1.《非银行金融机构外汇业务管理规定》（国家外汇管理局1993年1月1日） 2.《国家外汇管理局关于外资参股基金管理公司有关外汇管理问题的通知》（汇发〔2003〕44号） 3.《境内外汇账户管理规定》（银发〔1997〕46号） 4.《国家外汇管理局关于汽车金融公司有关外汇管理问题的通知》（汇发〔2004〕72号） 5.《国家外汇管理局关于印发〈个人外汇管理办法实施细则〉的通知》（汇发〔2007〕1号） 6.《国家外汇管理局关于境内个人投资者B股投资收益结汇有关问题的批复》（汇复〔2007〕283号） 7.《国家外汇管理局关于境内个人参与境外上市股权激励计划外汇管理有关问题的通知》（汇发〔2012〕7号） 8. 中国人民银行 国家外汇管理局 公告〔2015〕第36号	

续表

项目	细目	分值	考核指标	详细标准	评分办法	主要参考文件依据	备注
业务合规30分	科技管理1分	1分	金融机构代码及金融机构标识码申领的合规性	是否按规定办理金融机构代码及金融机构标识码的申领及变更	1. 未按规定办理的，每发现1次扣0.1分 2. 上级行对下级机构设立、撤销等情况监督指导不力的，每发现1次扣0.1分 本项总分扣完为止	《国家外汇管理局信息系统代码标准管理实施细则》（汇综发〔2011〕131号）	
数据质量40分	综合业务2分	1分	跨国公司国内、国际外汇资金主账户数据的准确性、及时性和完整性	1. 是否按规定报送国内、国际外汇资金主账户信息 2. 是否按规定办理国内外汇资金主账户经常项目集中收付汇和轧差净额结算的国际收支申报 3. 是否按规定报送国内与国际外汇资金主账户之间的资金划转数据	1. 未按规定报送国内、国际外汇资金主账户信息的每发现1次，扣0.2分 2. 未按规定办理国际收支统计申报的每发现1次，扣0.2分 3. 未按规定报送国内与国际外汇资金主账户之间资金划转数据的每发现1次，扣0.2分 本项总分扣完为止	《国家外汇管理局关于印发〈跨国公司外汇资金集中运营管理规定〉的通知》（汇发〔2015〕36号）	
		1分	跨国公司人民币专用存款账户数据的准确性、及时性和完整性	1. 是否按规定报送结汇和支付数据至相关业务信息系统 2. 是否按规定报送开关户及收支余信息 3. 是否按规定报送与其他境内人民币账户之间的收付款信息	1. 未按规定报送结汇和支付数据至相关业务信息系统的每发现1次，扣0.2分 2. 未按规定报送开关户及收支余信息的每发现1次，扣0.2分 3. 未按规定报送与其它境内人民币账户之间的收付信息的每发现1次，扣0.2分 本项总分扣完为止	1.《国家外汇管理局关于印发〈跨国公司外汇资金集中运营管理规定〉的通知》（汇发〔2015〕36号） 2.《国家外汇管理局关于发布〈金融机构外汇业务数据采集规范（1.0版）〉的通知》（汇发〔2014〕18号） 3.《国家外汇管理局关于调整境内银行涉外收付凭证及相关信息报送准备工作的通知》（汇发〔2011〕49号）	

续表

项目	细目	分值	考核指标	详细标准	评分办法	主要参考文件依据	备注
数据质量40分	国际收支19分	13分	国际收支统计间接申报数据的准确性、及时性和完整性	是否及时、准确、完整的上报国际收支统计间接申报信息	（一）准确性（9分） 1. 考核项目 （1）国际收支统计申报单中基础信息和申报信息的填报错误和填报内容不全或不匹配，具体包括：交易编码、交易附言、收/付款币种和金额（包括现汇金额、结/购汇金额和其他金额）、收/付款人名称、个人身份证件号码、收/付款账号、对方收/付款人名称、常驻国家（地区）名称及代码、申报日期、结算方式等各项信息 （2）单位基本情况表要素填报错误和填报内容不全或不匹配，具体包括：组织机构代码、组织机构名称、经济类型、行业属性、常驻国家（地区）、是否为特殊经济区企业、外方投资者国别、住所/营业场所、所属外汇局等 2. 计分标准： （1）设定全辖平均差错率的银行为80分，差错率为0的银行为100分，差错率最高的银行为60分，则得出以下公式： 差错级差1（差错率 < 平均差错率）=20/（平均差错率－最低差错率） 差错级差2（差错率 > 平均差错率）	1.《中华人民共和国外汇管理条例》（国务院令第532号） 2.《国际收支统计申报办法》（国务院令第642号） 3.《国家外汇管理局关于印发〈通过银行进行国际收支统计申报业务实施细则〉的通知》（汇发〔2015〕27号） 4.《国家外汇管理局综合司关于调整境内银行涉外收付相关凭证内容的通知》（汇综发〔2010〕50号） 5.《国家外汇管理局综合司关于印发〈通过银行进行国际收支统计申报业务核查规则（暂行）〉的通知》（汇综发〔2015〕101号） 6.《国家外汇管理局关于印发〈通过银行进行国际收支统计申报业务指引（2016年版）〉的通知》	

续表

项目	细目	分值	考核指标	详细标准	评分办法	主要参考文件依据	备注
数据质量40分	国际收支19分	13分	国际收支统计间接申报数据的准确性、及时性和完整性	是否及时、准确、完整的上报国际收支统计间接申报信息	=20/（最高差错率－平均差错率） 如差错率＜平均差错率，则银行得分=80+（平均差错率－该行差错率）×差错级差1 如差错率＞平均差错率，则银行得分=80+（平均差错率－该行差错率）×差错级差2 银行该项扣分=（100－银行得分）/100×9（差错率为0的银行不扣分，差错率最高的银行扣3.6分） 银行该项最终得分=9－银行该项扣分（具体解释见说明） （2）在上述计分的基础上，对核查中发现单笔货物贸易项下交易金额3 000万美元（含）以上，其他项下交易金额1 000万美元（含）以上，且错误类型为交易编码错误的（根据申报时折算率折算），每笔减0.01分 （3）有下级局的各省（市）分局按照下级局各行国际收支申报金额加权平均后计算本级各行最后得分 （4）总局可根据实际情况调整设定的全辖平均差错率分值 （二）及时性（2分） 1. 未按相关规定传输基础信息，导致年均逾期率大于0的，每高一个千		

续表

项目	细目	分值	考核指标	详细标准	评分办法	主要参考文件依据	备注
数据质量40分	国际收支19分	13分	国际收支统计间接申报数据的准确性、及时性和完整性	是否及时、准确、完整的上报国际收支统计间接申报信息	分点增扣0.01分，不足一个千分点的，取小数点后两位折算 基础信息的逾期率=考核期内逾期基础信息笔数/考核期内基础信息总笔数 年均逾期率=实际考核月或季度逾期率之和/实际考核次数 2. 申报信息笔数的年均逾期率大于0的，每高一个千分点增扣0.01分，不足一个千分点的，取小数点后两位折算。本项总分扣完为止 申报信息的逾期率=考核期内逾期申报信息笔数/考核期内申报信息总笔数 年均逾期率=实际考核月或季度逾期率之和/实际考核次数 基础/申报信息的逾期是指，按照《通过金融机构进行国际收支统计申报业务操作规程》规定，银行基础/申报信息在外汇局系统的初始入库日期-申报单日期〉规定天数，目前分别为2天和7天 （三）完整性（2分） 1. 对银行错误删除申报单，每错误删除一笔申报单，扣0.001分 2. 对核查中发现的未按规定报送或超出国际收支统计间接申报范围的基		

续表

项目	细目	分值	考核指标	详细标准	评分办法	主要参考文件依据	备注
数据质量40分	国际收支19分	13分	国际收支统计间接申报数据的准确性、及时性和完整性	是否及时、准确、完整的上报国际收支统计间接申报信息	础信息或申报信息，每笔扣0.01分 3. 国际收支统计间接申报系统未按规定备份的，一次扣0.3分；未按规定备份导致数据丢失无法恢复的（不可抗力除外），一次扣1分。本项总分扣完为止 （四）其他 在外汇局发出核查结果前，银行主动发现并已修改的错误，不扣分 说明： 国际收支统计间接申报计分公式内涵：该公式运用函数分布进行计算，设定一个平均值（80分），一个最高值（100分），一个最低值（60分）。差错级差含义为20分值中每单位差错率所分配到的分值。银行得分为平均值加该行偏离值（即该银行在20分值中得到或减去的分数），最后将银行得分转换为扣分来计算最终标准得分。平均差错率（%）=辖内差错总笔数/辖内申报单总笔数×100（由国际收支统计间接申报汇总系统所得） 例1：某行差错率0.4%，该行所在辖区全辖平均差错率0.5%，辖内最低差错率0.1% 差错级差1=20/（0.5−0.1）=50		

续表

项目	细目	分值	考核指标	详细标准	评分办法	主要参考文件依据	备注
数据质量40分	国际收支19分	13分	国际收支统计间接申报数据的准确性、及时性和完整性	是否及时、准确、完整的上报国际收支统计间接申报信息	该行得分=80+（0.5-0.4）×50=85 该行扣分=（100-85）/100×9=1.35 该行最终得分=9-1.35=7.65 例2：某行差错率0.7%，该行所在辖区全辖平均差错率0.5%，辖内最高差错率0.9% 差错级差2=20/（0.9-0.5）=50 该行得分=80+（0.5-0.7）×50=70 该行扣分=（100-70）/100×9=2.7 该行最终得分=9-2.7=6.3		
		6分	银行结售汇统计数据的准确性、及时性和完整性	1. 结售汇统计是否存在报表漏报情况： （1）新准入机构漏报 （2）子项漏报，如漏报代客资本金结售汇、自身结售汇等 （3）结售汇报表数据与银行会计报表统计数据不符等 2. 是否按规定时间向外汇局报送结售汇统计数据（文件中规定为总局对各分局报送数据的时间要求，各分局在此基础上可对本辖区银行的数据报送制定细则） 3. 结售汇统计数据是否准确，主要包括：币种、金额、交易主体以及统计项目分类等 4. 向外汇局报送远期（含合作办理远期结售汇业务）、掉期（含货币掉期）、期权（含期权组合）业务数据是否及时、准确	1. 结售汇统计报表中没有依据项目设置正确进行数据归类的，每发现一次扣0.05分 2. 对事后核查中发现的结售汇统计错、漏报，每次扣0.05-0.1分 3. 未按规定时间将完整的结售汇数据通过网络传送至外汇局的，每迟半天扣0.1分 4. 对外汇局特别要求进行查询情况未进行反馈的，每次扣0.5分，未及时反馈的，每迟半天扣0.05分，反馈不准确的，每次扣0.2分 5. 远期（含合作办理远期结售汇业务）、掉期（含货币掉期）、期权（含期权组合）项下发生迟报、错报、漏报数据的，每发现1次扣0.1分 本项总分扣完为止	1.《国家外汇管理局关于印发〈银行结售汇统计制度〉的通知》（汇发〔2006〕42号） 2.《国家外汇管理局综合司关于将人民币购售业务纳入结售汇统计有关问题的通知》（汇综发〔2010〕99号） 3.《国家外汇管理局关于进一步强化国际收支核查工作的通知》（汇发〔2011〕47号） 4.《国家外汇管理局关于进一步规范银行结售汇统计管理有关问题的通知》（汇发〔2008〕54号） 5.《国家外汇管理局综合司关于调整银行结售汇统计报表相关指标的通知》（汇综发〔2014〕65号）	

续表

项目	细目	分值	考核指标	详细标准	评分办法	主要参考文件依据	备注
数据质量40分	经常项目6分	1分	支付机构跨境外汇支付试点业务统计数据的准确性、及时性和完整性	支付机构跨境外汇支付试点业务结售汇信息、外汇账户信息是否存在漏报、错报（包括币种、交易金额、交易主体及统计分类等）、迟报情况	每发现1笔违规扣0.2分 本项总分扣完为止	《国家外汇管理局关于开展支付机构跨境外汇支付业务试点的通知》（汇发〔2015〕7号）	
		2分	货物贸易外汇收支核查信息申报的准确性、及时性	企业货物贸易项下涉外收支与境内收付款（包括人民币），是否及时、准确、完整地进行货物贸易收支核查专用信息申报	迟报、错报、漏报每项一次扣0.05分；瞒报一次扣0.2分 本项总分扣完为止 各分局可根据辖内银行贸易收支业务笔数情况酌情调整权重	1.《国家外汇管理局关于印发货物贸易外汇管理法规有关问题的通知》（汇发〔2012〕38号） 2.《国家外汇管理局关于做好调整境内银行涉外收付凭证及相关信息报送准备工作的通知》（汇发〔2011〕49号）	
		2分	银行录入、报送个人外汇管理数据的准确性、及时性	1. 是否按规定将经常、资本项下的个人结售汇业务逐笔录入系统 2. 录入数据是否准确、完整，出现错误是否按规定及时、准确进行修改、撤销、补录处理 3. 是否按规定报送大额购付汇等个人异常可疑交易信息和分拆结售汇“关注名单” 4. 是否按规定反馈个人大额购付汇、分拆信息等异常可疑交易情况 5. 个人账户内现钞存取数据是否存在漏报、错报（包括币种、交易金额、交易主体及统计分类等）、重报、迟报情况	第1、2项每笔扣0.04分；迟报、错报、漏报第3、4项，每次扣0.2分；第5项发现一笔扣0.2分，如因银行系统原因造成较大的现钞存取数据错误，发现1次扣0.5分 本项总分扣完为止	1.《个人外汇管理办法》（中国人民银行令〔2006〕第3号） 2.《国家外汇管理局关于印发〈个人外汇管理办法实施细则〉的通知》（汇发〔2007〕1号） 3.《国家外汇管理局 海关总署关于印发〈携带外币现钞出入境管理暂行办法〉的通知》（汇发〔2003〕102号） 4.《国家外汇管理局关于印发〈携带外币现钞出入境管理操作规程〉的通知》（汇发〔2004〕21号） 5.《国家外汇管理局关于进一步完善个人结售汇业务管理的通知》（汇发〔2009〕56号） 6.《国家外汇管理局综合司关于报送对外金融资产负债及交易数据、个人外币现钞存取数据和银行自身外债数据的通知》（汇综发〔2014〕95号）	

续表

项目	细目	分值	考核指标	详细标准	评分办法	主要参考文件依据	备注
数据质量40分	经常项目6分	0.5分	境内机构外币现钞存取数据的准确性、及时性	1. 是否按规定将境内机构外币现钞存取数据逐笔录入系统 2. 录入数据是否准确、完整，出现错误是否按规定进行修改 3. 境内机构外币现钞存取数据是否存在漏报、错报、重报、迟报情况	第1、2项每笔扣0.02分；第3项发现一笔扣0.1分，因系统原因造成较大的现钞存取数据错误，发现一次扣0.5分 本项总分扣完为止	1.《国家外汇管理局关于印发，〈境内机构外币现钞收付管理办法〉的通知》（汇发〔2015〕47号） 2.《国家外汇管理局关于发布〈金融机构外汇业务数据采集规范（1.1版）的通知》（汇发〔2015〕22号）	
		0.5分	报送保险外汇统计报表的准确性、及时性	是否按规定报送各类保险业务报表	迟报、错报、漏报每项一次扣0.1分 本项总分扣完为止	1.《国家外汇管理局关于印发〈保险业务外汇管理指引〉的通知》（汇发〔2015〕6号 2.《国家外汇管理局综合司关于上线保险业务数据报送系统的通知》（汇综发〔2015〕97号）	
	资本项目11分	11分	银行报送资本项目数据的准确性和及时性	1. 代客数据：银行代客报送登记、账户开关户及收支余、账户内结售汇、跨境收支、境内划转等信息的准确性和及时性 2. 自身数据：银行自身资本项目数据的准确性和及时性	1. 迟报、错报，每笔扣0.1分；漏报、瞒报，每笔扣0.2分 2. 各分局可根据辖内银行资本项目业务交易量、交易笔数、自身资本项目业务量等情况酌情调整权重 本项总分扣完为止	1.《国家外汇管理局关于做好调整境内银行涉外收付凭证及相关信息报送准备工作的通知》（汇发〔2011〕49号） 2.《国家外汇管理局关于推广资本项目信息系统的通知》（汇发〔2013〕17号）	
	科技管理2分	2分	报送账户数据的及时性、准确性、完整性	1. 是否缺少开户信息 2. 收支余是否平衡 3. 关于余额不为0 4. 现场核查或非现场核查中发现的其他未按规定报送的问题	全辖最高出错率的银行扣2分，最低出错率的银行扣0分；其他出错率的银行扣分：2×（错误率/最高错误率） 错误率 =（缺少开户信息 + 收支余不平衡 + 关于余额不为0 + 核查中发现的其他问题）/开户总数 本项总分扣完为止	1.《国家外汇管理局关于开展外汇账户管理信息系统应用门户整合推广工作的通知》（汇综发〔2013〕87号） 2.《金融机构外汇业务数据采集规范（1.1）版》（汇发〔2014〕18号）	

续表

项目	细目	分值	考核指标	详细标准	评分办法	主要参考文件依据	备注
内控管理及其他30分		6分	内控制度完备性与实施情况	（一）内部控制责任明确 银行应就外汇业务违规风险组成分工合理、职责明确、报告关系清晰的内部控制治理和组织架构： 1. 高级管理层是否负责制定系统化的制度、流程、方法，建立和完善内部组织机构，保证外汇业务违规风险内部控制的各项职责得到有效履行 2. 是否指定专门部门作为外汇业务违规内控管理职能部门，牵头内部控制体系的统筹规划、组织落实和检查评估 3. 内部审计部门是否就银行外汇业务违规风险内部控制的充分性和有效性进行审计，及时报告审计发现的问题，并监督整改 4. 具体业务部门是否负责参与制定与自身职责相关的外汇业务制度和操作流程，负责严格执行相关制度规定，负责组织开展自查并报告内部控制存在的缺陷，且及时落实整改 （二）内部控制措施全面、合规、有效 银行应就各项外汇业务制定全面、系统、合规的管理制度与业务流程，并定期评估： 1. 是否充分识别和评估各项外汇业务经营中面临的违规风险，采取适当的控制措施，执行标准统一的业务流程以确保规范运作 2. 是否通过内控流程与业务操作系统和管理信息系统的有	1. 内控制度完备，执行情况较好的，4.5≤最终评分≤6 2. 内控制度基本完备，执行情况一般，考核期内未出现严重违规事件的，1.5≤最终评分<4.5 3. 内控制度不完备，考核期内出现较严重违规事件的，0≤最终评分<1.5	相关外汇管理法规及要求	由外汇局综合、收支、经常、资本、管检、科技部门根据日常监管情况，分别对银行进行评分 各银行应于考核期结束后5个工作日内，向外汇局提交“内控管理及其他”考核要求执行情况报告

续表

项目	细目	分值	考核指标	详细标准	评分办法	主要参考文件依据	备注
内控管理及其他30分		6分	内控制度完备性与实施情况	效结合，加强对业务活动的系统自动控制 3. 是否合理确定与外汇业务相关的部门、岗位的职责及权限，形成规范的职责说明，建立相应的授权体系，明确相应的报告路线 4. 是否制定规范员工行为的相关制度，明确对员工的禁止性规定，建立员工异常行为举报、查处机制 5. 是否在开办新外汇业务、提供新外汇产品和服务时对潜在的违规风险进行评估，并制定相应的管理措施 6. 是否及时根据外汇形势及监管规定的发展变化对内控管理措施进行调整 （三）内部控制保障有力 1. 外汇业务操作与管理信息系统是否能及时、准确记录经营管理信息，确保连续性与可追溯性 2. 是否具有有效的信息沟通机制，确保高级管理层及时了解外汇业务违规风险状况，确保相关部门和员工及时了解与其职责相关的制度和信息 3. 是否为各级分支机构配备负责督导执行外汇管理规定的岗位与人员（根据各分支机构外汇业务量与类别情况等因素确定合理的配备数量），对外汇业务人员的政策培训是否到位 4. 是否拥有健全的外汇业务合规经营激励约束机制			由外汇局综合、收支、经常、资本、管检、科技部门根据日常监管情况，分别对银行进行评分 各银行应于考核期结束后5个工作日内，向外汇局提交“内控管理及其他”考核要求执行情况报告

续表

项目	细目	分值	考核指标	详细标准	评分办法	主要参考文件依据	备注
内控管理及其他30分		6分	内控制度完备性与实施情况	（四）内部控制自我评估及时 1. 银行是否对外汇业务违规风险内部控制体系建设、实施和运行结果开展自评估 2. 内控评价是否由独立的部门组织实施并形成文字评价报告 3. 实施的频率至少为年度，当外汇业务经营环境发生重大变化或其他重大实质影响的事项发生时应及时组织开展内控评价 4. 评价报告是否客观反映内部控制缺陷的影响程度和发生的可能性，并明确相应的纠正措施和方案 （五）内部控制监督到位 1. 内审、内控和具体业务部门是否根据分工协调配合，构建覆盖各级机构、各个外汇产品、各个外汇业务流程的监督检查体系 2. 内部控制监督的报告和信息反馈是否流畅 3. 有关部门人员是否将发现的内部控制缺陷，按照规定报告路线及时报告 4. 是否具有内部控制外汇业务违规问题整改机制，明确整改责任部门，规范整改工作流程，确保整改措施落实到位			由外汇局综合、收支、经常、资本、管检、科技部门根据日常监管情况，分别对银行进行评分 各银行应于考核期结束后5个工作日内，向外汇局提交“内控管理及其他”考核要求执行情况报告

续表

项目	细目	分值	考核指标	详细标准	评分办法	主要参考文件依据	备注
内控管理及其他30分		6分	外汇业务自律情况	（一）是否按照展业自律要求，履行客户身份识别职责 1. 是否制定实施了解客户身份和背景的相关业务制度 2. 是否制定实施对客户实施分类管理的相关业务制度，是否对不配合银行进行身份识别或提供虚假身份信息资料的客户进行管理 3. 是否制定实施定期更新客户信息制度 （二）是否按照展业自律要求，履行业务审核职责 1. 是否制定实施切实履行合规性、真实性、审慎性审查职责的相关业务制度 2. 是否制定实施按照客户风险等级采取不同等级尽职审查措施的相关业务制度 3. 是否制定实施根据业务风险状况和客户风险等级，要求客户提供或主动收集证明材料 （三）是否按照展业自律要求，履行业务持续监测职责 1. 是否制定实施在业务存续期间持续监测客户的后续行为及资金流向，实施动态监控措施的相关业务制度 2. 是否制定实施客户出现异常情况时，银行重新进行客户识别的相关业务制度 3. 是否制定实施留存电子及书面形式的客户背景调查、业务审核、持续监控等环节资料和结果的相关业务制度 （四）是否按照展业自律要求，履行报告职责 1. 是否制定实施监测异常或涉嫌外汇违规行为并向外汇局	1. 执行情况优秀的，4.5≤最终评分≤6 2. 执行情况一般的，1.5≤最终评分<4.5 3. 执行情况较差的，0≤最终评分<1.5		由外汇局综合、收支、经常、资本、管检、科技部门根据日常监管情况，分别对银行进行评分 各银行应于考核期结束后5个工作日内，向外汇局提交“内控管理及其他”考核要求执行情况报告

续表

项目	细目	分值	考核指标	详细标准	评分办法	主要参考文件依据	备注
内控管理及其他30分		6分	外汇业务自律情况	报告的相关业务制度 2. 是否制定实施同业监督的相关制度 （五）是否将展业自律要求，内化于内控制度中 1. 是否为实施《银行外汇业务展业原则》等自律文件建立内控保障机制，将展业自律要求内化于自身的风险管理、业务操作、考核等内控制度之中 2. 是否建立本机构的外汇业务内控合规体系，明确负责统筹本机构外汇业务展业原则工作的牵头部门，并建立具体工作机制 3. 是否按展业自律要求更新内控制度 4. 是否按展业自律要求完善系统建设 5. 是否就展业自律主题开展员工培训			由外汇局综合、收支、经常、资本、管检、科技部门根据日常监管情况，分别对银行进行评分 各银行应于考核期结束后5个工作日内，向外汇局提交“内控管理及其他”考核要求执行情况报告
		6分	本机构内部支持“外汇管理工作牵头部门”工作情况	（一）是否设有配合外汇管理工作的牵头部门 （二）是否赋予牵头部门足够权威，以确保牵头工作执行力 （三）牵头部门是否切实履行以下责任： 1. 与外汇局保持日常工作对接； 2. 主动、定期评估外汇管理政策变化 3. 在本机构管辖范围内及时准确传导外汇管理政策意图 4. 协调本机构内有关部门对内部制度与规程进行必要修订 5. 联合本机构内有关部门研究制定贯彻外汇管理政策措施，并监督后续实施情况等	1. 执行情况优秀的，4.5≤最终评分≤6 2. 执行情况一般的，1.5≤最终评分<4.5 3. 执行情况较差的，0≤最终评分<1.5		

续表

项目	细目	分值	考核指标	详细标准	评分办法	主要参考文件依据	备注
内控管理及其他30分		3分	配合外汇局日常监管工作情况	1. 是否就完善外汇监管提出有价值的意见与建议 2. 外汇局专项检查有自查要求的，银行是否能够认真开展自查 3. 能够配合外汇管理政策变化积极主动开发配套外汇产品 4. 是否在配合外汇管理工作过程中有效规避不正当竞争与道德风险 5. 是否积极配合现场检查及现场核查工作，包括提供工作场所及所需数据或材料、配合外汇局业务人员问询、允许业务系统接入等 6. 能否积极配合外汇局交办的临时性工作，如大额与异常购付汇监测工作等	1. 执行情况优秀的，2.5≤最终评分≤3 2. 执行情况一般的，0.5≤最终评分<2.5 3. 执行情况较差的，0≤最终评分<0.5		由外汇局综合、收支、经常、资本、管检、科技部门根据日常监管情况，分别对银行进行评分 各银行应于考核期结束后5个工作日内，向外汇局提交“内控管理及其他”考核要求执行情况报告
		3分	内部绩效考核与外汇合规管理挂钩情况	1. 是否于正式实施后10个工作日内向当地外汇局报送《内部绩效考核制度》 2. 内部绩效考核的“合规经营”类指标中，与执行外汇管理规定相关的分值综合权重是否不低于15%	1. 执行情况优秀的，2.5≤最终评分≤3 2. 执行情况一般的，0.5≤最终评分<2.5 3. 执行情况较差的，0≤最终评分<0.5		
		3分	外汇产品定价策略与执行情况	1. 外汇产品定价策略是否切实体现外汇管理政策意图 2. 是否主动运用价格杠杆措施合理引导客户预期，有关措施是否具有较好的及时性、灵活性与可操作性 3. 执行外汇产品定价策略是否具有统一标准，后续执行是否到位	1. 执行情况优秀的，2.5≤最终评分≤3 2. 执行情况一般的，0.5≤最终评分<2.5 3. 执行情况较差的，0≤最终评分<0.5		

续表

项目	细目	分值	考核指标	详细标准	评分办法	主要参考文件依据	备注
内控管理及其他 30 分		3 分	违规问题整改情况	1. 是否按规定上报年度整改报告（3 月 31 日前），报告应包含内部绩效考核与外汇管理挂钩情况、外汇产品定价策略与执行情况、外汇业务经营自律情况、全行内部支持外汇管理工作情况、外汇业务政策合规专门岗位配置情况等与完善银行内控管理相关的内容 2. 针对违规问题制定的整改措施是否及时，执行是否到位 3. 是否积极沟通后续整改情况 4. 整改是否有效，是否屡犯同类错误	1. 执行情况优秀的，2.5≤最终评分≤3 2. 执行情况一般的，0.5≤最终评分<2.5 3. 执行情况较差的，0≤最终评分<0.5		
风险性考核指标							
风险性考核指标 15 分	国际收支 12 分	3 分	货物贸易结汇/收汇率变动	考核期间，是否将货物贸易项下结汇/收汇率控制在合理范围内	1. 本考核期内结汇/收汇率，较上一考核期结汇/收汇率高的不扣分；较上一考核期结汇/收汇率低的，每低一个百分点扣 0.1 分，不足 1 个百分点的，取小数点后两位折算，分数扣完为止 2. 结汇/收汇率 = 货物贸易项下银行代客结汇金额/货物贸易项下银行代客收汇金额，相关金额为整个考核期内累计数 3. 数据来源于外汇局国际收支统计间接申报系统（国际收支口径）和银行结售汇统计系统		风险性考核指标以法人为单位进行考核，不作为对银行分支机构的考核内容。未开办相应业务的，该考核项目的得分取全国其他开办此项业务的银行在该项目上的平均分

续表

项目	细目	分值	考核指标	详细标准	评分办法	主要参考文件依据	备注
风险性考核指标15分	国际收支12分	4分	结售汇及头寸变动率	1. 考核期间“即远期结售汇与综合头寸”的变动率数值是否控制在合理范围内 2. 区分跨境资金流入、流出和基本平衡三种情境进行考核，由外汇局在考核期末判定属于何种情境	1. 当考核期间呈现跨境资金流入压力时，“即远期结售汇与综合头寸”变动率数值小于同期全国平均水平不扣分，每大于全国平均水平1个百分点扣0.05分，扣完为止，不足1个百分点的，取小数点后两位折算 2. 当考核期间呈现跨境资金流出压力时，“即远期结售汇与综合头寸”变动率数值大于同期全国平均水平不扣分，每小于全国平均水平1个百分点扣0.05分，扣完为止，不足1个百分点的，取小数点后两位折算 3. 若跨境资金流动基本平衡，各银行此项指标均为满分 4. 即远期结售汇与综合头寸变动率=（考核期即远期结售汇与综合头寸－上一考核期即远期结售汇与综合头寸）/上一考核期即远期结售汇与综合头寸的绝对值 5. 即远期结售汇与综合头寸=银行结售汇差额+银行未到期远期结售汇差额变动额－银行结售汇综合头寸变动额 其中，（1）结售汇差额=结汇－售汇；（2）银行结汇、售汇数据包含银行自身和代客项下，来源于银行结售汇月报；（3）银行未到期远期结售汇差额变动额=考核期末未到期远期结售汇差额－考核期初未到期远期结售汇差额；（4）银行结售汇综合头寸变动额=考核期末结售汇综合头寸余额－考核期初结售汇综合头寸余额，数据来源于银行结售汇综合头寸日报		风险性考核指标以法人为单位进行考核，不作为对银行分支机构的考核内容。未开办相应业务的，该考核项目的得分取全国其他开办此项业务的银行在该项目上的平均分

续表

项目	细目	分值	考核指标	详细标准	评分办法	主要参考文件依据	备注
风险性考核指标15分	国际收支12分	5分	跨境收付款差额占总额年度比率变动	1. 考核期间，是否将跨境收付款（含本外币）差额占总额的年度比率变动控制在合理范围内 2. 区分跨境资金流入、流出和基本平衡三种情境进行考核，由外汇局在考核期末判定属于何种情境	1. 当考核期间呈现跨境资金流入压力时，“跨境收付款（含本外币）差额占总额的年度比率变动”数值小于同期全国平均水平不扣分，每大于全国平均水平1个百分点扣0.1分，扣完为止，不足1个百分点的，取小数点后两位折算 2. 当考核期间呈现跨境资金流出压力时，“跨境收付款（含本外币）差额占总额的年度比率变动”数值大于同期全国平均水平不扣分，每小于全国平均水平1个百分点扣0.1分，扣完为止，不足1个百分点的，取小数点后两位折算 3. 若跨境资金流动基本平衡，各银行此项指标均为满分 4. 跨境收付款（含本外币）差额占总额的年度比率变动 =［考核期内跨境收付款（含本外币）差额/考核期内跨境收付款（含本外币）总额］ -［上一考核期内跨境收付款（含本外币）差额/上一考核期内跨境收付款（含本外币）总额］ 其中，跨境收付款（含本外币）差额 = 跨境收款（含本外币） - 跨境付款（含本外币）；跨境收付款（含本外币）总额 = 跨境收款（含本外币） + 跨境付款（含本外币） 5. 数据来源于外汇局国际收支统计间接申报系统，国际收支口径		风险性考核指标以法人为单位进行考核，不作为对银行分支机构的考核内容。未开办相应业务的，该考核项目的得分取全国其他开办此项业务的银行在该项目上的平均分

续表

项目	细目	分值	考核指标	详细标准	评分办法	主要参考文件依据	备注
风险性考核指标15分	资本项目3分	3分	对外担保履约率	银行提供对外担保的履约率是否控制在合理标准之内	1. 履约率在0—3‰（含）之间不扣分；履约率在3‰以上的，每增加1个千分点（四舍五入到1‰），扣1分，直至扣完为止 2. 对外担保履约率＝本考核期内对外担保履约额/本考核期月末平均对外担保余额×100%		
总行单独考核指标							
总行单独考核指标25分	国际收支8.5分	1.5分	结售汇综合头寸管理的合规性	1. 是否按照规定及时、准确向外汇局报送结售汇综合头寸报表（每个工作日10：00时之前报送上日银行结售汇综合头寸） 2. 是否将头寸保持在外汇局核定的头寸限额内（通过核对外汇局核定的银行综合头寸限额批件和“银行结售汇综合头寸日报表”实现）；	1. 未经外汇局许可超过限额，于下一个工作日平盘的不扣分；连续2天超限额的，扣0.5分；连续3天超限额的，扣1分；连续4天以上的扣1.5分； 2. 银行超过限额没有如实填写报表的，每发现1次扣1分 3. 漏报结售汇综合头寸报表1天扣0.5分，迟报1次扣0.1分，每发现错误1次扣0.2分 本项分数扣完为止 迟报：超过当天规定报送时间、但在当天工作时间之内报送；漏报：在当天未上报上一日数据；错报：报送数据经外汇局验证错误的	1.《银行办理结售汇业务管理办法》（中国人民银行令〔2014〕第2号） 2. 国家外汇管理局关于印发《银行办理结售汇业务管理办法实施细则》的通知（汇发〔2014〕53号） 3.《中国人民银行关于外资银行结售汇专用人民币账户管理有关问题的通知》（银发〔2015〕12号）	
		1分	办理自身结售汇等业务的合规性	1. 办理贵金属汇率敞口平盘业务是否经过外汇局审批或备案，是否按照规定向外汇局报送贵金属业务汇率敞口统计报表 2. 办理资本金（或营运资金）本外币转换是否经过外汇局核准，自身费用支出是否符合实需原则 3. 是否按照规定对银行卡在境外使用的商户类别码进行设置，并按规定向外汇局报送银行外币卡统计报表	1. 未向外汇局备案或经外汇局批准，擅自办理贵金属汇率敞口平盘的，每发现1次扣1分 2. 漏报贵金属业务汇率敞口统计报表的，每发现1次扣0.5分，迟报1天扣0.1分 3. 未按规定办理资本金（或营运资金）本外币转换的，每发现1次扣1分 4. 未对银行卡在境外使用的商户类别码进行设置的，每发现1次扣1分 5. 未按规定报送银行外币卡统计报表的，每发现1次扣0.5分 本项分数扣完为止	1.《中华人民共和国外汇管理条例》（国务院令第532号）第二十四、第二十六条 2.《银行办理结售汇业务管理办法》（中国人民银行令〔2014〕第2号） 3. 国家外汇管理局关于印发《银行办理结售汇业务管理办法实施细则》的通知（汇发〔2014〕53号） 4.《国家外汇管理局关于规范银行外币卡管理的通知》（汇发〔2010〕53号） 5.《国家外汇管理局关于银行贵金属业务汇率敞口外汇管理有关问题的通知》（汇发〔2012〕8号）	

续表

项目	细目	分值	考核指标	详细标准	评分办法	主要参考文件依据	备注
总行单独考核指标25分	国际收支8.5分	6分	金融机构直接申报统计数据的准确性、及时性和完整性	1. 是否及时、准确、完整报送对外金融资产负债及交易统计数据 2. 是否及时、准确、完整报送中资金融机构外汇资产负债统计报表	1. 准确性 （1）上报的申报表信息中每发现一处错误扣0.05分 （2）对于出现重大错误数据，影响全国汇总数据结果的，一次扣0.5分 （3）银行主动发现错误并及时修改的不扣分 2. 及时性 未在规定时间内完整报送申报数据、反馈疑问数据核实情况或修改错误数据的，每迟一个工作日扣0.1分（因不可抗力原因无法按时报送的，可酌情考虑） 3. 完整性 申报表填报业务不全，漏报一项内容扣0.05分 （以上评分办法适用于非现场核查和现场核查）	1.《国际收支统计申报办法》（国务院令第642号） 2.《国家外汇管理局关于印发〈国际收支统计申报核查制度〉的通知》（汇发〔2015〕48号） 3.《国家外汇管理局关于中资金融机构报送外汇资产负债统计报表的通知》（汇发〔2009〕6号） 4.《国家外汇管理局关于印发〈对外金融资产负债及交易统计制度〉的通知》（汇发〔2016〕15号） 5.《国家外汇管理局关于发布〈金融机构外汇业务数据采集规范（1.1版）〉的通知》（汇发〔2016〕22号）	
	资本项目4分	2分	短期外债指标执行情况	银行是否将受指标控制的短期外债余额控制在外汇局核定的短期外债余额指标以内	按两个指标考核： 1. 每月执行情况：每月末银行短期外债超标一次扣0.1分。现场检查中如发现超指标情况，视同当月末超指标扣分 2. 全年执行情况：月均短债余额是否超标，按超标率扣分。超标率在0—10%（含）之间的扣0.3分，超标率在10%—20%（含）之间的扣0.6分，超标率在20%—50%（含）之间的扣0.8分，超标率在50%以上的扣1分。超标率在50%以上，银行不主动说明原因且过后不及时调低短债余额的扣1.5分。本项分数扣完为止 ［月均短债余额 = Σ每月末短债余额/12］ ［超标率 =（月均短债余额 − 短债指标）/短债指标×100%］	1.《境内机构借用国际商业贷款管理办法》（汇政发字〔1997〕第6号） 2.《外债管理暂行办法》（国家发展计划委员会 财政部 国家外汇管理局令第28号） 3.《国家外汇管理局关于实施〈境内外资银行外债管理办法〉有关问题的通知》（汇发〔2004〕59号） 4. 每年下达金融机构短期外债余额指标的通知	

续表

项目	细目	分值	考核指标	详细标准	评分办法	主要参考文件依据	备注
总行单独考核指标25分	资本项目4分	0.5分	QFII境内托管业务	1. 是否按照外汇管理规定要求为QFII办理账户开立，并报送账户等相关数据 2. 是否存在为QFII办理超过外汇局批准的投资额度、在锁定期内汇出本金的情况 3. 是否及时报告重大事项 4. 是否履行监督QFII投资运作的职责，发现其投资指令违法、违规的，及时报备 5. 是否按业务实际发生情况进行及时准确登记	根据报送相关数据的准确性和及时性扣分，错报每笔扣0.1分，未及时报送每笔扣0.05分 根据是否按照法规办理账户开立和使用、资金汇出入和资金汇兑扣分，每笔违规扣0.1分 根据是否按照要求及时报告重大事项扣分，未及时报告每笔扣0.1分 本项分数扣完为止	1.《合格境外机构投资者境内证券投资管理办法》（证监会、人民银行、外汇局〔2006〕第36号令） 2.《合格境外机构投资者境内证券投资外汇管理规定》（国家外汇管理局公告〔2016〕第1号 3.《国家外汇管理局关于调整合格机构投资者数据报送方式的通知》（汇发〔2015〕45号）	
		0.5分	RQFII境内托管业务	1. 是否按照外汇管理规定要求为RQFII机构报送账户信息和相关数据 2. 是否存在为RQFII办理超过外汇局批准的投资额度汇入本金、超过投资额度汇入期汇入本金、在锁定期内汇出本金的情况 3. 是否及时报告重大事项 4. 是否按业务实际发生情况进行及时准确登记	根据报送相关数据的准确性和及时性扣分，错报每笔扣0.1分，未及时报送每笔扣0.05分 根据是否按照法规办理账户开立和使用、资金汇出入和资金汇兑扣分，每笔违规扣0.1分 根据是否按照要求及时报告重大事项扣分，未及时报告每笔扣0.1分 本项分数扣完为止	1.《人民币合格境外机构投资者境内证券投资试点办法》（中国证监会、人行、外汇局第90号令） 2.《国家外汇管理局关于人民币合格境外机构投资者境内证券投资试点有关问题的通知》（汇发〔2013〕9号） 3.《国家外汇管理局关于调整合格机构投资者数据报送方式的通知》（汇发〔2015〕45号）	
		0.5分	QDII境内托管业务	1. 是否按照外汇管理规定要求为QDII办理账户开立和使用 2. 是否按规定办理资金汇出入并报送相关数据 3. 是否按时报告重大事项 4. 是否按业务实际发生情况进行及时准确登记	根据报送相关数据的准确性和及时性扣分，错报每笔扣0.1分，未及时报送每笔扣0.05分 根据是否按照法规办理账户开立和使用、资金汇出入和资金汇兑扣分，每笔违规扣0.1分 根据是否按照要求及时报告重大事项扣分，未及时报告每笔扣0.1分 本项分数扣完为止	1.《合格境内机构投资者境外证券投资外汇管理规定》（国家外汇管理局公告〔2013〕第1号） 2.《国家外汇管理局关于调整合格机构投资者数据报送方式的通知》（汇发〔2015〕45号）	

续表

项目	细目	分值	考核指标	详细标准	评分办法	主要参考文件依据	备注
总行单独考核指标25分	资本项目4分	0.5分	银行代客境外理财（QDII）业务	1. 商业银行从事代客境外理财业务中，资金净汇出（含人民币和外汇）是否超过外汇局核准的投资额度 2. 是否按要求及时准确报送相关报表	超过投资额度的，按照超额率×0.1进行扣分，未及时报告每笔扣0.05分，扣完为止	1.《合格境内机构投资者境外证券投资外汇管理规定》（国家外汇管理局公告〔2013〕第1号） 2.《国家外汇管理局关于调整合格机构投资者数据报送方式的通知》（汇发〔2015〕45号）	
	科技管理2.5分	2.5分	银行接口开发合规性及数据质量	1. 银行接口程序开发是否满足接口程序验收要求，接口开发、验收和联调工作是否及时 2. 日常报送数据及时性 3. 接口数据报送准确性	1. 银行接口程序开发不满足接口程序验收要求或接口开发、验收和联调工作不及时，每发现1次扣0.3分。本项总分0.6分，扣完为止 2. 及时性考核将通过不定期抽查某类数据报送及时性的方式进行。日常报送数据逾期率最高的银行扣0.9分，逾期率最低的银行扣0分。其他银行扣分=0.9×（逾期率/最高逾期率）。逾期率=逾期报送笔数合计/实报笔数合计 3. 本项总分1分，扣完为止 （1）检查期内接口数据文件报送错误率最高的银行扣1分，错误率最低的银行扣0分。其他银行扣分=1×（错误率/最高错误率）；错误率=接口反馈数据文件中失败记录数据合计/接口反馈数据文件中总记录数据合计 （2）检查期内出现大额交易数据报送错误，导致本银行当月此类交易金额偏差超过5%，每次扣0.2分	1.《金融机构外汇业务数据采集规范（1.1）》（汇发〔2016〕22号） 2.《金融机构外汇业务数据采集操作规程》（汇发〔2015〕44号）	

续表

项目	细目	分值	考核指标	详细标准	评分办法	主要参考文件依据	备注
总行单独考核指标25分	内控管理及其他10分	2分	内控制度完备性与实施情况	（一）内部控制责任明确 银行应就外汇业务违规风险组成分工合理、职责明确、报告关系清晰的内部控制治理和组织架构： 1. 董事会是否负责保证建立有效的执行外汇管理规定的内部控制体系、保证在现有外汇管理规定框架内审慎经营 2. 监事会是否负责监督董事会、高级管理层履行外汇业务违规内部控制职责 3. 高级管理层是否负责制定系统化的制度、流程、方法，建立和完善内部组织机构，保证外汇业务违规风险内部控制的各项职责得到有效履行 4. 是否指定专门部门作为外汇业务违规内控管理职能部门，牵头内部控制体系的统筹规划、组织落实和检查评估 5. 内部审计部门是否就银行外汇业务违规风险内部控制的充分性和有效性进行审计，及时报告审计发现的问题，并监督整改 6. 具体业务部门是否负责参与制定与自身职责相关的外汇业务制度和操作流程，负责严格执行相关制度规定，负责组织开展自查并报告内部控制存在的缺陷，且及时落实整改 （二）内部控制措施全面、合规、有效 银行应就各项外汇业务制定全面、系统、合规的管理制度与业务流程，并定期评估： 1. 是否充分识别和评估各项	1. 内控制度完备，执行情况较好的，1.5≤最终评分≤2 2. 内控制度基本完备，执行情况一般，考核期内未出现严重违规事件的，0.5≤最终评分＜1.5 3. 内控制度不完备，考核期内出现较严重违规事件的，0≤最终评分＜0.5	相关外汇管理法规及要求	由外汇局综合、收支、经常、资本、管检、科技部门根据日常监管情况，分别对银行进行评分 各银行应于考核期结束后5个工作日内，向外汇局提交“内控管理及其他”考核要求执行情况报告

续表

项目	细目	分值	考核指标	详细标准	评分办法	主要参考文件依据	备注
总行单独考核指标25分	内控管理及其他10分	2分	内控制度完备性与实施情况	外汇业务经营中面临的违规风险，采取适当的控制措施，执行标准统一的业务流程以确保规范运作 2. 是否通过内控流程与业务操作系统和管理信息系统的有效结合，加强对业务活动的系统自动控制 3. 是否合理确定与外汇业务相关的部门、岗位的职责及权限，形成规范的职责说明，建立相应的授权体系，明确相应的报告路线 4. 是否制定规范员工行为的相关制度，明确对员工的禁止性规定，建立员工异常行为举报、查处机制 5. 是否在开办新外汇业务、提供新外汇产品和服务时对潜在的违规风险进行评估，并制定相应的管理措施 6. 是否及时根据外汇形势及监管规定的发展变化对内控管理措施进行调整 （三）内部控制保障有力 1. 外汇业务操作与管理信息系统是否能及时、准确记录经营管理信息，确保连续性与可追溯性 2. 是否具有有效的信息沟通机制，确保高级管理层及时了解外汇业务违规风险状况，确保相关部门和员工及时了解与其职责相关的制度和信息 3. 是否为各级分支机构配备负责督导执行外汇管理规定的岗位与人员（根据各分支机构外汇业务量与类别情况等因			由外汇局综合、收支、经常、资本、管检、科技部门根据日常监管情况，分别对银行进行评分 各银行应于考核期结束后5个工作日内，向外汇局提交“内控管理及其他”考核要求执行情况报告

续表

项目	细目	分值	考核指标	详细标准	评分办法	主要参考文件依据	备注
总行单独考核指标25分	内控管理及其他10分	2分	内控制度完备性与实施情况	素确定合理的配备数量），对外汇业务人员的政策培训是否到位 4. 是否拥有健全的外汇业务合规经营激励约束机制 （四）内部控制自我评估及时 1. 银行是否对外汇业务违规风险内部控制体系建设、实施和运行结果开展自评估 2. 内控评价是否由独立的部门组织实施并形成文字评价报告 3. 实施的频率至少为年度，当外汇业务经营环境发生重大变化或其他重大实质影响的事项发生时应及时组织开展内控评价 4. 评价报告是否客观反映内部控制缺陷的影响程度和发生的可能性，并明确相应的纠正措施和方案 （五）内部控制监督到位 1. 内审、内控和具体业务部门是否根据分工协调配合，构建覆盖各级机构、各个外汇产品、各个外汇业务流程的监督检查体系 2. 内部控制监督的报告和信息反馈是否流畅 3. 有关部门人员是否将发现的内部控制缺陷，按照规定报告路线及时报告 4. 是否具有内部控制外汇业务违规问题整改机制，明确整改责任部门，规范整改工作流程，确保整改措施落实到位			由外汇局综合、收支、经常、资本、管检、科技部门根据日常监管情况，分别对银行进行评分 各银行应于考核期结束后5个工作日内，向外汇局提交“内控管理及其他”考核要求执行情况报告

续表

项目	细目	分值	考核指标	详细标准	评分办法	主要参考文件依据	备注
总行单独考核指标 25 分	内控管理及其他 10 分	2 分	外汇业务自律情况	（一）是否按照展业自律要求，履行客户身份识别职责 1. 是否制定实施本行了解客户身份和背景的相关业务制度 2. 是否制定实施对客户实施分类管理的相关业务制度，是否对不配合银行进行身份识别或提供虚假身份信息资料的客户进行管理 3. 是否制定实施定期更新客户信息制度 （二）是否按照展业自律要求，履行业务审核职责 1. 是否制定实施切实履行合规性、真实性、审慎性审查职责的相关业务制度 2. 是否制定实施按照客户风险等级采取不同等级尽职审查措施的相关业务制度 3. 是否制定实施根据业务风险状况和客户风险等级，要求客户提供或主动收集证明材料 （三）是否按照展业自律要求，履行业务持续监测职责 1. 是否制定实施在业务存续期间持续监测客户的后续行为及资金流向，实施动态监控措施的相关业务制度 2. 是否制定实施客户出现异常情况时，银行重新进行客户识别的相关业务制度 3. 是否制定实施留存电子及书面形式的客户背景调查、业务审核、持续监控等环节资料和结果的相关业务制度	1. 执行情况优秀的，1.5≤最终评分≤2 2. 执行情况一般的，0.5≤最终评分<1.5 3. 执行情况较差的，0≤最终评分<0.5		由外汇局综合、收支、经常、资本、管检、科技部门根据日常监管情况，分别对银行进行评分 各银行应于考核期结束后 5 个工作日内，向外汇局提交“内控管理及其他”考核要求执行情况报告

续表

项目	细目	分值	考核指标	详细标准	评分办法	主要参考文件依据	备注
总行单独考核指标25分	内控管理及其他10分	2分	外汇业务自律情况	（四）是否按照展业自律要求，履行报告职责 1. 是否制定实施监测异常或涉嫌外汇违规行为并向外汇局报告的相关业务制度 2. 是否制定实施同业监督的相关制度 （五）是否将展业自律要求，内化于银行内控制度中 1. 是否为实施《银行外汇业务展业原则》等自律文件建立内控保障机制，将展业自律要求内化于银行自身的风险管理、业务操作、考核等内控制度之中 2. 是否建立银行自上而下的外汇业务内控合规体系，明确负责统筹全行外汇业务展业原则工作的牵头部门，并建立具体工作机制 3. 是否按展业自律要求更新内控制度 4. 是否按展业自律要求完善系统建设 5. 是否就展业自律主题开展员工培训			由外汇局综合、收支、经常、资本、管检、科技部门根据日常监管情况，分别对银行进行评分 各银行应于考核期结束后5个工作日内，向外汇局提交“内控管理及其他”考核要求执行情况报告

续表

项目	细目	分值	考核指标	详细标准	评分办法	主要参考文件依据	备注
总行单独考核指标25分	内控管理及其他10分	2分	全行内部支持“外汇管理工作牵头部门”工作情况	（一）是否设有配合外汇管理工作的牵头部门 （二）是否赋予牵头部门足够权威，以确保牵头工作执行力 （三）牵头部门是否切实履行以下责任： 1. 与外汇局保持日常工作对接 2. 主动、定期评估外汇管理政策变化 3. 在全行范围内及时准确传导外汇管理政策意图 4. 协调行内有关部门对内部制度与规程进行必要修订 5. 联合行内有关部门研究制定贯彻外汇管理政策措施，并监督后续实施情况等	1. 执行情况优秀的，1.5≤最终评分≤2 2. 执行情况一般的，0.5≤最终评分<1.5 3. 执行情况较差的，0≤最终评分<0.5		由外汇局综合、收支、经常、资本、管检、科技部门根据日常监管情况，分别对银行进行评分 各银行应于考核期结束后5个工作日内，向外汇局提交“内控管理及其他”考核要求执行情况报告
		1分	配合外汇局日常监管工作情况	1. 是否就完善外汇监管提出有价值的意见与建议 2. 外汇局专项检查有自查要求的，银行是否能够认真开展自查 3. 能够配合外汇管理政策变化积极主动开发配套外汇产品 4. 是否在配合外汇管理工作过程中有效规避不正当竞争与道德风险 5. 是否积极配合现场检查及现场核查工作，包括提供工作场所及所需数据或材料、配合外汇局业务人员问询、允许业务系统接入等 6. 能否积极配合外汇局交办的临时性工作，如大额与异常购付汇监测工作等	1. 执行情况优秀的，0.8≤最终评分≤1 2. 执行情况一般的，0.4≤最终评分<0.8 3. 执行情况较差的，0≤最终评分<0.4		

续表

项目	细目	分值	考核指标	详细标准	评分办法	主要参考文件依据	备注
总行单独考核指标25分	内控管理及其他10分	1分	内部绩效考核与外汇合规管理挂钩情况	1. 是否于正式实施后10个工作日内向外汇局报送《内部绩效考核制度》 2. 内部绩效考核的“合规经营”类指标中，与执行外汇管理规定相关的分值综合权重是否不低于15%	1. 执行情况优秀的，0.8≤最终评分≤1 2. 执行情况一般的，0.4≤最终评分<0.8 3. 执行情况较差的，0≤最终评分<0.4		由外汇局综合、收支、经常、资本、管检、科技部门根据日常监管情况，分别对银行进行评分 各银行应于考核期结束后5个工作日内，向外汇局提交“内控管理及其他”考核要求执行情况报告
		1分	外汇产品定价策略与执行情况	1. 外汇产品定价策略是否切实体现外汇管理政策意图 2. 是否主动运用价格杠杆措施合理引导客户预期，有关措施是否具有较好的及时性、灵活性与可操作性 3. 分支机构执行外汇产品定价策略是否具有统一标准，后续执行是否到位	1. 执行情况优秀的，0.8≤最终评分≤1 2. 执行情况一般的，0.4≤最终评分<0.8 3. 执行情况较差的，0≤最终评分<0.4		
		1分	违规问题整改情况	1. 是否按规定上报年度整改报告（3月31日前），报告应包含内部绩效考核与外汇管理挂钩情况、外汇产品定价策略与执行情况、外汇业务经营自律情况、全行内部支持外汇管理工作情况、外汇业务政策合规专门岗位配置情况等与完善银行内控管理相关的内容 2. 针对违规问题制定的整改措施是否及时，执行是否到位 3. 是否积极沟通后续整改情况 4. 整改是否有效，是否屡犯同类错误	1. 执行情况优秀的，0.8≤最终评分≤1 2. 执行情况一般的，0.4≤最终评分<0.8 3. 执行情况较差的，0≤最终评分<0.4		

国家外汇管理局综合司关于印发《国家外汇管理局 2017 年政务公开工作要点及任务分工》的通知

汇综发〔2017〕54 号

各司、机关党委、各事业单位：

为做好国家外汇管理局 2017 年政务公开工作，根据《国务院办公厅关于印发 2017 年政务公开工作要点的通知》（国办发〔2017〕24 号）要求，现将《国家外汇管理局 2017 年政务公开工作要点及任务分工》印发给你们，请结合实际认真贯彻落实。

附件：国家外汇管理局 2017 年政务公开工作要点及任务分工（电子版详见光盘）

二〇一七年四月二十六日

国家外汇管理局2017年政务公开工作要点及任务分工

2017年，国家外汇管理局政务公开工作要全面贯彻党的十八大和十八届三中、四中、五中、六中全会精神，深入贯彻习近平总书记系列重要讲话精神和治国理政新理念新思想新战略，认真落实《政府工作报告》有关部署，坚持稳中求进工作总基调，以供给侧结构性改革为主线，按照中共中央办公厅、国务院办公厅《关于全面推进政务公开工作的意见》及其实施细则（以下简称《意见》及实施细则）要求，全面推进决策、执行、管理、服务、结果公开（以下统称“五公开”），加强解读回应，扩大公众参与，增强公开实效，助力稳增长、促改革、调结构、惠民生、防风险，以优异成绩迎接党的十九大胜利召开。

一、加强预期引导

围绕外汇管理重要政策出台，部门负责同志要通过参加新闻发布会、接受访谈、发表文章等方式，深入解读政策背景、依据、目标任务、涉及范围，及时准确将政策意图传递给市场和企业，以政策解读的“透”赢得市场预期的“稳”。加强国内外舆情收集研判，针对涉及我国外汇市场的误导和不实信息，客观及时、有说服力地发声，澄清事实，解疑释惑，增强各方对我国经济稳中向好的信心。加强与媒体、公众、专家学者的互动沟通，促进形成互相理解、良性互动的舆论环境。根据《2017年国家外汇管理局主要统计数据发布时间表》安排，及时、准确发布外汇统计数据。按季度出席国务院新闻办公室外汇收支数据新闻发布会，介绍我国国际收支和跨境资金流动情况，回答社会关注的外汇形势热点问题。及时发布解读社会关注的重要外汇指标数据，引导社会各界正确认识外汇形势。充分利用《中国外汇》系列杂志等加强外汇管理政策宣传和解读。

二、推进“放管服”改革信息公开

以清单管理推动减权放权，各类清单都要及时向社会公开。根据权责事项取消、下放、承接情况进行动态调整，并通过在外汇局政府网站集中发布、开设反馈意见信箱等方式，让公众了解放权情况、监督放权进程、评价放权效果。根据法规调整及行政审批事项精简情况及时更新调整《外汇行政审批事项公开目录》《国务院决定取消的外汇管理行政审批项目清单》。梳理权责清单，除涉密事项外，要按照统一部署及时向社会公开。公开行政审批所需中介服务事项清单，接受群众监督，推动更好依法规范履职。及时公开政策性文件的废止、失效等情况，并在外汇局政府网站已发布的原文件上作出明确标注。继续深入开展重点领域立法和法规清理工作，对部分不适应业务发展和改革要求的外汇管理法规予以废止或宣布失效。及时更新《现行有效外汇管理主要法规目录》，便利社会公众查询使用。围绕年内实现“双随机、一公开”监管全覆盖目标，汇总形成并公布随机抽查事项清单，明确抽查依据、主体、内容、方式等。大力推进“互联网 + 政务服务”，年内完成政务服务事项目录编制工作，通过外汇局政府网站集中全面公开。

深入推进预决算公开。做好部门预决算公开工作，对公开内容进行分级分类，方便公众查阅和监督。按照财政部和国务院机关事务管理局有关要求，分别在中国政府采购网（不含纳入政府集中采购目录项目）和中央政府采购网（纳入政府集中采购目录项目）上对政府采购项目的采购结果进行公告。

三、推进发展新产业、培育新动能工作信息公开

围绕推进制造强国建设、支持创业创新、推进新产业健康发展、改造提升传统产业等，加大政策及其执行情况公开力度。在制定新产业、新业态、新模式等方面监督政策时，要通过征求意见、听证座谈、咨询协商等方式，扩大相关市场主体的参与度。注重收集公众对外汇管理支持新产业发展相关政策的反映，主动及时做好解释疑惑和舆论引导工作。

四、围绕防范金融风险推进公开

制定金融领域特别是金融市场相关政策时，在征求意见、对外发布等环节要高度重视政策解读和舆论引导，做到同步联动，防止脱节。密切关注跨境资本流动、跨境贸易投资活动、外汇市场运行、人民币汇率等方面的国内外舆情，针对误读、曲解、不实情况，注重通过主要新闻媒体及时开展有理有据的回应，防止风险预期自我实现。对于已处罚的外汇违规案件或作出的行政许可决定，在作出行政处罚或行政许可决定后7个工作日内于外汇局政府网站公布。根据外汇查处情况，挑选违规性质恶劣、违规金额较大或违规行为典型的案件，在外汇局政府网站公开通报，提高执法公信力和透明度。

五、增强政务公开实效

（一）全面落实“五公开”工作机制。认真落实《意见》及实施细则的相关要求，年内完成“五公开”纳入办文办会程序、建立公开内容动态扩展机制等工作，加快制定主动公开基本目录，稳步有序拓展公开范围。对涉及公众利益、需要社会广泛知晓的电视电话会议，除涉及国家秘密的外，要积极通过网络、新媒体直播等向社会公开。进一步做好全国人大代表建议和全国政协委员提案办理结果公开工作，对涉及公共利益、公众权益、社会关切及需要社会广泛知晓的建议和提案复文在外汇局政府网站上予以公开，提高建议提案办理工作的透明度。

（二）进一步健全解读回应机制。切实落实《意见》及实施细则关于做好政策解读回应的相关规定。部门主要负责人要履行好“第一解读人和责任人”的职责，充分利用新闻发布会、政策吹风会等方式，主动回应重大舆论关切，释放信号，引导预期。各部门要按照“谁起草、谁解读”的原则，做到政策性文件和解读方案、解读材料同步组织、同步审签、同步部署。严格执行特别重大、重大突发事件最迟5小时内发布权威信息、24小时内举行新闻发布会的时限要求，确保回应不超时、内容不敷衍。

（三）加强政务公开平台建设。切实履行对外汇局政府网站的监管责任，进一步加强和改进外汇局政府网站内容建设，做好日常监测和季度抽查，及时公开抽查情况，切实提高管理水平。要用好管好政务新媒体，健全内容发布审核机制，强化互动和服务功能。适应互联网发展要求，积极推进

《国家外汇管理局文告》同步上网。

（四）依法规范依申请公开工作。畅通依申请公开受理渠道，依法保障公众合理的信息需求。进一步规范依申请公开答复工作，严格按照法定时限答复，增强答复内容针对性并明示救济渠道，答复形式要严谨规范。对依申请公开工作中发现的依法行政方面问题，要及时加以改进。对公众申请较为集中的政府信息，可以转为主动公开的，应当主动公开。

加强督查评估，将政务公开专项考核纳入年度考核。

第二章　结售汇与外汇市场管理

国家外汇管理局关于银行间债券市场境外机构投资者外汇风险管理有关问题的通知

汇发〔2017〕5号

国家外汇管理局各省、自治区、直辖市分局、外汇管理部，深圳、大连、青岛、厦门、宁波市分局，全国性中资银行：

为推动外汇市场对外开放，便利银行间债券市场境外机构投资者（以下简称境外投资者）管理外汇风险，根据《中华人民共和国外汇管理条例》及相关规定，现就境外机构投资者参与境内外汇市场有关事项通知如下：

一、经国家外汇管理局批准具备代客人民币对外汇衍生品业务（以下简称外汇衍生品业务）资格，且符合《中国人民银行公告〔2016〕第3号》规定的银行间市场结算代理人条件的境内金融机构（以下简称结算代理人），可以对本机构受托提供代理交易和结算服务的境外投资者办理外汇衍生品业务。

本通知所称境外投资者，是指符合《中国人民银行公告〔2016〕第3号》规定的各类境外投资者。

二、结算代理人对境外投资者办理外汇衍生品业务应遵守实需交易原则。

境外投资者的外汇衍生品交易，限于对冲以境外汇入资金投资银行间债券市场产生的外汇风险敞口，外汇衍生品敞口与作为交易基础的债券投资项下外汇风险敞口应具有合理的相关度。当银行间债券市场投资发生变化而导致外汇风险敞口变化时，境外投资者应在五个工作日内对相应持有的外汇衍生品敞口进行调整，确保符合实需交易原则。

三、结算代理人对境外投资者办理的外汇衍生品类型，包括《银行办理结售汇业务管理办法实施细则》（汇发〔2014〕53 号）规定的远期、外汇掉期、货币掉期和期权。

根据外汇风险管理的实际合理需要，结算代理人可以为境外投资者的外汇衍生品业务灵活提供反向平仓、全额或差额结算等交易机制。反向平仓和差额结算的币种及结算参考价执行《银行办理结售汇业务管理办法实施细则》（汇发〔2014〕53 号）规定。

四、境外投资者开展外汇衍生品业务所涉及的外汇收支，通过《国家外汇管理局关于境外机构投资者投资银行间债券市场有关外汇管理问题的通知》（汇发〔2016〕12 号）规定的专用外汇账户办理。

五、结算代理人为境外投资者办理外汇衍生品业务，应遵守结售汇综合头寸管理规定，并按照《国家外汇管理局关于印发〈银行结售汇统计制度〉的通知》（汇发〔2006〕42 号）、《国家外汇管理局综合司关于调整银行结售汇综合头寸统计报表及报送方式的通知》（汇综发〔2012〕129 号）、《国家外汇管理局综合司关于调整银行结售汇统计报表有关问题的通知》（汇综发〔2017〕4 号）等规定履行有关结售汇统计报告义务。

六、本通知自发布之日起实施。此前关于银行对客户办理外汇衍生品业务管理规定与本通知不一致的，以本通知为准。

国家外汇管理局各分局、外汇管理部接到本通知后，请及时转发辖内有关金融机构。

特此通知。

二〇一七年二月二十四日

附 1：

深入推进外汇管理改革　维护外汇市场健康有序发展

（国家外汇管理局新闻稿　2017 年 1 月 26 日）

为提高外汇市场开放水平，推动银行间债券市场对外开放，国家外汇管理局近日发布《国家外汇管理局关于银行间债券市场境外机构投资者外汇风险管理有关问题的通知》（汇发〔2017〕5 号，以下简称《通知》）。

《通知》主要内容包括：

一是银行间债券市场境外机构投资者可以在具备资格的境内金融机构办理人民币对外汇衍生品业务，提高外汇市场开放水平。

二是境外机构投资者的外汇衍生品业务遵守实需交易原则，限于对冲以境外汇入资金投资银行间债券市场产生的外汇风险敞口，保障外汇市场秩序。

三是对境外机构投资者的外汇衍生品业务提供多样化的交易工具和交易机制选择，便利外汇风险管理。

《通知》自发布之日起实施。

附 2：

国家外汇管理局有关负责人就银行间债券市场境外机构投资者外汇风险管理有关问题答记者问

（2017 年 2 月 27 日）

日前，国家外汇管理局发布《国家外汇管理局关于银行间债券市场境外机构投资者外汇风险管理有关问题的通知》（汇发〔2017〕5 号，以下简称《通知》）。国家外汇管理局有关负责人就相关问题回答了记者提问。

1. 《通知》出台的主要背景是什么？

答：随着国内债券市场对外开放，境外机构在境内债券市场的参与程度不断上升。截至 2016 年末，银行间债券市场境外投资者总计持有债券 8 700 亿元人民币，较 2015 年末增加 834 亿元人民币。在人民币汇率双向浮动弹性逐步增强的市场环境下，境外投资者持有人民币债券存在管理外汇风险的需求。当然，境外投资者可以在境外人民币市场进行外汇风险管理，但随着国内外汇市场深度逐步提高，有条件支持境外投资者参与国内外汇市场，在债券和外汇市场进行综合管理。此次发布《通知》，既是便利银行间债券市场境外机构投资者管理外汇风险，也是推动债券市场和外汇市场对外开放的改革举措。

2. 参与境内外汇市场的境外机构投资者范围是什么？是否包括境外央行类机构？

答：《通知》所称参与境内外汇市场的境外机构投资者，是指符合《中国人民银行公告〔2016〕第 3 号》规定的各类境外投资者，这与目前银行间债券市场的对外开放范围保持一致。

境外机构投资者的范围不包括境外央行类机构，主要考虑，根据《中国人民银行公告〔2015〕第 31 号》规定，目前境外央行类机构已有多种渠道参与境内外汇市场，可以便利地管理投资银行间债券市场产生的外汇风险敞口。

3. 境外机构投资者可以办理的外汇衍生品业务有哪些类型？

答：为对冲投资银行间债券市场产生的外汇风险敞口，境外机构投资者可以自主选择办理远期、外汇掉期、货币掉期和期权等《银行办理结售汇业务管理办法实施细则》（汇发〔2014〕53号）规定的人民币对外汇衍生品，在国内外汇市场已有的衍生品类型内不做交易品种限制。

4. 如何理解境外机构投资者开展外汇衍生品交易的实需原则？

答：实需原则是指境外机构投资者开展外汇衍生品交易，是基于对冲以境外汇入资金投资银行间债券市场产生的外汇风险敞口，或者说，债券投资项下的外汇风险敞口是外汇衍生品的交易基础。在实需原则下，境外机构投资者可以根据自身对于单只债券或债券组合投资的外汇风险敞口状况，灵活选择外汇衍生品工具，以及运用反向平仓、全额或差额结算等交易机制。

实需原则是国内外汇衍生品市场的一个基本要求，这与市场参与者自身的审慎交易原则是内在一致的。这既维护了外汇市场秩序，也为市场参与者的交易灵活性提供了保障。

5. 由结算代理人为境外机构投资者提供外汇风险管理服务的政策考虑是什么？

答：按照银行间债券市场现有政策安排，结算代理人为境外机构投资者提供交易、结算等债券投资相关服务。因此，结算代理人对境外机构投资者办理外汇衍生品业务，可以提供债券投资和外汇交易"一站式"综合服务，更好地满足境外机构投资者的投资需求。未来，外汇局将根据银行间债券市场的政策安排，不断丰富境外机构投资者参与国内外汇市场的交易模式。

6. 境外机构投资者是否可以参与境内银行间外汇市场？

答：我国外汇市场分为银行间市场（也称批发市场）和银行柜台市场（也称零售市场或银行结售汇市场）两个层次，前者以金融机构提供市场流动性为主。考虑到境外机构投资者参与境内外汇市场主要是对冲投资银行间债券市场产生的外汇风险敞口，现阶段不是市场流动性的主要提供者，因此以客户身份参与银行柜台市场完全可以满足需求。

境外机构参与银行间外汇市场，仍遵照《中国人民银行国家外汇管理局公告〔2015〕第40号》的规定执行。

7. 对境外机构投资者办理外汇衍生品业务所涉及的外汇收支有什么

规定？

答：境外机构投资者办理银行间债券市场投资项下衍生品业务所涉及的外汇收支，遵照《国家外汇管理局关于境外机构投资者投资银行间债券市场有关外汇管理问题的通知》（汇发〔2016〕12 号）的规定执行，通过本外币专用账户直接在结算代理人办理资金汇出入和结汇或购汇手续，资金汇出入币种基本一致，外汇局不进行事前核准或审批。

8. 境外机构投资者开展外汇衍生品交易是否需要与交易对手签署主协议？

答：签署主协议是国内外金融市场的普遍惯例。境外机构投资者在结算代理人办理外汇衍生品业务，交易双方可以自主协商选择并签署主协议。

9. 下一步外汇局对发展外汇市场有什么考虑？

答：未来，外汇局将继续深化外汇市场发展，丰富交易工具，扩宽参与主体，扩大对外开放，完善基础设施，更好地满足包括银行间债券市场境外机构投资者在内的境内外市场各类主体的外汇风险管理需求，服务实体经济发展，支持金融市场开放。

国家外汇管理局关于金融机构报送银行卡境外交易信息的通知

汇发〔2017〕15号

国家外汇管理局各省、自治区、直辖市分局、外汇管理部，深圳、大连、青岛、厦门、宁波市分局，各全国性银行，中国银联股份有限公司：

为加强银行卡境外交易监测管理，维护银行卡境外交易秩序，根据《中华人民共和国外汇管理条例》《国际收支统计申报办法》等法规，国家外汇管理局（以下简称外汇局）决定开展银行卡境外交易信息采集工作。现将有关事项通知如下：

一、采集范围

境内银行卡在境外发生的提现和消费交易信息，不含非银行支付机构基于银行卡提供的境外交易。

（一）银行卡境外提现信息采集范围为境内银行卡在境外金融机构柜台和自动取款机等场所和设备发生的提现交易。

（二）银行卡境外消费信息采集范围为境内银行卡在境外实体和网络特约商户发生的单笔等值1 000元人民币（不含）以上的消费交易。

本通知所称境内银行卡，是指境内发卡金融机构（以下简称发卡行）在中国境内发行的各类银行卡清算机构标识的银行卡，包括但不限于借记卡、信用卡（贷记卡和准贷记卡）。

二、报送主体

发卡行应以法人（总部）为单位，汇总本行全部境内银行卡境外交易信息后集中报送。

对于借记卡与信用卡境外交易信息不具备合并报送条件的发卡行，可以将本行的借记卡与信用卡境外交易信息分别报送。

三、报送时间

发卡行应于北京时间每日 12：00 前报送上日 24 小时内本行银行卡境外交易信息，遇节假日不顺延。

银行卡境外交易采集自 2017 年 9 月 1 日起施行，自 9 月 2 日起首次报送 9 月 1 日境外交易信息。

四、报送渠道

外汇局于 2017 年 9 月 1 日上线银行卡境外交易外汇管理系统（以下简称银行卡管理系统），通过数据接口方式或界面方式采集银行卡境外交易信息。

数据接口方式是指发卡行开发数据接口程序，使用外汇局消息传输系统（MTS），实现自身银行卡系统与银行卡管理系统对接，报送和接收银行卡境外交易信息。界面方式是指发卡行直接登录银行卡管理系统网页，报送和接收银行卡境外交易信息。

具备结售汇业务经营资格的发卡行，原则上应使用接口方式与银行卡管理系统对接；不具备结售汇业务经营资格的发卡行，可以选择接口或界面任一方式与银行卡管理系统对接。发卡行应通过网络专线接入外汇局外部机构接入网，实现与银行卡管理系统对接。

五、报送要求

发卡行应按照外汇局规定的要素和格式（详见附件 1《银行卡境外交易数据采集规范》）报送银行卡境外交易信息。

（一）发卡行应确保报送信息的及时性、完整性和准确性。对于因冲正、错报等原因导致报送信息有误和漏报，发卡行应按照规定及时修改并补报正确信息。

（二）发卡行报送银行卡境外交易信息，实行零报送制度。凡是开通银行卡境外交易功能的发卡行，均应按要求报送信息，未发生境外交易应进行零报送。

六、发卡行报送银行卡境外交易信息情况，纳入银行执行外汇管理规定情况考核。对于未按照规定报送银行卡境外交易信息的发卡行，外汇局将依法采取相关监管和处罚措施。

七、为防范跨境洗钱和其他犯罪活动，外汇局将通过银行卡管理系统向各发卡行发送存在银行卡境外违规交易记录或其他违法违规行为的个人信息，信息发送渠道与各发卡行的银行卡境外交易信息报送渠道相同。发卡行接收信息后，应加强对银行卡境外交易的日常监测管理，防止银行卡成为各类违法违规行为的交易渠道。

八、对于发卡行报送的银行卡境外交易信息，外汇局将依法保护持卡人信息安全。

九、发卡行应及时完成本行银行卡系统的技术调整，按照《银行卡境外交易外汇管理系统上线计划时间表》（见附件2）和《国家外汇管理局关于发布〈金融机构外汇业务数据采集操作规程〉的通知》（汇发〔2015〕44号，以下简称《操作规程》）做好金融机构代码申领、网络接入、MTS安装和接入、接口程序开发、联调测试、系统接入等准备工作。关于银行卡管理系统的接口联调、接口验收、试运行接入等具体安排，另行通知。

各发卡行应于2017年6月12日前向所在地外汇局分局、外汇管理部（以下简称外汇分局）报送《银行卡境外交易业务调查表》（见附件3），各外汇分局汇总后于2017年6月14日前报送外汇局国际收支司（rate@bop. safe）。

十、各外汇分局应成立由业务和科技部门组成的银行卡管理系统建设工作组，2017年6月5日前将工作组联系人信息报外汇局国际收支司（rate@bop. safe）。各外汇分局应按照《操作规程》规定的职责负责组织辖内发卡行的银行卡管理系统相关工作，并根据系统上线计划时间安排和本地区实际情况，将辖内发卡行的金融机构代码申领、网络接入、MTS安装和接入、联调测试、系统验收等工作进行均匀分配，制定辖内《银行卡境外交易外汇管理系统工作计划表》（见附件4），2017年6月14日前报外汇局科技司（app@ ic. safe）。

在工作实施过程中，各外汇分局应按计划表时间要求收集并审核辖内发卡行相关申请表并报送外汇局科技司，督促和协调发卡行完成相关工作并定期上报外汇局科技司。

十一、本通知自发布之日实施。自2017年9月1日起，个人外币现钞存取数据中涉及银行卡境外提取外币现钞数据（具体详见《国家外汇管理局关于发布〈金融机构外汇业务数据采集规范（1.1版）〉的通知》汇发

〔2016〕22 号）停止报送。

外汇分局接到本通知后，应及时转发辖内中心支局、城市商业银行、农村商业银行、外商独资银行、中外合资银行、外国银行分行、农村合作金融机构、村镇银行。

业务联系电话：010－68402399

技术联系电话：010－68402022、2043（网络专线接入）

010－68402424（MTS 接入）

010－68402417、2674（采集规范、数据报送联调）

特此通知。

附件：1. 银行卡境外交易数据采集规范（电子版详见光盘）

2. 银行卡境外交易外汇管理系统上线计划时间表（电子版详见光盘）

3. 银行卡境外交易业务调查表（电子版详见光盘）

4. 银行卡境外交易外汇管理系统工作计划表（电子版详见光盘）

二〇一七年五月二十六日

附件1：

银行卡境外交易数据采集规范

国家外汇管理局

2017年5月

目　　录

第一章 前 言

1.1 概述

为加强银行卡境外交易监测管理，维护银行卡境外交易秩序，特制定本规范。境内发卡金融机构应依照本规范报送和接收银行卡境外交易信息。

1.2 数据采集平台

银行卡境外交易的数据采集基于外汇业务数据采集平台进行。

1.3 数据采集和接入方式说明

外汇局向金融机构采集数据和下发数据方式分为两种：一是通过规范的后台数据接口文件进行批量、定期采集。金融机构/外汇局定期按照规范要求生成数据接口文件，并通过消息传输系统（MTS）进行采集/下发。二是金融机构通过银行卡境外交易外汇管理系统（以下简称银行卡管理系统）界面功能实现数据报送，采用规范文件格式导入的方式；外汇局根据规范文件格式生成相关文件，供金融机构通过界面功能下载。

使用消息传输系统（MTS）进行数据报送和下载，参考《金融机构外汇业务数据采集操作规程》（汇发〔2015〕44号）要求接入。由于银行卡管理系统的特殊性，境外交易数据采集过程中若与《金融机构外汇业务数据采集操作规程》存在不一致的，以本规范要求为准。

使用界面功能进行数据报送和下载，参考《银行卡境外交易外汇管理系统操作手册（银行版）》相关要求，操作手册另行发布。

发卡金融机构须通过网络专线接入外汇局外部机构接入网，完成数据报送和接收。

多家金融机构可共用网络专线和消息传输系统。共用线路及消息传输系统的金融机构应指定一家作为牵头机构，由其负责网络专线及消息传输系统的维护。共用网络专线和消息传输系统的金融机构应生成各自的接口数据文件。如信用社与上级省联社、村镇银行与发起银行若共用银行卡系统，信用社、村镇银行可通过省联社、发起银行的网络专线和消息传输系统报送数据、接收数据。

第二章　数据采集范围

2.1　外汇局向金融机构采集数据

2.1.1　银行卡境外提现明细数据

银行卡境外提现明细数据是指个人使用境内银行卡在境外提取现钞的明细数据，包含借记卡和信用卡（贷记卡和准贷记卡）在境外通过金融机构柜台和自动取款机等场所和设备发生的提取现钞。

凡是开通银行卡境外提现功能的发卡金融机构，均应将境外提现交易按要求逐笔报送，未发生境外提现交易应进行零报送。提现交易具体指商户类别码（MCC）6010（金融机构－银行柜台服务）和6011（金融机构－自动提款机服务）项下的所有提现交易。

2.1.2　银行卡境外消费明细数据

银行卡境外消费明细数据是指个人使用境内银行卡在境外消费的明细数据，包含借记卡和信用卡（贷记卡和准贷记卡）在境外实体和网络特约商户发生的单笔等值1 000元人民币（不含）以上的消费交易。

凡是开通银行卡境外消费功能的发卡金融机构，均应将境外消费按要求逐笔报送，未发生境外消费交易应进行零报送。消费交易具体指除商户类别码（MCC）为6010（金融机构－银行柜台服务）和6011（金融机构－自动提款机服务）外，其他项下的所有消费信息。

2.2　外汇局向金融机构下发数据

外汇局按日全量向金融机构下发银行卡境外违规交易记录。银行卡境外违规交易记录是指存在银行卡境外违规交易或其他违法违规行为的个人信息。

关于下发记录的实施时间及相关管理要求另行通知。

第三章　数据采集要求与原则

3.1　各类数据对应的采集方式

数据采集方式分为接口方式和界面方式。

数据类型	数据采集/下发方式	采集/下发方向	金融机构接入网络要求
银行卡境外提现明细数据	可采用全接口方式或全界面方式	金融机构到外汇局	金融机构专线接入
银行卡境外消费明细数据	可采用全接口方式或全界面方式	金融机构到外汇局	金融机构专线接入
银行卡境外违规交易记录	可采用全接口方式和全界面方式	外汇局到金融机构	金融机构专线接入

各金融机构应以法人（总部）为单位，汇总本行全部交易信息后集中报送，建议采用全接口方式报送，不具备接口方式报送数据条件的金融机构，可选择界面方式报送。

对采用全接口方式的数据类型，金融机构不能通过界面报送该类数据。对于已经报送的数据，在启用全接口后，可以通过接口方式进行修改等操作。

在应急情况下，金融机构可按照外汇局通知通过界面报送数据，对同一笔业务信息，不得通过接口和界面重复报送。

3.2　数据采集的时间要求

1	银行卡境外提现明细数据	发卡金融机构每日报送银行卡境外提现业务数据 采集范围：交易授权时间为北京时间 T 日 00：00—T 日 23：59 内的所有提现交易，报送时间要求为 T+1 日 12：00 前。（为避免系统拥堵，外汇局将于 10：00、11：00 和 12：00 读取数据，建议发卡金融机构于 10：00 前报送数据）

续表

2	银行卡境外消费明细数据	发卡金融机构每日报送银行卡境外消费业务数据 采集范围：交易授权时间为北京时间 T 日 00：00—T 日 23：59 内的所有消费交易，报送时间要求为 T+1 日 12：00 前。（为避免系统拥堵，外汇局将于 10：00、11：00 和 12：00 读取数据，建议发卡金融机构于 10：00 前报送数据）
3	银行卡境外违规交易记录	外汇局每日 15：00 起向发卡金融机构下发"银行卡境外违规交易记录"，采用接口方式报送数据的金融机构应于 16：00 前接收"银行卡境外违规交易记录"，采用界面方式报送数据的金融机构应于 16：00 前下载"银行卡境外违规交易记录"

数据采集和下发的批次及时间要求根据银行卡境外交易外汇管理要求可能调整，金融机构应预留灵活配置的机制。

金融机构应及时处理外汇局反馈的错误信息，并于下个报送周期将修改后的数据报送外汇局。

3.3　数据采集原则

3.3.1　金融机构数据采集主体

数据报送的主体为开通银行卡境外提现或消费功能的境内发卡金融机构。

境内发卡金融机构原则上应以法人为单位集中报送信息。对于信用卡系统与借记卡系统不具备合并报送条件的发卡金融机构，可以将本行的信用卡系统和借记卡系统分别与银行卡管理系统单独接口，各自报送数据、接收数据。

3.3.2　金融机构数据报送原则

发卡金融机构应确保报送信息的及时性、完整性和准确性。对于因冲正、错报等原因导致报送信息有误和漏报，发卡金融机构应及时通过设置接口文件数据项中的操作类型"新增、删除、修改"进行修订。

3.3.2.1　金融机构数据接口报送原则

通过接口方式报送的数据应按照本文档所列的数据报送时间要求完成。

接口数据的修改、删除必须通过接口来完成。

接口数据应符合各类数据的校验规则。业务编号允许跳号，不允许重号，已删除的业务编号不允许再次使用。所有金额都只保留到小数点后两位。

针对同一接口控制文件所包含各类接口数据文件：同一个接口文件中的业务数据主键不得重复；每个接口数据文件中记录数不应超过 5 000 条。如果某类接口数据记录数大于 5 000 条，要拆分成多个接口数据文件。

接口文件采用 XML 格式。接口文件中的中文字符集采用 GB18030，其余使用 ASCII 字符集。所有接口文件的第一行应为：<? xml version = " 1.0" encoding = " gb18030"? >

金融机构开发其接口程序时，须按 XML 语法的规定，将 XML 保留字符进行替换，如下所示：左栏字符须用右栏对应实体替代。

<	<
&	&
>	>
"	"
′	&apos

金融机构接口程序应具有一定的灵活性和扩展性，以适应数据采集范围和相关代码的调整。

金融机构若一个报送批次内无业务发生，也必须进行零报送。

3.3.2.2　界面方式的报送原则

通过界面方式报送和接收数据的应按照本文档所列的数据报送时间和下载时间要求完成。

通过界面方式报送的其他要求参考《银行卡境外交易外汇管理系统操作手册（银行版）》。

第四章　接口文件命名与采集规范

4.1　金融机构向外汇局报送数据接口文件及接口反馈文件

4.1.1　金融机构信息系统生成的数据接口文件的命名规则

数据类型 + 12 位金融机构标识码 +6 位日期 YYMMDD + 2 位序号，文件扩展名为 XML。

说明：1. 12 位金融机构标识码应填写发卡金融机构向外汇局报备的总行一级的金融机构标识码。

2. 接口控制文件序号用于区分一天内的多个批次接口数据文件，按天重新计数，序号数应为递增，从 00—99。接口数据文件序号用于区分同一批次内相同数据类型的多个接口数据文件，按批次重新计数，序号数应为递增，从 00—99。

数据类型的编制规则：应用类型代码 + 2 位接口文件类型代码。

应用类型代码：本接口文件对各个应用类型的标识如下表。

应用类型代码	应用类型	备注
CRD	银行卡境外提现明细数据	
CRX	银行卡境外消费明细数据	

银行卡境外提现明细数据：CRD + 2 位接口文件类型代码

接口文件类型代码如下：

TT　接口控制文件

TA　银行卡境外提现明细数据（不区分卡类型）

TB　银行卡境外提现明细数据（借记卡）

TC　银行卡境外提现明细数据（信用卡）

银行卡境外消费明细数据：CRX + 2 位接口文件类型代码

接口文件类型代码如下：

TT　接口控制文件

XA　银行卡境外消费明细数据（不区分卡类型）

XB　银行卡境外消费明细数据（借记卡）

XC　银行卡境外消费明细数据（信用卡）

4.1.2　接口反馈文件的命名规则

如果金融机构向外汇局报送的接口文件存在错误，接口导入程序将出错信息记录在接口反馈文件里。接口反馈文件名遵循以下规则：

银行接口文件名 + ERR，文件扩展名为 XML。

例：如果银行接口文件为 CRDTC11000000010117010101. XML 存在错误，则其对应的反馈文件名为 CRDTC11000000010117010101ERR. XML。

4.2 外汇局向金融机构下发的数据接口文件

4.2.1 外汇局生成的数据接口文件的命名规则

外汇局向金融机构下发的数据接口文件名遵循以下规则：

应用类型 + 6 位日期 YYMMDD + 1 位批次码 + 文件类型 + 3 位序号，控制文件扩展名为 XML，数据文件扩展名为 CSV。

说明：1. 批次码用于区分外汇局数据下发的批次，按天重新计数，从 1 开始。

2. 序号用于区分一批次内的多个接口文件，可从 000—999。

应用类型代码：本接口文件对各个应用类型的标识如下：

应用类型代码	应用类型	备注
CTOB	银行卡境外违规交易记录	

文件类型代码：

TT　接口控制文件

TN　银行卡境外违规交易记录

4.3 接口文件报送规范

4.3.1 金融机构报送及反馈目录规范

MTS 针对金融机构数据采集的传输应用，提供五种类型的目录，分别是待发送目录、发送历史目录、错误文件目录、接口反馈目录和日志目录。在待发送目录、发送历史目录、错误文件目录、接口反馈目录之下，都有一个令牌文件和控制目录。

序号	目录类型	含义	有关要求
1	待发送目录	金融机构接口程序生成的接口数据文件以 25 位接口控制文件名（不含扩展名）为文件夹，放置在此目录下，等待发送到国家外汇管理局	同一机构的接口文件应按接口控制文件名中日期和序号的顺序报送
2	发送历史目录	发送历史目录下按 YYMMDD 建有日期子目录，每个日期目录下有多个控制目录，存放当日传送成功接口文件	历史目录下的数据文件至少在服务器上保存 2 周以上，2 周以后数据，由各银行自行删除

续表

序号	目录类型	含义	有关要求
3	错误文件目录	MTS 上的金融机构数据采集的传输应用如果检测到某接口控制文件有错，则整批文件不会发送，并移至错误文件目录	该目录下接口文件修改正确后，请按原名重报
4	接口反馈目录	如果接口数据文件在外汇局业务数据采集平台校验后发现存在错误，出错信息将以接口反馈文件的形式以接口反馈控制文件名（不含扩展名）为文件夹，存放在接口反馈目录下	接口反馈数据文件中涉及的数据，修改后，须重新命名接口文件后报送
5	日志目录	金融机构接口文件的发送情况按日记录日志	
6	控制目录	待发送目录、错误文件目录中以接口控制文件名（不含扩展名）为控制目录，该目录下存放接口控制文件和接口数据文件。待发送目录下的控制目录由银行创建。错误文件目录中的控制目录由 MTS 创建 对发送历史目录下每个日期子目录中，以接口控制文件名（不含扩展名）为控制目录，该目录下存放接口控制文件和接口数据文件。这些控制目录由 MTS 创建 接口反馈目录下以接口反馈控制文件名（不含扩展名）为控制目录。该目录下存放接口反馈控制文件和接口反馈数据文件。这种情况下控制目录由 MTS 创建	

不同应用类型数据接口文件传输的根目录名称如下表所示：

序号	应用类型	根目录名称
1	银行卡境外交易数据	CRDData

根目录、待发送目录、发送历史目录、错误文件目录和接口反馈目录路径见下图。具体配置请参考《消息传输系统的安装部署手册（银行端）》。

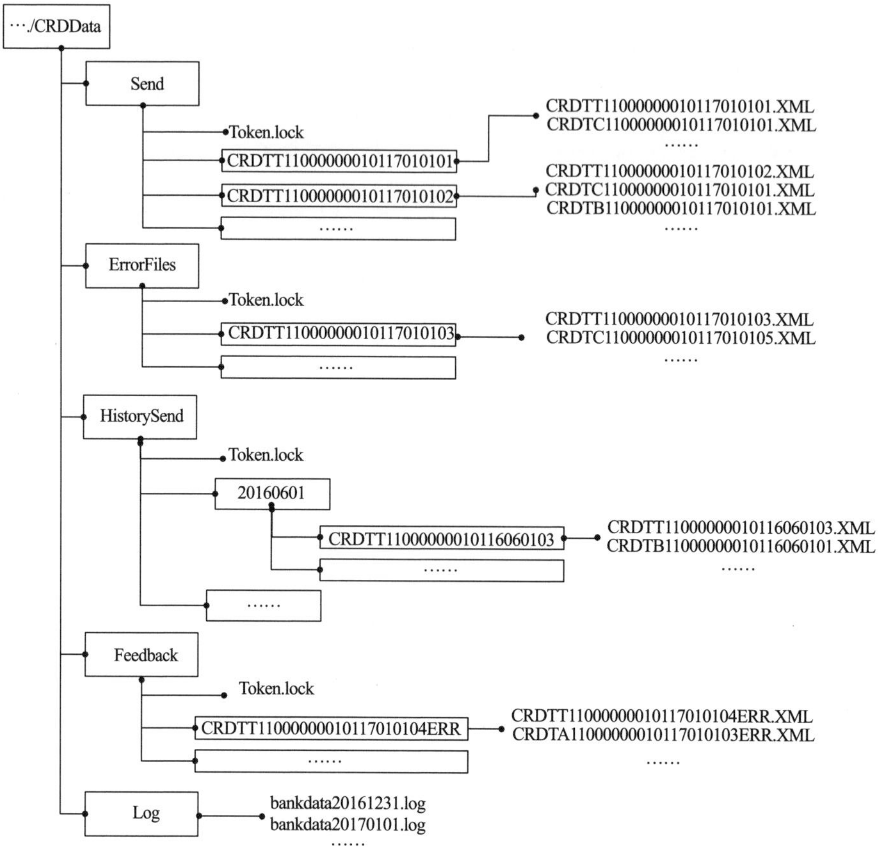

```
…/CRDData
├── Send
│   ├── Token.lock
│   ├── CRDTT11000000010117010101 ── CRDTT11000000010117010101.XML
│   │                                CRDTC11000000010117010101.XML
│   │                                ……
│   ├── CRDTT11000000010117010102 ── CRDTT11000000010117010102.XML
│   │                                CRDTC11000000010117010101.XML
│   │                                CRDTB11000000010117010101.XML
│   │                                ……
│   └── ……
├── ErrorFiles
│   ├── Token.lock
│   ├── CRDTT11000000010117010103 ── CRDTT11000000010117010103.XML
│   │                                CRDTC11000000010117010105.XML
│   │                                ……
│   └── ……
├── HistorySend
│   ├── Token.lock
│   ├── 20160601
│   │   ├── CRDTT11000000010116060103 ── CRDTT11000000010116060103.XML
│   │   │                                CRDTB11000000010116060101.XML
│   │                                    ……
│   │   └── ……
│   └── ……
├── Feedback
│   ├── Token.lock
│   ├── CRDTT11000000010117010104ERR ── CRDTT11000000010117010104ERR.XML
│   │                                   CRDTA11000000010117010103ERR.XML
│   │                                   ……
│   └── ……
└── Log ── bankdata20161231.log
           bankdata20170101.log
           ……
```

接口文件目录示意图

4.3.2 金融机构接收外汇局数据目录规范

目录路径	说明
InterfaceFile	外汇局文件存放根目录（银行可自定义）
InterfaceFile/ReciveFile	存放银行待接收的外汇局文件根目录
InterfaceFile/ReciveFile/${DEST ORG}	银行 MTS 节点代码
InterfaceFile/ReciveFile/${DEST ORG}/${SOURCE ORG}	CTOB
InterfaceFile/ReciveFile/${DEST ORG}/${SOURCE ORG}/${BATCHNO}	批号目录，此目录会有一个或多个，为六位日期加一位批次码

续表

目录路径	说明
InterfaceFile/ReciveFile/$ {DEST ORG} /$ {SOURCE ORG}/$ {BATCHNO} /$ {FILES}	外汇局数据文件，包括一个控制文件和一个或多个外汇局数据文件

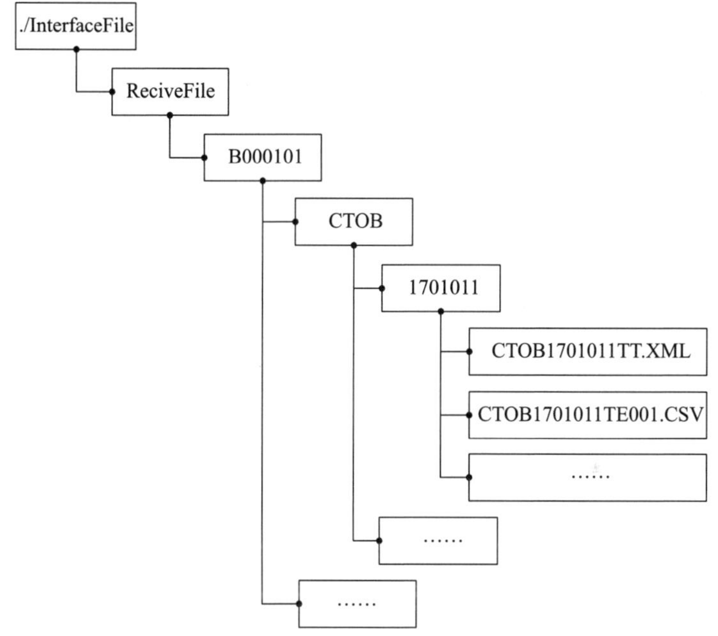

4.3.3　接口文件读写与控制要求

金融机构接口程序应能将接口数据文件按控制目录自动放置消息传输系统的待发送目录，并能自动读取消息传输系统发送历史目录、错误文件目录和接口反馈目录。

金融机构应将数据报送时间和 MTS 发送任务执行时间设置一定的时间间隔。

为了保证消息传输系统传输银行接口文件的完整性，将采用基于令牌文件的方式解决金融机构放置待发送数据和消息传输系统自动传送之间，以及金融机构读取接口反馈文件或接口数据文件与消息传输系统自动接收之间的冲突。令牌文件名为 Token. lock。

金融机构在报送接口文件时检查待发送目录下是否有令牌文件，如果有，则不能报送；否则先创建令牌文件，当该批接口文件写入完毕后，再删除该令牌文件。消息传输系统发送时也要先创建令牌文件，发送完成后再删除该令牌文件，防止银行接口程序对发送中的接口文件进行修改。

消息传输系统收到外汇业务数据采集平台接口反馈文件和接口数据文件时，先检查接口反馈目录或接口接收目录下是否有令牌文件，如果有，则不能写入，否则，在接口反馈目录或接口接收目录下创建令牌文件，待该批接口反馈文件或接口数据文件全部写入完毕后，释放令牌，供银行读取。金融机构读取接口反馈文件或接口数据文件时，也应先检查接口反馈目录或接口接收目录下是否有令牌文件，如果有，则不能读取，否则创建令牌文件，读取接口反馈文件或接口数据文件，读取完毕后再删除该令牌文件防止消息传输系统对该目录下的接口反馈文件或接口数据文件进行修改。

历史发送目录和错误文件目录的控制机制同接口反馈目录。

第五章　接口文件格式

在接口文件格式描述中使用以下术语。

应用类型。本接口文件所用于应用类型的标识如下表。

应用类型代码	应用类型
CRD	银行卡境外提现明细数据
CRX	银行卡境外消费明细数据
CTOB	银行卡境外违规交易记录

当前文件类型。本接口文件的文件类型，即“接口文件命名规则”章节中的“接口文件类型代码”。

输入/输出。金融机构信息系统生成的接口文件为“IN”，外汇局生成的接口文件为“OUT”。

交易数据。格式详见下面的章节。

5.1　金融机构向外汇局报送数据接口文件及接口反馈文件

5.1.1　金融机构信息系统生成的接口文件格式

金融机构信息系统生成的接口文件分成：接口控制文件和接口数据文件。

5.1.1.1　接口控制文件格式

<MSG>

<APPTYPE>应用类型</APPTYPE>

<CURRENTFILE>当前文件类型</CURRENTFILE>

<INOUT>输入/输出</INOUT>

<TOTALFILES>总文件数</TOTALFILES>

<FILES>

<FILENAME>文件名</FILENAME>

……列出将导入的所有接口数据文件名

</FILES>

</MSG>

5.1.1.2　接口数据文件格式

<MSG>

<APPTYPE>应用类型</APPTYPE>

<CURRENTFILE>当前文件类型</CURRENTFILE>

<INOUT>输入/输出</INOUT>

<TOTALRECORDS>总记录数</TOTALRECORDS>

<RECORDS>

<REC>

交易数据

</REC>

……

</RECORDS>

</MSG>

银行卡境外提现明细数据和银行卡境外消费明细数据需分别进行零报送。零报送时，总记录数为 0，交易数据为空。

5.1.2 接口反馈文件格式

<MSG>

<APPTYPE>应用类型</APPTYPE>

<CURRENTFILE>当前文件类型</CURRENTFILE>

<INOUT>输入/输出</INOUT>

<FORMATERRS>文件格式错误数</FORMATERRS>

<FORMATS>

<FORMAT>文件格式错误描述</FORMAT>

……

</FORMATS>

<TOTALRECORDS>总记录数</TOTALRECORDS>

<SUCRECORDS>成功的记录数</SUCRECORDS>

<FALRECORDS>失败的记录数</FALRECORDS>

<ERRRECORDS>

<REC>

<BUSSNO>业务数据主键</BUSSNO>

<ERRFIELDS>

<ERR>

<ERRFIELD>出错字段英文标识</ERRFIELD>

<ERRFIELDCN>出错字段中文标识</ERRFIELDCN>

<ERRDESC>出错原因</ERRDESC>

</ERR>

……

</ERRFIELDS>

</REC>

……

</ERRRECORDS>

</MSG>

如果接口文件格式有错，则文件格式错误数不为0，且有详细的文件格式错误描述。否则，没有文件格式错误描述，只反馈记录出错信息。

5.2　外汇局向金融机构下发的数据接口文件

5.2.1　外汇局生成的接口文件格式

外汇局生成的接口文件分成：接口控制文件和接口数据文件。

5.2.1.1　接口控制文件格式

<MSG>

<APPTYPE>应用类型</APPTYPE>

<CURRENTFILE>当前文件类型</CURRENTFILE>

<INOUT>输入/输出</INOUT>

<TOTALFILES>总文件数</TOTALFILES>

<FILES>

　　<FILENAME>文件名</FILENAME>

　　……列出的所有接口反馈数据文件名

</FILES>

</MSG>

5.2.1.2　接口数据文件格式

接口数据文件为逗号分隔文件格式（CSV）。格式要求如下：

（1）第 1 行数据是名单记录数，名单记录数 N；

（2）第 2 行至 N+1 行数据为具体名单数据记录，第 1 列为持卡人证件类型，第 2 列为持卡人国家地区，第 3 列为持卡人证件号码；

（3）第 N+2 行数据为文件结束标识（END）。

CSV 样例如下：

```
2
01，CHN，110105197807221000
01，CHN，110105197807221000
END
```

第六章　数据接口格式

6.1　银行卡境外交易数据

6.1.1　银行卡境外提现明细数据

6.1.1.1　数据术语解释

基础数据项	定义
业务参号	该编码用于标识金融机构报送的每一条数据，按给定规则编码，便于进行增删改查等操作。编制规则：27 位，T + 发卡网点所在地外汇局代码（6 位）+金融机构代码（4 位）+交易日期（8 位，yyyymm-dd）+银行卡类型（1，借记卡；2，贷记卡；3，准贷记卡）+顺序号（7 位，从 0000001 开始增加）
持卡人身份证件类型	持卡人办理银行卡所使用的身份证件类型 境内个人： 01 居民身份证 02 军人身份证件 03 武装警察身份证件 境外个人： 04 护照 05 外国人永久居留身份证 06 港澳居民来往内地通行证 07 台湾居民来往大陆通行证 09 中国护照 10 外交官证 11 其他身份证件
持卡人国家/地区	持卡人办理银行卡所使用的身份证件的签发国家/地区 境内个人，全部填写中国 身份证件类型为中国护照的，填写中国 港澳居民来往内地通行证，填写“中国香港”/“中国澳门” 台湾居民来往大陆通行证，填写“中国台湾” 其他境外个人（含外国护照/外国人永久居留身份证），填写中国之外的其他国家/地区 如无法获得持卡人身份证件的签发国家/地区，填写其他

续表

基础数据项	定义
身份证件号码	境内个人： 身份证件类型为身份证的，18 位，由全部数字或数字加最末一位大写英文字符组成。符合公安部身份证号码校验规则 境外个人： 身份证件类型为外国护照的，只允许输入大写字母和数字、中文 身份证件类型为外国人永久居留身份证的，填写 15 位外国人永久居留身份证号码（国别码 3 位大写字母 + 12 位数字） 身份证件类型为港澳居民往来内地通行证的，输入通行证号（第一个字母是 H 或者 M，后面共 8 位数字。当首字母为“H”时为“中国香港”，当首字母为“M”时为“中国澳门”） 身份证件类型为台湾居民来往内地通行证的，输入通行证号（7 或 8 位数字） 其他身份证件类型，按有关部门的相关要求进行校验
持卡人姓名	指持卡人开卡使用的有效身份证件上的姓名
卡号	指持卡人境外提现使用的银行卡卡号
交易货币币种	指持卡人境外提现的原始币种
交易货币金额	指持卡人境外提现的原币金额。如无法获取交易原币金额，可选择清算币种及相应金额填列。填写单位为 1 货币单位
交易货币折人民币金额	指发卡行将交易货币折算为人民币的金额。各种货币折算人民币的汇率，由银行按照审慎合理的原则自行确定。填写单位为 1 元人民币
MCC 码	指商户类别码（Merchant Category Code），是银行卡清算组织制定的具体标识一家商户的主营业务范围和行业归属的代码，在柜台提取现钞为 6010，在自助提款机提取现钞为 6011
银行卡类型	含借记卡、贷记卡和准贷记卡
银行卡清算渠道	银行卡所使用的卡组织清算渠道或其他清算渠道，请按以下序号填列：1，银联；2，威士（Visa）；3，万事达（Mastercard）；4，美国运通（AMERICAN EXPRESS）；5，大来（DINERS CLUB）；6，吉士美（JCB）；7，发卡行自行清算；8，其他
发卡行金融机构代码	由国家外汇管理局编制的金融机构代码，填写发卡行的金融机构代码

续表

基础数据项	定义
发卡网点所在地外汇局代码	填写发卡行所在地外汇局 6 位代码，如果金融机构所在地没有外汇局，填写该地区上级外汇局 6 位代码，信用卡若无法区分发卡网点，则填写卡中心所在地外汇局代码
交易授权日期及时间	交易授权日期和时间，格式为 yyyy - mm - dd HH：MM：SS。如无法获取交易授权日期和时间，可选择清算日期和时间填列
交易国家或地区	指境外提现所在地
银行内部流水号	指银行业务系统的内部流水号
卡组织单号	指银行卡清算组织交易授权文件中的唯一标识业务编号

6.1.1.2 数据格式

<REC>

<OPER_TYPE_CODE>操作类型</OPER_TYPE_CODE>

<REASON_CODE>修改/删除原因</REASON_CODE>

<REFNO>业务参号</REFNO>

<CERT_TYPE_CODE>持卡人身份证件类型</CERT_TYPE_CODE>

<PTY_COUNTRY_CODE>持卡人国家/地区</PTY_COUNTRY_CODE>

<ID_CODE>身份证件号码</ID_CODE>

<PERSON_NAME>持卡人姓名</PERSON_NAME>

<ACCTNO>卡号</ACCTNO>

<JY_ CCY_CODE>交易货币币种</JY_ CCY_CODE>

<JY_AMT>交易货币金额</JY_AMT>

<QS_AMT_RMB>交易货币折人民币金额</QS_AMT_RMB>

<MCC_CODE>MCC 码</MCC_CODE>

<CARD _TYPE_CODE>银行卡类型</CARD _TYPE_CODE>

<CARD_CHNL_CODE>银行卡清算渠道</CARD_CHNL_CODE>

<BANK_CODE>发卡行金融机构代码</BANK_CODE>

<BRANCH_SAFECODE>发卡网点所在地外汇局代码</BRANCH_SAFECODE>

<BIZ_DEAL_TIME>交易授权日期及时间</BIZ_DEAL_TIME>

<COUNTRY_CODE>交易国家或地区</COUNTRY_CODE>

<BANK_SELF_NUM>银行内部流水号</BANK_SELF_NUM>

<CARD_ SELF_NUM >卡组织单号</CARD_ SELF_NUM >

</REC >

6.1.1.3　数据字典

字段	内容	类型（长度）	校验
OPER_TYPE_CODE	操作类型	字符型，1	必填项： A 新建 C 修改 D 删除 对于外汇局反馈的错误数据，应使用原业务参号重新报送，操作类型为 A 新建
REASON_CODE	修改/删除原因	字符型，128	如果操作类型字段值为 C 或 D，则此字段为必填字段
REFNO	业务参号	字符型，27	必填项，27 位，T + 发卡网点所在地外汇局代码（6 位）+金融机构代码（4 位）+交易日期（8 位，yyyymmdd）+银行卡类型（1，借记卡；2，贷记卡；3，准贷记卡）+顺序号（7 位，从 0000001 开始增加）
CERT_TYPE_CODE	持卡人身份证件类型	字符型，2	必填项： 境内个人： 01 居民身份证 02 军人身份证件 03 武装警察身份证件 境外个人： 04 外国护照 05 外国人永久居留身份证 06 港澳居民来往内地通行证 07 台湾居民来往大陆通行证 09 中国护照 10 外交官证 11 其他身份证件

续表

字段	内容	类型（长度）	校验
PTY_COUN TRY_CODE	持卡人国家/地区	字符型，3	必填项，见国家和地区代码表 境内个人，全部填写中国的代码 身份证件类型为中国护照的，填写中国的代码 港澳居民来往内地通行证，填写中国香港/中国澳门的代码 台湾居民来往大陆通行证，填写中国台湾的代码 其他境外个人（含外国护照/外国人永久居留身份证），填写中国之外的其他国家/地区的代码 其他，请填写（000）
ID_CODE	身份证件号码	字符型，128	必填项： 身份证件号码：半角格式 境内个人：身份证件类型为身份证的，18位，由全部数字或数字加最末一位大写英文字符组成。符合公安部身份证号码校验规则 境外个人：身份证件类型为外国护照的，只允许输入大写字母和数字、中文 身份证件类型为外国人永久居留身份证的，填写15位外国人永久居留身份证号码（国别码3位大写字母+12位数字） 身份证件类型为港澳居民往来内地通行证的，输入通行证号（第一个字母是H或者M，后面共8位数字。当首字母为“H”时为“中国香港”，当首字母为“M”时为“中国澳门”） 身份证件类型为台湾居民来往内地通行证的，输入通行证号（7或8位数字） 其他身份证件类型，按有关部门的相关要求进行校验

续表

字段	内容	类型（长度）	校验
PERSON_NAME	持卡人姓名	字符型，128	必填项：持卡人身份证件上填写的姓名，只允许录入汉字、字母（半角）或符号（仅支持半角格式的点“.”和“-”以及中文格式的“·”）中间允许有空格
ACCTNO	卡号	字符型，32	必填项：境外提现使用的银行卡卡号
JY_CCY_CODE	交易货币币种	字符型，3	必填项，见币种代码表
JY_AMT	交易货币金额	数值型，22.2	必填项
QS_AMT_RMB	交易货币折人民币金额	数值型，22.2	必填项
MCC_CODE	MCC 码	字符型，4	必填项，只能为 6010 或 6011
CARD_TYPE_CODE	银行卡类型	字符型，1	必填项：1，借记卡；2，贷记卡；3，准贷记卡
CARD_CHN L_CODE	银行卡清算渠道	字符型，1	必填项：1，银联；2，威士（Visa）；3，万事达（Mastercard）；4，美国运通（AMERICAN EXPRESS）；5，大来（DINERS CLUB）；6，吉士美（JCB）；7，发卡行自行清算；8，其他
BANK_CODE	发卡行金融机构代码	字符型，4	必填项
BRANCH_SAFECODE	发卡网点所在地外汇局代码	字符型，6	必填项，见外汇局代码表
BIZ_DEAL_TIME	交易授权日期及时间	时间型	必填项，格式为 yyyy-mm-dd、HH:MM:SS
COUNTRY_CODE	交易国家或地区	字符型，3	必填项，见国家和地区代码表
BANK_SELF_NUM	银行内部流水号	字符型，128	必填项，该笔业务在银行的业务编号
CARD_SELF_NUM	卡组织单号	字符型，128	必填项，该笔业务在卡组织的业务编号

6.1.2 银行卡境外消费明细数据

6.1.2.1 数据术语解释

基础数据项	定义
业务参号	该编码用于标识金融机构报送的每一条数据，按给定规则编码，便于进行增删改查等操作。编制规则：27 位，X + 发卡网点所在地外汇局代码（6 位）+金融机构代码（4 位）+交易日期（8 位，yyyymm-dd）+银行卡类型（1，借记卡；2，贷记卡；3，准贷记卡）+顺序号（7 位，从 0000001 开始增加）
持卡人身份证件类型	持卡人办理银行卡所使用的身份证件类型 境内个人： 01 居民身份证 02 军人身份证件 03 武装警察身份证件 境外个人： 04 护照 05 外国人永久居留身份证 06 港澳居民来往内地通行证 07 台湾居民来往大陆通行证 09 中国护照 10 外交官证 11 其他身份证件
持卡人国家/地区	持卡人办理银行卡所使用的身份证件的签发国家/地区 境内个人，全部填写中国 身份证件类型为中国护照的，填写中国 港澳居民来往内地通行证，填写中国香港/中国澳门 台湾居民来往大陆通行证，填写中国台湾 其他境外个人（含外国护照/外国人永久居留身份证），填写中国之外的其他国家/地区 如无法获得持卡人身份证件的签发国家/地区，填写其他
身份证件号码	境内个人：身份证件类型为身份证的，18 位，由全部数字或数字加最末一位大写英文字符组成。符合公安部身份证号码校验规则 境外个人：身份证件类型为外国护照的，只允许输入大写字母和数字、中文 身份证件类型为外国人永久居留身份证的，填写 15 位外国人永久居

续表

基础数据项	定义
身份证件号码	留身份证号码（国别码 3 位大写字母 + 12 位数字） 身份证件类型为港澳居民往来内地通行证的，输入通行证号（第一个字母是 H 或者 M，后面共 8 位数字。当首字母为“H”时为“中国香港”，当首字母为“M”时为“中国澳门”） 身份证件类型为台湾居民来往内地通行证的，输入通行证号（7 或 8 位数字） 其他身份证件类型，按有关部门的相关要求进行校验
持卡人姓名	指持卡人开卡使用的有效身份证件上的姓名
卡号	指持卡人境外消费使用的银行卡卡号
交易货币币种	指持卡人境外消费的原始币种
交易货币金额	指持卡人境外消费的原币金额。如无法获取交易原币金额，可选择清算币种及相应金额填列。填写单位为 1 货币单位
交易货币折人民币金额	指发卡行将交易货币折算为人民币的金额。各种货币折算人民币的汇率，由银行按照审慎合理的原则自行确定。填写单位为 1 元人民币
MCC 码	指商户类别码（Merchant Category Code），是银行卡清算组织制定的具体标识一家商户的主营业务范围和行业归属的代码，不包括 6010（金融机构 - 银行柜台服务）和 6011（金融机构 - 自动提款机服务）
银行卡类型	含借记卡、贷记卡和准贷记卡
银行卡清算渠道	银行卡所使用的卡组织清算渠道或其他清算渠道，请按以下序号填列：1，银联；2，威士（Visa）；3，万事达（Mastercard）；4，美国运通（AMERICAN EXPRESS）；5，大来（DINERS CLUB）；6，吉士美（JCB）；7，发卡行自行清算；8，其他
发卡行金融机构代码	由国家外汇管理局编制的金融机构代码，填写发卡行的金融机构代码
发卡网点所在地外汇局代码	填写发卡行所在地外汇局 6 位代码，如果金融机构所在地没有外汇局，填写该地区上级外汇局 6 位代码。信用卡若无法区分发卡网点，则填写卡中心所在地外汇局代码
交易授权日期及时间	交易授权日期和时间，格式为 yyyy - mm - dd、HH：MM：SS。如无法获取交易授权日期和时间，可选择清算日期和时间填列
交易国家或地区	指境外消费所在地

续表

基础数据项	定义
银行内部流水号	指银行业务系统的内部流水号
卡组织单号	指银行卡清算组织交易授权文件中的唯一标识业务编号
交易商户名称	指交易商户的全称
交易商户类型	指交易商户的类型，包括实体商户和网络商户

6.1.2.2　数据格式

<REC>

<OPER_TYPE_CODE>操作类型</OPER_TYPE_CODE>

<REASON_CODE>修改/删除原因</REASON_CODE>

<REFNO>业务参号</REFNO>

<CERT_TYPE_CODE>持卡人身份证件类型</CERT_TYPE_CODE>

<PTY_COUNTRY_CODE>持卡人国家/地区</PTY_COUNTRY_CODE>

<ID_CODE>身份证件号码</ID_CODE>

<PERSON_NAME>持卡人姓名</PERSON_NAME>

<ACCTNO>卡号</ACCTNO>

<JY_ CCY_CODE>交易货币币种</JY_ CCY_CODE>

<JY_AMT>交易货币金额</JY_AMT>

<QS_AMT_RMB>交易货币折人民币金额</QS_AMT_RMB>

<MCC_CODE> MCC 码</MCC_CODE>

<CARD _TYPE_CODE>银行卡类型</CARD _TYPE_CODE>

<CARD_CHNL_CODE>银行卡清算渠道</CARD_CHNL_CODE>

<BANK_CODE>发卡行金融机构代码</BANK_CODE>

<BRANCH_SAFECODE>发卡网点所在地外汇局代码</BRANCH_SAFECODE>

<BIZ_DEAL_TIME>交易授权日期及时间</BIZ_DEAL_TIME>

<COUNTRY_CODE>交易国家或地区</COUNTRY_CODE>

<BANK_SELF_NUM>银行内部流水号</BANK_SELF_NUM>

<CARD_ SELF_NUM>卡组织单号</CARD_ SELF_NUM>

<SH_NAME>交易商户名称</SH_NAME>

<JY_CHNL>交易商户类型</JY_CHNL>

</REC>

6.1.2.3 数据字典

字段	内容	类型（长度）	校验
OPER_TYPE_CODE	操作类型	字符型，1	必填项： A 新建 C 修改 D 删除 对于外汇局反馈的错误数据，应使用原业务参号重新报送，操作类型为 A 新建
REASON_CODE	修改/删除原因	字符型，128	如果操作类型字段值为 C 或 D，则此字段为必填字段
REFNO	业务参号	字符型，27	必填项，27 位，X + 所属外汇局代码（6 位）+金融机构代码（4 位）+交易日期（8 位，yyyymmdd）+银行卡类型（1，借记卡；2，贷记卡；3，准贷记卡）+顺序号（7 位，从 0000001 开始增加）
CERT_TYPE_CODE	持卡人身份证件类型	字符型，2	必填项： 境内个人： 01 居民身份证 02 军人身份证件 03 武装警察身份证件 境外个人： 04 外国护照 05 外国人永久居留身份证 06 港澳居民来往内地通行证 07 台湾居民来往大陆通行证 09 中国护照 10 外交官证 11 其他身份证件
PTY_COUNTRY_CODE	持卡人国家/地区	字符型，3	必填项，见国家和地区代码表 境内个人，全部填写中国 身份证件类型为中国护照的，填写中国 港澳居民来往内地通行证，填写中国香港/中国澳门

续表

字段	内容	类型（长度）	校验
PTY_COUNTRY_CODE	持卡人国家/地区	字符型，3	台湾居民来往大陆通行证，填写中国台湾 其他境外个人（含外国护照/外国人永久居留身份证），填写中国之外的其他国家/地区 其他，请填写（000）
ID_CODE	身份证件号码	字符型，128	必填项： 身份证件号码：半角格式 境内个人： 身份证件类型为身份证的，18 位，由全部数字或数字加最末一位大写英文字符组成。符合公安部身份证号码校验规则 境外个人： 身份证件类型为外国护照的，只允许输入大写字母和数字、中文 身份证件类型为外国人永久居留身份证的，填写 15 位外国人永久居留身份证号码（国别码 3 位大写字母 +12 位数字） 身份证件类型为港澳居民往来内地通行证的，输入通行证号（第一个字母是 H 或者 M，后面共 8 位数字。当首字母为“H”时为“中国香港”，当首字母为“M”时为“中国澳门”） 身份证件类型为台湾居民来往内地通行证的，输入通行证号（7 或 8 位数字） 其他身份证件类型，按有关部门的相关要求进行校验
PERSON_NAME	持卡人姓名	字符型，128	必填项。持卡人身份证件上填写的姓名，只允许录入汉字、字母（半角）或符号（仅支持半角格式的点“.”和“-”以及中文格式的“·”）中间允许有空格
ACCTNO	卡号	字符型，32	必填项，境外消费使用的银行卡卡号
JY_CCY_CODE	交易货币币种	字符型，3	必填项，见币种代码表

续表

字段	内容	类型（长度）	校验
JY_AMT	交易货币金额	数值型，22.2	必填项
QS_AMT_RMB	交易货币折人民币金额	数值型，22.2	必填项
MCC_CODE	MCC 码	字符型，4	必填项：除境外提现数据的 6010（金融机构－银行柜台服务）和 6011（金融机构－自动提款机服务）外
CARD_TYPE_CODE	银行卡类型	字符型，1	必填项：1，借记卡；2，贷记卡；3，准贷记卡
CARD_CHNL_CODE	银行卡清算渠道	字符型，1	必填项：1，银联；2，威士（Visa）；3，万事达（Mastercard）；4，美国运通（AMERICAN EXPRESS）；5，大来（DINERS CLUB）；6，吉士美（JCB）；7，发卡行自行清算；8，其他
BANK_CODE	发卡行金融机构代码	字符型，4	必填项
BRANCH_SAFECODE	发卡网点所在地外汇局代码	字符型，6	必填项，见外汇局代码表
BIZ_DEAL_TIME	交易授权日期及时间	时间型	必填项，格式为 yyyy－mm－dd、HH：MM：SS
COUNTRY_CODE	交易国家或地区	字符型，3	必填项，见国家和地区代码表
BANK_SELF_NUM	银行内部流水号	字符型，128	必填项，该笔业务在银行的业务编号
CARD_SELF_NUM	卡组织单号	字符型，128	必填项，该笔业务在卡组织的业务编号
SH_NAME	交易商户名称	字符型，128	必填项，该笔业务交易商户的全称
JY_CHNL	交易商户类型	字符型，1	必填项：1，实体特约商户；2，网络特约商户

6.2 银行卡境外违规交易记录

6.2.1 数据术语解释

基础数据项	定义
持卡人身份证件类型	持卡人办理银行卡所使用的身份证件类型 境内个人： 01 居民身份证 02 军人身份证件 03 武装警察身份证件 境外个人： 04 护照 05 外国人永久居留身份证 06 港澳居民来往内地通行证 07 台湾居民来往大陆通行证 09 中国护照 10 外交官证 11 其他身份证件
持卡人国家/地区	持卡人办理银行卡所使用的身份证件的签发国家/地区 境内个人，全部填写中国 身份证件类型为中国护照的，填写中国 港澳居民来往内地通行证，填写中国香港/中国澳门 台湾居民来往大陆通行证，填写中国台湾 其他境外个人（含外国护照/外国人永久居留身份证），填写中国之外的其他国家/地区 如无法获得持卡人身份证件的签发国家/地区，填写其他
身份证件号码	境内个人： 身份证件类型为身份证的，18 位，由全部数字或数字加最末一位大写英文字符组成。符合公安部身份证号码校验规则 境外个人： 身份证件类型为外国护照的，只允许输入大写字母和数字、中文。身份证件类型为外国人永久居留身份证的，填写 15 位外国人永久居留身份证号码（国别码 3 位大写字母 +12 位数字） 身份证件类型为港澳居民往来内地通行证的，输入通行证号（第一个字母是 H 或者 M，后面共 8 位数字。当首字母为“H”时为“中国香港”，当首字母为“M”时为“中国澳门”） 身份证件类型为台湾居民来往内地通行证的，输入通行证号（7 或 8 位数字） 其他身份证件类型，按有关部门的相关要求进行校验

6.2.2　数据格式

CERT_TYPE_CODE，PTY_COUNTRY_CODE，ID_CODE

6.2.3　数据字典

字段	内容	类型（长度）	校验
CERT_TYPE_CODE	持卡人身份证件类型	字符型，2	必填项，持卡人办理银行卡所使用的身份证件类型 境内个人： 01 居民身份证 02 军人身份证件 03 武装警察身份证件 境外个人： 04 护照 05 外国人永久居留身份证 06 港澳居民来往内地通行证 07 台湾居民来往大陆通行证 09 中国护照 10 外交官证 11 其他身份证件
PTY_COUN TRY_CODE	持卡人国家/地区	字符型，3	必填项，见国家和地区代码表 境内个人，全部填写中国的代码 身份证件类型为中国护照的，填写中国的代码 港澳居民来往内地通行证，填写中国香港/中国澳门的代码 台湾居民来往大陆通行证，填写中国台湾的代码 其他境外个人（含外国护照/外国人永久居留身份证），填写中国之外的其他国家/地区的相应代码 其他，请填写（000）

续表

字段	内容	类型（长度）	校验
ID_CODE	身份证件号码	字符型，128	必填项： 身份证件号码：半角格式 境内个人： 身份证件类型为身份证的，18 位，由全部数字或数字加最末一位大写英文字符组成。符合公安部身份证号码校验规则 境外个人： 身份证件类型为外国护照的，只允许输入大写字母和数字、中文 身份证件类型为外国人永久居留身份证的，填写 15 位外国人永久居留身份证号码（国别码 3 位大写字母 +12 位数字）。 身份证件类型为港澳居民往来内地通行证的，输入通行证号（第一个字母是 H 或者 M，后面共 8 位数字。当首字母为“H”时为“中国香港”，当首字母为“M”时为“中国澳门”） 身份证件类型为台湾居民来往内地通行证的，输入通行证号（7 或 8 位数字）

第七章　代码表

7.1　国家和地区代码表

由银行信息门户网发布，国家外汇管理局将根据变化情况及时更新。

7.2　币种代码表

由银行信息门户网发布，国家外汇管理局将根据变化情况及时更新。

7.3　外汇局代码表

由银行信息门户网发布，国家外汇管理局将根据变化情况及时更新。

第八章　接口文件错误反馈类型说明

接口文件错误反馈类型说明不再纳入本规范，改由通过银行信息门户进行发布。

附件 2：

银行卡境外交易外汇管理系统上线计划时间表

事项	计划时间
金融机构赋码工作	2017 年 6 月上旬—7 月上旬
专线网络接入外汇局	2017 年 6 月上旬—7 月上旬
消息传输系统接入	2017 年 6 月下旬—8 月上旬
联调测试	2017 年 7 月上旬—8 月上旬
接口程序和银行系统改造验收	2017 年 7 月下旬—8 月中旬
试运行	2017 年 8 月下旬
系统上线	2017 年 9 月 1 日

附件 3：

银行卡境外交易业务调查表

金融机构名称	金融机构标识码	金融机构代码	发卡类型及卡清算组织标识	银行卡系统情况		现有网络连接情况		计划接入银行卡境外交易外汇管理系统情况			业务和技术联系人及联系方式（手机、电子邮箱）
								自主接入		共用网络专线和MTS接入	
				借记卡系统	信用卡系统	是否已与外汇局专线网络连接	是否已安装外汇局消息传输系统（MTS）	接入方式	借记卡与信用卡报送方式		
				填写自有/托管方名称	填写自有/托管方名称	填写是及运营商/否及计划连接日期	填写是及通道号/否及计划安装日期	填写界面/接口	填写合并/分别报送	填写牵头银行名称	

注：1. 金融机构标识码是指国家外汇管理局签发的唯一标识金融机构总行（总部）的 12 位金融机构标识码，如果没有，请填无。金融机构代码是指国家外汇管理局签发的唯一标识金融机构法人的 4 位码，如果没有，请填无。

2. 发卡类型及卡清算组织标识，按照借记卡、信用卡 + 银联、VISA、MASTERCARD 等银行卡清算组织名称逐一填写，如借记卡 + 银联、信用卡 + 银联、信用卡 + 银联和 VISA 双标识。

3. 共用网络专线和 MTS 接入是指若金融机构不具备自主接入银行卡境外交易外汇管理系统的条件，可与其他金融机构共用线路及 MTS。共用网络专线和 MTS 的金融机构应指定一家作为牵头机构，由其负责网络专线及消息传输系统的维护。共用网络专线和消息传输系统的金融机构应生成各自的接口数据文件。

附件 4：

银行卡境外交易外汇管理系统工作计划表

填报分局：

金融机构名称	金融机构赋码情况		与外汇局专线网络连接情况		外汇局消息传输系统（MTS）安装情况		金融机构系统改造计划	
	已赋码	未赋码	已连接	未连接	已安装	未安装	联调测试计划开始日期	验收计划日期
	填写金融机构代码	填写计划日期	填写运营商	填写计划日期	填写通道号	填写计划日期		

附：

完善银行卡跨境交易统计　维护银行卡境外交易秩序

（国家外汇管理局新闻稿　2017 年 6 月 2 日）

当前，银行卡已成为个人出境使用最主要的支付工具。据统计，2016 年境内个人持银行卡境外交易总计超过 1 200 亿美元。国内现行银行卡境外交易国际收支统计主要采用总量统计模式，随着国际协作中有关反洗钱、反恐怖融资、应对税基侵蚀等要求的增加，银行卡跨境交易统计在金融交易透明度、统计数据质量等方面需要进一步提升。

为完善银行卡境外交易统计，维护银行卡境外交易秩序，国家外汇管理局近日发布《国家外汇管理局关于金融机构报送银行卡境外交易信息的通知》（汇发〔2017〕15 号，以下简称《通知》）。《通知》规定自 2017 年 9 月 1 日起，境内发卡金融机构向外汇局报送境内银行卡在境外发生的全部提现和单笔等值 1 000 元人民币以上的消费交易信息。

开展银行卡境外交易信息采集，不涉及银行卡境外使用的外汇管理政策调整，外汇局将继续支持和保障个人持银行卡在境外经常项下合规、便利化用卡。银行卡境外交易信息由发卡金融机构报送，个人无须另行申报，不增加个人用卡成本，外汇局将依法保护持卡人信息安全。

《通知》自发布之日起实施。

国家外汇管理局关于规范银行卡境外大额提取现金交易的通知

汇发〔2017〕29 号

国家外汇管理局各省、自治区、直辖市分局、外汇管理部，深圳、大连、青岛、厦门、宁波市分局；各全国性中资银行；中国银联股份有限公司：

为完善银行卡跨境使用的反洗钱、反恐怖融资、反逃税监管，根据《中华人民共和国外汇管理条例》（以下简称《条例》）等法规，国家外汇管理局（以下简称外汇局）就银行卡境外大额提取现金交易有关问题通知如下：

一、个人持境内银行卡在境外提取现金，本人名下银行卡（含附属卡）合计每个自然年度不得超过等值 10 万元人民币。超过年度额度的，本年及次年将被暂停持境内银行卡在境外提取现金。

个人不得通过借用他人银行卡或出借本人银行卡等方式规避或协助规避境外提取现金管理。

二、外汇局每日通过银行卡境外交易外汇管理系统向发卡金融机构发送暂停持境内银行卡在境外提取现金个人名单，发卡金融机构应不晚于北京时间当日 17 时起暂停名单内所列个人使用本机构银行卡在境外提取现金。

发卡金融机构应做好自身业务系统设置，严格实施前款规定。涉及系统改造的，应最迟于 2018 年 4 月 1 日前完成。

三、个人被列入暂停持境内银行卡在境外提取现金名单的，可凭本人有效身份证件向外汇局分支局查询境外提取现金明细；委托他人进行查询的，应提供委托人和受托人的有效身份证件、委托人的授权书。

四、个人持境内银行卡在境外提取现金，外币卡由每卡每日不得超过等值1 000美元调整为等值1万元人民币，由发卡金融机构在自身业务系统内实现；人民币卡管理维持每卡每日不得超过等值1万元人民币，由境内人民币卡清算组织统一在自身业务系统实现。

五、发卡金融机构应完善客户管理，加强政策宣传，采取有效方式提示发生境外提取现金交易的持卡人注意政策变化，引导个人减少境外大额现金使用，并妥善保管暂停持境内银行卡在境外提取现金个人信息。

六、发卡金融机构、境内人民币卡清算组织及个人违反本通知规定的，按《条例》有关规定进行处罚。

七、本通知自2018年1月1日起实施。《国家外汇管理局关于规范银行外币卡管理的通知》（汇发〔2010〕53号）第三条第（七）款、《国家外汇管理局关于进一步加强银联人民币卡境外提现管理的通知》（汇发〔2015〕40号）自2018年4月1日起废止。

外汇局各分局、管理部接到本通知后，应及时转发辖内中心支局、城市商业银行、农村商业银行、外商独资银行、中外合资银行、外国银行分行、农村合作金融机构、村镇银行等。

特此通知。

二〇一七年十二月二十九日

附 1：

规范银行卡境外大额提取现金　完善跨境反洗钱监管

（国家外汇管理局新闻稿　2017 年 12 月 30 日）

日前，国家外汇管理局发布《国家外汇管理局关于规范银行卡境外大额提取现金交易的通知》（汇发〔2017〕29 号，以下简称《通知》），规范银行卡境外大额提取现金交易，完善跨境反洗钱监管。

《通知》主要内容包括：一是个人持境内银行卡在境外提取现金，本人名下银行卡（含附属卡）合计每个自然年度不得超过等值 10 万元人民币；二是将人民币卡、外币卡境外提取现金每卡每日额度统一为等值 1 万元人民币；三是个人持境内银行卡境外提取现金超过年度额度的，本年及次年将被暂停持境内银行卡在境外提取现金；四是个人不得通过借用他人银行卡或出借本人银行卡等方式规避或协助规避境外提取现金管理。

外汇局坚持支持个人持卡跨境合规使用。规范银行卡境外大额提取现金交易，是反洗钱、反恐怖融资、反逃税的必要举措，可进一步防范银行卡提取现金领域的违法犯罪活动。《通知》遵循经常项目可兑换要求，不改变个人便利化年度 5 万美元购汇额度，不影响个人正常提取现金和消费，不影响个人用汇便利性。

《通知》自 2018 年 1 月 1 日起实施。

附 2：

国家外汇管理局有关负责人就规范银行卡境外大额提取现金交易有关问题答记者问

（2017 年 12 月 30 日）

日前，国家外汇管理局（以下简称外汇局）发布《国家外汇管理局关于规范银行卡境外大额提取现金交易的通知》（汇发〔2017〕29 号，以下简称《通知》）。外汇局有关负责人就相关问题回答了记者提问。

1.《通知》出台的主要背景是什么？

答：随着科技进步，当前非现金支付已日益普及和便利。国际监管经验也显示，大额现金交易往往与诈骗、赌博、洗钱、恐怖融资等违法犯罪活动有关。为此，全球普遍加强大额现金管理。监测发现，一些个人持大量银行卡在境外大额提取现金，远超正常消费支付需要，涉嫌开展违法犯罪活动。

规范银行卡境外大额提取现金交易，是反洗钱、反恐怖融资、反逃税的必要举措，可进一步防范银行卡提取现金领域的违法犯罪活动。《通知》遵循经常项目可兑换要求，不改变个人便利化年度 5 万美元购汇额度，不影响个人正常提取现金和消费，不影响个人用汇便利性。

此外，外汇局正在与境外监管机构建立大额提取现金监管信息交流机制，加强监管协作，防范跨境洗钱等风险。

2.《通知》的主要内容是什么？

答：一是个人持境内银行卡在境外提取现金，本人名下银行卡（含附属卡）合计每个自然年度不得超过等值 10 万元人民币。

二是将人民币卡、外币卡境外提取现金每卡每日额度统一为等值 1 万元人民币。

三是个人持境内银行卡境外提取现金超过年度额度的，本年及次年将被暂停持境内银行卡在境外提取现金。

四是个人不得通过借用他人银行卡或出借本人银行卡等方式规避或协助规避境外提取现金管理。

3.《通知》出台对持卡人境外消费有无影响？

答：《通知》不影响个人持卡境外消费。目前，银行卡已成为个人出境使用最主要的便利化支付工具，个人出境旅游、商务活动、留学所涉食、宿、行、购等经常项下交易，均可以使用银行卡支付，且不占用个人便利化年度5万美元购汇额度。《通知》主要是规范银行卡境外大额提取现金，并不改变银行卡外汇管理基本框架和个人用汇政策，个人持卡境外消费不受影响。

4.《通知》规定境外提取现金年度额度为10万元人民币的主要考虑是什么？

答：自2003年以来，银行卡在境外提取现金实施额度管理，目前每卡每年不得超过10万元人民币。为防范违法分子持多家银行多张卡片大额提取现金从事违法活动，《通知》将境外提取现金年度额度调整为每人每年不得超过10万元人民币。

据统计，2016年81%的境内银行卡境外提取现金低于3万元人民币。《通知》规定境外提取现金年度额度为10万元人民币，既可满足持卡人在境外正常提取现金需求，又可抑制少数违法违规人员大额提取现金。

若个人确有真实合规的境外大额现金使用需求，可依据《个人外汇管理办法》及其实施细则等相关外汇管理规定办理，如依法购汇后携带外币现钞出境。

5.《通知》实施后，个人是否会出现超过年度额度提取现金？如果超过年度额度，会产生什么影响？

答：年度额度由外汇局汇总各家发卡金融机构数据计算并通过发卡金融机构实施控制。考虑到实时控制会增加交易响应时间从而影响用卡体验，对此外汇局采用延时控制手段。因此，个人在境外提取现金时应合理规划，避免出现超过年度额度提取现金。《通知》也要求发卡金融机构采取有效方式提示发生境外提取现金交易的持卡人注意政策变化，加强政策宣传。

为防范部分持卡人恶意提取现金，超过年度额度的个人，本年及次年将被暂停持境内银行卡在境外提取现金，并将视情节严重程度，按《外汇管理条例》有关规定进行处罚。

6.《通知》从何时开始执行？

答：《通知》自2018年1月1日起实施，2018年境外提取现金年度额度从2018年1月1日起开始累计计算。

7. 个人是否可以查询本人银行卡境外提取现金明细？

答：个人被列入暂停持境内银行卡在境外提取现金名单的，可向发卡金融机构查询本人所持的该机构银行卡提取现金明细，也可凭本人有效身份证件向外汇局分支局查询。

需要强调的是，外汇局对银行卡境外提取现金明细信息的查询有严格的保密规定，任何信息的使用都将在法律法规的规定范围内，要求各发卡金融机构妥善保管暂停持境内银行卡在境外提取现金个人信息。

8. 您对个人使用银行卡在境外提取现金还有哪些建议？

答：个人在境外提取现金应注意保障自身权益。一是合理规划用汇需求，减少携带和使用大额现金，避免人身和财产安全遭受类似抢劫等不法侵害。二是注意用卡安全和信息保护，避免银行卡被他人盗用，影响正常交易。三是依法合规使用银行卡，不借用他人银行卡规避额度管理，也不向他人出借银行卡，避免被不法人员利用从事违法犯罪活动。

国家外汇管理局综合司关于调整银行结售汇统计报表有关问题的通知

汇综发〔2017〕4号

国家外汇管理局各省、自治区、直辖市分局、外汇管理部，深圳、大连、青岛、厦门、宁波市分局，全国性中资银行：

为进一步完善银行结售汇统计，国家外汇管理局决定调整人民币对外汇衍生产品业务统计报表，现就有关事项通知如下：

一、银行结售汇统计中关于人民币对外汇衍生产品业务统计自报送2017年1月报表起，按本通知规定填报附件报表。

二、附件报表实行总行报送制度，银行（含经营结售汇业务的非银行金融机构）总行或外资银行主报告行应汇总境内各分行统计数据后，经所在地国家外汇管理局分支局（以下简称外汇局分支局）报至国家外汇管理局。外汇局分支局需根据辖内银行总行或外资银行主报告行开办远期、掉期、期权业务的情况确定其需要报送的报表类型。

外汇局分支局可根据业务监管需要，另行要求辖内银行分支行通过银行结售汇统计系统报送附件表1－3。

三、外汇局分支局通过国家外汇管理局应用服务平台外汇局端（http：//100.1.48.51：9101/asone）访问系统，各银行通过国家外汇管理局银行信息门户网站（IP访问地址为http：//100.1.95.15，域名访问地址为http：//banksvc.safe）访问系统。外汇局分支局和银行访问系统前，应先从访问地址首页下载《银行结售汇统计系统用户使用手册》，并进行相关设置。

四、银行结售汇统计的其他制度性要求，仍按照《国家外汇管理局关于印发〈银行结售汇统计制度〉的通知》（汇发〔2006〕42号）等规定执行。

五、本通知自发布之日起施行。《国家外汇管理局综合司关于调整银行结售汇统计报表及报送方式的通知》（汇综发〔2012〕152号）、《国家外汇管理局国际收支司关于试报〈人民币外汇期权业务统计报表〉的通知》（汇国发〔2014〕10号）同时废止。

国家外汇管理局各分局、外汇管理部接到本通知后，应即转发辖内中心支局、支局和银行。执行中如遇问题，请及时与国家外汇管理局联系。

业务支持联系电话：010－68402399、68402271

技术支持联系电话：010－68402220

附件：人民币对外汇衍生产品业务报表及填报说明（内容详见光盘）

二〇一七年一月十九日

附：

完善银行结售汇统计　提高外汇市场数据透明度

（国家外汇管理局新闻稿　2017 年 1 月 20 日）

为进一步完善银行结售汇统计，国家外汇管理局近日发布《国家外汇管理局综合司关于调整银行结售汇统计报表有关问题的通知》（汇综发〔2017〕4 号，以下简称《通知》）。

《通知》主要内容包括：一是丰富衍生产品业务统计指标，增加远期差额交割和掉期交易存量统计；二是提升数据报送电子化水平；三是整合统计制度管理文件。银行结售汇统计是我国外汇市场统计监测体系的一个重要组成部分，此次调整有助于提高银行和外汇局的统计操作效率，也为未来进一步提高外汇市场数据透明度提供基础支持。

《通知》自发布之日起实施。

国家外汇管理局综合司关于银行卡境外交易外汇管理系统上线有关工作的通知

汇综发〔2017〕81号

国家外汇管理局各省、自治区、直辖市分局、外汇管理部，深圳、大连、青岛、厦门、宁波市分局，各全国性银行，中国银联股份有限公司：

根据《国家外汇管理局关于金融机构报送银行卡境外交易信息的通知》（汇发〔2017〕15号）有关要求，现将境内发卡金融机构（以下简称发卡行）接入银行卡境外交易外汇管理系统（以下简称银行卡管理系统）联调、验收和试运行等相关工作通知如下：

一、联调工作安排

（一）发卡行接入准备工作

1. 发卡行应做好接口程序开发工作。发卡行应通过接口程序从自身系统获取原始交易数据并按照要求生成规范的数据文件，其中数据接口方式应报送XML格式数据文件，界面方式应报送XLS格式数据文件（即Excel文件）。

发卡行应开发程序处理国家外汇管理局（以下简称外汇局）反馈的错误信息并及时重新报送，以及保存和处理外汇局下发的银行卡境外违规交易记录。

2. 发卡行需与外汇局完成专线连接，并向所在地外汇局分局、外汇管理部（以下简称外汇分局）申请金融机构代码和总行级金融机构标识码。

（二）联调工作实施要求

1. 外汇局向发卡行提供银行卡管理系统（银行版）测试环境，用于联调接口程序、验收等相关工作。

2. 发卡行根据《银行卡境外交易外汇管理系统（银行版）测试环境配置手册》（专线访问外汇局银行信息门户网 http：//banksvc. safe“资料下载”栏目或向所在地外汇分局获取，以下文件表格获取方式同）配置后访问银行卡管理系统（银行版）测试环境，使用方法详见《银行卡境外交易外汇管理系统（银行版）测试环境用户手册》。

3. 使用外汇局消息传输系统（MTS）通过数据接口方式报送数据的发卡行，还需向所在地外汇分局申请开通银行卡管理系统 MTS 联调环境。同时根据《消息传输系统（MTS）安装部署手册（银行版）》和《消息传输系统（MTS）各业务接口配置手册》进行配置后完成接入工作，MTS 使用方式详见《消息传输系统（MTS）银行用户使用手册》。

4. 通过数据接口方式或界面方式报送数据的发卡行，均应按《银行卡境外交易外汇管理系统接口程序联调方案》有关要求进行联调。

二、验收工作安排

（一）发卡行正式接入系统前需通过外汇局验收。验收工作由外汇局统一组织开展，外汇分局负责具体实施。外汇分局应安排国际收支和科技部门人员共同参加验收工作，并按发卡行法人所在地原则实施验收，验收具体流程见《银行卡境外交易外汇管理系统接口程序验收要求》（以下简称《验收要求》）。

（二）发卡行确认满足《验收要求》相关条件后，应向所在地外汇分局申请验收。

（三）验收未通过的发卡行应及时整改，整改完成后重新申请验收，最迟应于 2017 年 8 月 21 日前通过验收。发卡行修改相关自身系统或接口程序，应及时向所在地外汇分局报备。改动较大的发卡行，外汇分局可要求重新验收。

三、试运行工作安排

（一）外汇局将于 2017 年 8 月 21 日至 8 月 31 日期间开展银行卡管理系统试运行工作。

（二）各外汇分局应于 2017 年 8 月 21 日前完成对辖内发卡行的验收工作，并根据《MTS 系统联调测试与上线相关问题说明》为验收通过的辖内发卡行申请开通银行卡管理系统 MTS 生产环境接入，同时在银行卡管理系统（外汇局版）中完成对验收通过的辖内发卡行的业务准入工作。

（三）发卡行应于 2017 年 8 月 21 日前完成网络配置、客户端环境设置、用户维护等工作，并通过外汇局银行信息门户网登录银行卡管理系统（银行版）中完成基本信息维护。银行卡管理系统（银行版）访问设置的具体操作说明，详见《外汇应用系统访问设置手册（银行版）》。

（四）2017 年 8 月 21 日起，各发卡行均应按照银行卡境外交易数据采集规范要求于北京时间每日 12：00 前报送上日 24 小时内本行银行卡境外交易信息。采用数据接口方式报送的发卡行应根据《消息传输系统（MTS）各业务接口配置手册》配置生产环境接入报送数据；采用界面方式报送的发卡行通过银行卡管理系统（银行版）报送数据。

（五）各外汇分局应督促辖内发卡行做好试运行工作，及时监测各发卡行数据报送情况，如遇问题及时反馈外汇局国际收支司和科技司。

四、其他

（一）凡开通银行卡境外交易业务的发行卡，应按照汇发 15 号文和本通知规定，接入银行卡外汇管理系统向外汇局报送银行卡境外交易信息。

发卡行若不能按要求接入银行卡外汇管理系统报送银行卡境外交易信息，自 2017 年 9 月 1 日起应暂停本行银行卡境外交易业务，直至履行信息报送义务。

（二）2017 年 9 月 1 日以后新办银行卡业务的境内金融机构，应在具备接入银行卡外汇管理系统报送银行卡境外交易信息的条件后，方可开通本行银行卡境外交易业务。

外汇分局接到本通知后，应及时转发辖内中心支局、城市商业银行、农村商业银行、外商独资银行、中外合资银行、外国银行分行、农村合作金融机构、村镇银行。

业务联系电话：010－68402399、2271

技术联系电话：010－68402656、2674

特此通知。

二〇一七年七月二十九日

第三章 国际收支统计

国家外汇管理局综合司关于印发《对外金融资产负债及交易统计业务指引（2017年版）》的通知

汇综发〔2017〕106号

为规范对外金融资产负债及交易统计申报业务，指导申报主体更准确地理解具体报送要求，国家外汇管理局根据《国际收支统计申报办法》（中华人民共和国国务院令第642号）和《对外金融资产负债及交易统计制度》（汇发〔2016〕15号印发），制定《对外金融资产负债及交易统计业务指引（2017年版）》（见附件），现印发给你们。

国家外汇管理局各分局、外汇管理部收到本通知后，应及时转发辖内中心支局、支局、金融机构法人、境外金融机构境内主报告分支机构，及境外上市的境内非金融企业。

执行中如有问题，请与国家外汇管理局联系。联系电话：010－68402357，68402234；传真：010－68402316。

特此通知。

附件：对外金融资产负债及交易统计业务指引（2017年版）（电子版详见光盘）

二〇一七年十一月二十三日

附件：

对外金融资产负债及交易统计业务指引（2017 年版）

目　　录

一、对外金融资产负债及交易统计的总体原则

（一）统计范围

对外金融资产负债及交易统计（以下简称直接申报）的范围是申报主体自身或所托管（代理）业务的国际收支交易和对外金融资产负债存量。这些交易和头寸应是确定的（记录在表内或表外），而不是或有性质。对外金融资产和负债应区分报送，不能相互抵销。

对于对外资产而言，其月末存量（市值）应包含减值准备。举例说明，本机构向境外贷款 100 万美元，月末形成对外贷款余额 100 万美元，则在填报 D02 表时，月末余额应为 100 万美元，表明本机构及我国形成对外贷款债权 100 万美元，即本机构对该境外贷款提取了 10 万美元的减值准备，本机构及我国对外债权不会下降至 90 万美元。换一个角度，从非居民债务人看，按照借贷合约，其应偿还债务本金是 100 万美元，而不是 90 万美元。我国如果只记录 90 万美元，将造成对外金融资产少记，以及借贷双边国家统计数据的不一致。

（二）申报主体

直接申报的申报主体为境内法人和境外法人在境内分机构（分行）。

对于境内法人机构，申报主体为法人机构总部，申报数据涵盖机构总部及其境内分支机构整体的对外金融资产、负债和交易。法人机构的境内分支机构不再直接向外汇局报送数据。申报主体的境外分支机构是中国非居民。申报主体与其境外分支机构之间的交易属于国际收支交易，对境外分支机构的资产负债属于该机构的对外资产负债。

对于境外法人机构在中国境内的主报告分机构（分行），在牵头报送境内各分机构（分行）业务时，应按照一家境内分机构（分行）报送一套对外金融资产负债报表的方式，以每家境内分机构（分行）的金融机构标识码来进行区分和报送，不得将境内各分机构（分行）的业务合并为单一机构数据进行报送。

（三）申报主体的申报顺序

直接申报采集申报主体以自身名义、代理客户、作为资产管理人或托管人或作为境内登记结算机构掌握的国际收支交易和对外金融资产负债存量信

息。为避免数据重复或遗漏，各申报主体应按以下顺序确定应由本机构报送的数据：

一是通过中央国债登记结算有限公司、中国证券登记结算有限公司或银行间市场清算所股份有限公司等境内登记结算类机构进行跨境投资业务登记、清算的“港股通”“沪股通”“深股通”“债券通”“境外机构投资者投资银行间债券市场”等业务，由中央国债登记结算有限公司、中国证券登记结算有限公司或银行间市场清算所股份有限公司等境内登记结算类机构负责集中申报，其他主体无须进行直接申报。

二是通过合格境外机构投资者（QFII、RQFII）和合格境内机构投资者（QDII）等指定托管渠道进行且占用相应投资额度的业务，由境内托管机构集中申报，QFII、RQFII、QDII 无须进行直接申报；如境内托管机构受托业务未占用该 QFII、RQFII、QDII 的投资额度，仅是该投资者委托人具有 QFII、RQFII 或 QDII 身份，则对应被托管“业务类型”项（H0105CODE 或 H0204CODE）不得选择为 QFII、RQFII 或 QDII 等。

三是涉外基金业务，包括但不限于基金互认业务，由境内基金管理人或代理人报送。

四是对于以人民币合格境内机构投资者（RQDII）身份投资且在境内有指定托管机构的，由境内托管机构集中申报，RQDII 无须进行直接申报；对于在境内无指定托管机构的 RQDII 对外投资，由 RQDII 以自身名义进行直接申报。

五是通过银联渠道清算的银行卡跨境刷卡消费及提现业务，由中国银联卡组织负责申报。非银联渠道清算的银行卡跨境刷卡消费及提现业务，由境内发卡行和收单行根据具体要求进行申报。

除上述情况外，申报主体还需区分代理业务与背对背业务。所谓代理业务，指申报主体以客户名义（作为代理人）与对手方进行交易，因此该机构的客户而非该机构是对外交易的对手方。本制度的 B01 表、B02 表、C01 表和 D02 表允许申报主体作为代理人，代理居民委托人填报与非居民之间的交易以及对外金融资产负债存量，但申报主体代理非居民委托人与非居民进行的交易和金融资产负债存量不是本制度的填报范围。所谓背对背业务，指申报主体与居民客户和非居民对手方分别签订同类反方向合约，申报主体通过合约转移或对冲对应的汇率、利率等风险。背对背业务本质上是两笔合约，其中，申报主体以自身名义与非居民签订的合约，是申报主体自身的对外业务，需要进行直接申报。

（四）申报的交易

直接申报中的交易是指两个主体间通过协议或法律实施产生的，涉及价值交换或转移的相互行为。协议产生的交易是指双方事先知情并且达成合意的交易。法律实施产生的交易主要指缴纳税款、罚金和罚款等分配性的交易，是根据行政或司法决定施加给单个主体的，或由社会集体承认和接受的交易。

1. 常见的交易类型

居民与非居民之间的交易包括但不限于：货物或服务贸易，股息（红利）、利息收支，股息（红利）再投资，转移支付和转移定价，债务减免，双方协议变更资产所有权或商定债权债务条款，跨境设立分支机构、子机构，金融产品买卖（含一级市场和二级市场买卖，场内交易和场外交易），债务工具提款、还本、到期和展期，各类应收、应付、预收和预付，购买保险、支付保费或保险索赔及赔付，寿险或养老金给付等。

例如，定期存款提前销户或支取对应的本金和利息属于银行与储户之间的交易。对于定期存款转为活期存款，银行前期计提的利息偏多，当期需冲账等情况，本制度允许其在对应交易项目下填报负值，同时备注栏为必填。

再如，境内A机构向非居民提供金融服务，价值1万美元，但对方尚未付款，从而形成本机构的应收款项。根据A机构会计账，贷记金融服务收入1万美元，借记应收款1万美元，则A机构的E01表和D04表均应进行对应交易记录。同时，D04表还需反映应收款的上月末和本月末余额。待A机构收回款项时，D04表应收款因当月交易而下降，应贷记应收款、借记存款等其他资产，如形成的其他资产属于对外资产，则应继续在本制度其他相应报表中体现。

2. 易混淆为非交易变动的交易

（1）债务减免：因债务人无权单方面注销负债或取消欠账，其与债权人协商减免债务的行为，是一种债权人和债务人之间的“交易”，不是“资产注销”，不属于“非交易变动”。债务减免交易应同时记录为E01表中的“资本账户　其中：债务减免（1701/2701）”和D系列报表中的对应债权/债务减少。

（2）客户注销账户、存款到期自动滚存、贷款展期：均是经双方确认的某一种类型的“交易”，不属于“非交易变动”。

（3）投资基金获取红利转投本基金：是指经双方确认，将基金红利转为基金份额（红利再投）的一种“交易”。本质上由两笔金额相等的交易构成：一是基金分配的红利，应填报在本月股息/红利项下；二是该红利被再投入本基金，增加了投资者持有的基金份额（红利再投），应将增加的基金份额对应的价值，填报在本月发行/买入交易项下。红利再投所引起的基金份额变动不是非交易变动，不应填报在价值重估或重新分类至其他项目等非交易变动项目下。

（五）非交易变动

直接申报中的非交易变动是指统计期内居民和非居民之间金融资产和负债存量发生变动，但又不属于交易的变动因素，包括但不限于：

1. 价值重估因素

价值重估因素即市场价格或近似参考价格波动带来的相关资产负债或工具价值的增减。金融衍生产品中隐含的汇率波动影响是价值重估的一部分，即对于主要是与汇率有关的金融衍生产品，其两期末余额的变动中包含汇率波动带来的价值重估（重估损益）的影响。

2. 注销、调整或重新分类至其他报表统计

（1）因交易等因素导致期末投资者持有被投资机构表决权比例超越10%的界限，相关交易及存量数据需在直接投资（A 系列报表）或股本证券投资（B 系列报表）间重新分类，重新分类的数据填报在对应报表的非交易变动项下。

（2）因委托人变更托管机构，使得受托资产在不同托管机构间变动，包括但不限于（R）QDII、（R）QFII。因委托人变更托管机构，而导致受托资产在不同托管机构中“转出”或“转入”时，托管到期转出的资产和本期新转入的托管资产应分别填报在对应报表的“本月非交易变动”项下，具体应归入“本月非交易变动：其中注销或重新分类至其他项目统计的金额”。

但是，受托资产中的金融工具有调整或变化的，如债转股等，则属于经交易双方确认的“交易”，不应填报在“非交易变动”项下。

（3）居民/非居民身份的改变。所谓居民身份改变是指从某一经济体居

民变成该经济体非居民（成为其他经济体的居民），或从某一经济体非居民变成该经济体居民。

对于个人客户，目前实践操作中按照身份证、护照、永久居留证等有效证件中的国籍来认定其居民或非居民身份，如果办理业务的证件未发生变化，则应视为其居民或非居民身份不变。

对于机构客户，由于这类客户只能是其注册地的居民，不存在跨经济体变更机构居民身份的情况。因此，如果该机构变更注册地，本质上是原机构撤销，新机构设立，前后两家机构不能合并处理，对应的资产或负债变动不应被视为非交易变动。举例，A经济体投资者将其在B经济体注册的公司迁至C经济体，从国际收支角度看，该行为包括两笔交易，一是A经济体投资者从B经济体撤资，二是A经济体投资者对C经济体新增直接投资，前后两家被投资机构不在同一个经济体内，因此不得合并视为同一个机构。

对于申报机构前期错误认定交易方的居民或非居民身份，后期纠正错误的，应修改前期错误数据，而不应在发现错误的当期将错误金额填报在"非交易变动"项下。

(4) 本机构（或本机构的委托人）是债权人，单方面注销对外金融资产。记入"非交易变动"的资产注销是债权人单方面进行的，只适用于资产方（债权人），应填报在资产类的对应报表中。

3. 填报的非交易变动中不含汇率波动的影响

除E01表、X01表、A01—1表和A02—1表，以及以汇率为基础项目的金融衍生产品报表（涉及C01表、H01表和H02表）外，由于各表均按照原始币种填报，两期末余额的非交易变动中汇率波动影响应为零。

（六）货币单位与折算率

1. 除E01表和X01表以美元填报外，其他各表均报送原币金额

货物、服务、薪资及债务减免等其他各项往来报表（E01表）和银行进出口贸易融资余额报表（X01表）需将数据折算为美元值填报。其中，E01表为当月交易金额，X01表为月末余额。

货币折算率的使用原则是：当月交易流量数据首选交易发生时的折算率，次选为月均折算率；月末余额数据使用月末最后一个交易日的收盘价进行货币折算。申报主体可使用自身账务处理采用的折算率，也可使用国家外汇管理局发布的折算率。

其他各报表的货币单位均为1原始币种，填报的金额数据无须进行货币折算。

2. 原始币种为“黄金”等贵金属的填报方法

币种代码选择“黄金”“白银”等贵金属的，其货币单位是1盎司。

当申报主体选择以“黄金”等贵金属为原始币种时，对应的交易和月末存量金额应填报为盎司数值，而不能按照美元、人民币或克等数值填报。国家外汇管理局系统将按照1盎司黄金（贵金属）折合美元的折算率计算相关交易金额，如果错误填报将会导致折算出的美元金额异常，造成数据规模严重偏差。

3. 原始币种为“未包括的交易货币代码（×××）”的填报方法

币种代码选择“未包括的交易货币代码（×××）”的，其对应的交易金额应折算为美元金额填报。

申报机构应严格控制填报为“×××”币种的情况。如果申报机构选用“×××”的原因是内部所用代码与国家外汇管理局所公布的币种代码表（三位字母代码）不一致，但两者实质为同一币种，则申报主体应将内部代码调整为国家外汇管理局所使用的币种代码后，再进行上报。

二、具体报表及数据项的填报方法

（一）投资关系（组织架构）的判断和填报方法（Z03表）

Z03表的主要目的，一是确定该机构的直接投资关系框架，二是确定该机构直接控制和最终控制母公司所在国家（地区）和行业。

本制度所称直接投资，是指一个国家（地区）的居民通过对另一国家（地区）的机构进行投资，从而能够对该机构实施管理上的控制或重大影响。控制和重大影响既可以直接实现，即通过直接持有境外被投资机构50%以上的表决权实现控制，通过直接持有境外被投资机构10%至50%的表决权实现重大影响；也可间接实现，即通过在另一个对该机构具有表决权的企业中拥有表决权，来间接控制或影响该机构。

通过所有权链条间接传递重大影响和控制，遵循三个原则：

一是只要每个层级均存在控制（持有表决权比例>50%），就可以沿着所有权链条传递控制（即A控制B，B控制C，C控制D，则A与B、C和

D 均存在直接投资关系)；

二是重大影响可在控制链的任何一点发生（即 A 控制 B，B 对 C 有重大影响，则 A 与 B 和 C 均存在直接投资关系)；

三是重大影响只能通过控制链发生，不能超出控制（即 A 影响 B，B 控制 C，则 A 和 B、C 存在直接投资关系；A 影响 B，B 影响 C，则 A 和 B 存在直接投资关系，B 和 C 存在直接投资关系，但 A 和 C 不存在直接投资关系)。

通过直接或间接的直接投资关系，形成直接投资框架。直接投资框架内的所有企业均为关联企业。

基于以上原则，申报主体填报 Z03 表时，应以本机构为中心。

向上：第一级需填报持有本机构 10% 及以上表决权的全部股东信息，并向上追溯；自第二级起，按间接传递影响和控制的原则进行填报。所有持有直接下级机构 50% 以上表决权的股东，均应纳入 Z03 表填报；持有直接下级机构 10% 至 50% 表决权的股东，根据该重大影响关系在向上的所有权链条上是否连续出现两次来判断，如连续出现两次，则在第二次出现时，无须再向上追溯。

举例：申报主体 A 被 B 股东控股（持有表决权比例 =70%)；B 股东被 C 股东控股（持有表决权比例 =100%)；C 股东被 D 股东持有 10% 的表决权；D 股东被 E 股东持有 60% 的表决权，同时被 F 股东持有 10% 的表决权。A、B、C、D、E 和 F 均为不同国家的机构，则 Z03 表中需包含：

B→A（B 投资于 A，持有表决权比例 =70%，实现控制)

C→B（C 投资于 B，持有表决权比例 =100%，实现控制)

D→C（D 投资于 C，持有表决权比例 =10%，实现重大影响)

E→D（E 投资于 D，持有表决权比例 =60%，实现控制)

Z03 表中无须填报 F 持有 D10% 的表决权比例，因为 F 对 D 仅有重大影响，但无控制，且重大影响是连续第二次出现。因此，从申报主体 A 的角度看，A 与 F 无直接投资关系，A、B、C、D 和 E 相互存在直接投资关系(互为关联方)。

向下：第一级需填报本机构持有 10% 及以上表决权的全部被投资机构信息，并向下追溯；自第二级起，被直接上一级股东持有 50% 以上表决权的被投资机构，均应纳入 Z03 表填报；被直接上一级股东持有 10% 至 50%

表决权的被投资机构，根据该重大影响关系在向下的所有权链条上是否连续出现两次来判断，如连续出现两次，则第二次无须再向下追溯。如果向下被投资机构链条中均为中国境内非法人机构（境内分支机构），则可以不填写这些境内非法人机构（境内分支机构）信息，但向下链条中的境内法人机构信息均为必填。

举例：申报主体 A 控制机构 G（持有表决权比例 =100%）；机构 G 控制机构 H（持有表决权比例 =70%）；机构 H 持有机构 I 的表决权比例为 20%；机构 I 持有机构 J 的表决权比例为 70%，同时持有机构 K 的表决权比例为 10%。A、G、H、I、J 和 K 均为不同国家的机构，则 Z03 表中需包含：

A→G（A 投资于 G，持有表决权比例 =100%，实现控制）

G→H（G 投资于 H，持有表决权比例 =70%，实现控制）

H→I（H 投资于 I，持有表决权比例 =20%，实现重大影响）

I→J（I 投资于 J，持有表决权比例 =70%，实现控制）

Z03 表中无须填报机构 I 持有机构 K 表决权比例 10% 的情况，因为 I 对 K 仅有重大影响，但无控制，且重大影响是连续第二次出现，所以，从申报主体 A 的角度看，A 与 K 无直接投资关系，A、G、H、I 和 J 相互存在直接投资关系（互为关联方）。

投资关系信息是判断直接申报整套报表中本机构与交易对手关系的关键，申报主体应按照一对“投资者→被投资者”报一条信息的原则填报，并确保所填写的投资者名称、代码和被投资者名称、代码的前后一致性。举例如下：

（1）境外 E、F 和 G 机构分别持有境内 A 机构 10% 及以上表决权，则填写 3 对数据：E→A；F→A；G→A。

（2）境内 A 机构同时持有境外 B、C 和 D 机构 10% 及以上表决权，则填写 3 对数据：A→B；A→C；A→D。

（二）被投资机构资产负债表的填报方法（A01 表和 A02 表）

在 A01—1 表或 A02—1 表中，每一个被投资机构应只报送一条本外币（各币种）合计的资产负债表数据，不得将该被投资机构的资产负债表按美元、人民币、欧元等不同记账币种拆分成数条填报。

将单个被投资机构的资产负债表拆分成数条信息，将造成该机构在系统中被视为数家机构，每家机构均通过被投资机构代码与 A01—2 表（对外直接投资股权投资流量），或 A02—2 表和 A02—3 表（外国来华直接投资的境外投资者名录及对应股权投资流量）关联，最终造成对外直接投资或外国来华直接投资流量成倍虚增。

（三）对外直接投资的填报方法（A01 表）

（1）申报主体持有境外被投资机构的表决权比例（A0108），应同时包含直接持有和通过本机构的控股公司间接持有的部分，但持股比例（A0109）应为对境外被投资机构的直接持股部分，不包含间接持股部分。对于申报主体直接持股不足 10% 但持有表决权达到 10% 以上（含）的境外被投资机构，申报主体应将持有该机构的股权信息填报在 B01 表中，“发行主体与本机构的关系（B0110）”选“2. 发行主体是本机构的境外直接投资机构”。

举例：境内 A 机构直接持有境外 B 机构 100% 的表决权、95% 的股权，境外 B 机构持有第三国 C 机构 95% 的表决权，境内 A 机构直接持有境外 C 机构 5% 的股权。境内 A 机构应在 A01—1 表中填报持有 B 机构 100% 的表决权比例（A0108）和 95% 的持股比例（A0109）。对 C 机构 5% 股权投资的市值，应填报在 B01 表中，且双方之间关系是“2. 发行主体是本机构的境外直接投资企业”，同时在备注栏对以上情况进行说明。

（2）对于本机构持有的具有融资功能的境外特殊目的实体（Special Purpose Vehicle，简称 SPV）或壳机构，应视为普通的境外被投资机构，采用不看穿原则，在“境外被投资机构代码（A0101）”“境外被投资机构全称（A0102）”和“境外被投资机构所属国家/地区（A0103）”数据项中填报该 SPV 或壳机构的代码、全称和所属国家（地区）。通常，SPV 或壳机构具有但不限于以下特征：一是其母公司建立的、无经营或很少有经营活动、无雇员或少雇员，甚至是无实体存在的法律实体；二是其与其最终控制方不在同一经济体内；三是其主要是筹资或持有资产或负债，且这些资产或负债多半为海外资产或负债；四是其一般设立在离岸金融中心，以利用当地税收、监管等条件。

（3）对于本机构持有的仅作为通道、不具备融资功能的境外 SPV 或壳机构区分两种情况：通过 SPV 持股首层非 SPV 实体 ≥10% 的，应采用看穿原则，在“境外被投资机构代码（A0101）”“境外被投资机构全称

(A0102)”和“境外被投资机构所属国家/地区(A0103)”数据项中填报被该壳机构实际投资的首层非SPV实体的代码、机构全称和所属国家(地区),且该经境外壳机构投资的首层非SPV实体可为中国境内或境外机构;在“本机构是否通过SPV或壳机构持有该境外被投资机构(A0110)”数据项中选择“是”,并在“该SPV或壳机构所属国家(地区)(A0111)”数据项中填写该境外SPV或壳机构所属国家(地区)。对于通过SPV持股且首层非SPV实体<10%的,应填B表,填报方法与申报机构对外开展证券投资一致。

(4)“本期利润总额(A0123)”“本期被投资机构全体股东应享净利润(A0124)”“本期宣告分配(本机构)利润(A0125)”数据项应填报当月发生额,不应填报截至当月的当年累计额。

(5)“对所在国缴纳的税金总额(A0126)”“年末从业人数(A0127)”“年末从业人数其中:中方雇员数(A0128)”数据项,只在本机构控股(持股>50%)境外被投资机构时,在每年12月期报表报送。对所在国缴纳的税金总额是该境外被投资机构当年在当地(该被投资机构的注册地或经营地)缴纳的各项税金之和(包括但不限于营业税、增值税、城乡建设费、教育附加等),但不包括其代雇员扣缴的个人所得税款。对所在国缴纳的税金总额应填报年度合计金额。年末从业人数应填报当年末(即12月末)与该境外被投资机构有雇佣合同的全职和兼职员工的人数。

(6)多个不同币种的持股(份额)数量和每股(每份)市价数据项可分别填写五个不同币种的股权投资市值数据。如果存在五个以上币种,应以从大原则优先填写金额最大的前五个币种数据,同时将其余币种数据按照所选币种(五个币种中的金额最大一个币种)的期末折算率折算后,合并填写在所选币种对应的项目下(A01291、A01301和A01311)。

举例:境内A机构是中国香港B机构的股东,持有表决权15%,分别在中国香港、美国、新加坡股票市场购得。A机构应分别在可流通股票(份额)的记账币种(原币)下填报HKD、USD和SGD,并在本机构持股(份额)下填报对应币种的所购份数,在每股(每份)市价下填报对应币种月末最后一个交易日的股票收盘价。

(7)当期申报主体没有新增或撤回对某境外被投资机构的股权投资的,不应在A01—2表中填写该境外被投资机构代码。

（8）将境外被投资机构纳入Z03表统计的时点应与纳入A01系列表统计时点一致，原因是本制度的目的是统计我国国际收支交易以及对外金融资产负债存量情况。对于申报主体境外机构注册时点与对该机构实际注资时点不一致的，申报主体原则上应在对境外机构注资时填报Z03表和A01系列报表，以反映中国对外直接投资的增加。如申报主体选择在境外机构注册成立时即填报Z03表，而无论注资是否到位，则本质上是将本机构与境外被投资机构约定投资活动的时点，视为本机构对外直接投资行为发生的时点。这时，申报主体一方面应填报Z03表和A01系列报表，且A01系列报表填报本机构与境外被投资机构约定的注册资本金额；另一方面，应填报由此引起的对外应付款项余额和变动情况，即在注册资金到位前申报主体对境外被投资机构产生一笔应付款（D08表），在资金实际到位时D08表应付款负债随之下降。

此外，申报主体对境外被投资机构的前期费用投入，只有在相关费用划至该境外被投资机构名下（账户）时，方可在A01—2表或E01表等报表中反映。如果前期费用以申报主体名义存放在境外（银行），为申报主体的境外存款类资产，不属于A01—2表填报内容，一般应在D系列报表反映。

（四）外国来华直接投资的填报方法（A02表）

“本期利润总额（A0212）”“本期本机构全体股东应享净利润（A0213）”“本期本机构分配（全体股东）的利润（A0214）”“本机构在境内缴纳的税金总额（A0215）”“年末从业人数（A0216）”、不同币种的持股（份额）数量和每股（每份）市价等数据项的填报要求与对外直接投资报表（A01表）相同。

（五）境外股权或债券发行主体所属国家（地区）的填报方法（B01表和B02表）

境外股权或债券发行主体所属国家（地区），是指该股权或债券直接发行主体注册地所在国家（地区），而不是指该股权或债券最终风险承担者或母公司所在国家（地区）。

按照这一原则，申报主体持有境内机构的境外分支机构或子机构发行的股权或债券时，其股权或债券发行主体所属国家（地区）是该境外分支机构经营或子机构注册地所在国家（地区），而不是“中国”。

举例：中国银行香港分行发债，发行主体所属国别（地区）应填报为

“中国香港”，而不是“中国”。

（六）交易产品境外发行人所属行业和部门的填报方法（B系列、C系列、F系列和H系列等报表）

直接申报各表按照同一原则认定境外主体所属行业和所属部门，即：

对境外主体，参照《对外金融资产负债及交易统计制度》（汇发〔2016〕15号印发）的附录一和二，根据其主营业务确定所属行业和部门。

对于境外政府，指具备行政管理、政府服务、税收或转移支付功能，不从事营利性活动的境外机构单位。从事营利性活动的国有企业、事业单位等不属于政府部门。

对于境外央行，参照《对外金融资产负债及交易统计制度》（汇发〔2016〕15号印发）附录九确认。

对于国际组织，包括但不限于《对外金融资产负债及交易统计制度》（汇发〔2016〕15号印发）附录八所列机构。

具体填报时，以境外金融/财务/资本/投资公司为例，申报主体在填报A01表和A02表时，需要将这类境外对手方归入具体金融行业。对于A01表和A02报表，申报主体应根据这类金融机构的主营业务，选择对应的行业代码。对于从事货币银行服务的机构，其所属部门为银行（部门），所属行业为货币银行服务。A01表和A02表以外的各表，金融类非居民对手方按照银行和非银行金融机构划分即可。

（七）可流通股票（份额）的填报方法（B01表、B04表、H01表和H02表）

可流通股票（份额）是指可通过公开市场或双方协议方式买卖或转让的股票、股权、投资基金份额（单位）等，包括公开发行上市的股票、股权，非上市股权、私募股权、协议转让的股权，以及各种上市或非上市投资基金份额（单位）等。一般情况下，除会计师事务所或律师事务所等合伙制实体外，其他企业（如股份制企业）的股权都是可流通的。

对于上市股票（股权或基金份额），其月末市值应根据对应月末相关市场最后一天的收盘价计算。

对于非公开市场交易且无市值的股份，应根据本机构合并财务报表中归属于本机构全体股东的权益，乘以对应非居民股东的持股比例，得到相关金额。

举例：本月末，某境外股东持有境内申报主体A机构8%的股权。A机构的合并财务报表中，归属全体股东的权益为1 000万元人民币，则本月末该境外股东持有A机构股权的市值为80万元人民币。

（八）金融衍生产品及雇员认股权、托管业务的填报方法（C01表、H01表和H02表）

C01表、H01表和H02表对金融衍生产品和雇员认股权遵循同样的填报原则。以C01表为例，“上月末头寸市值（C0110）”和“本月末头寸市值（C0116）”本质上是对应金融衍生产品的未实现损益，“本月（现金）结算付款额（C0111）”和“本月（现金）结算收款额（C0112）”是对应金融衍生产品的已实现损益，“本月末名义本金金额（C0118）”是交易双方在协议中所确定的合约规模，即用以计算盈亏的本金数额。

1. 远期类产品（含远期、掉期、期货）

远期类合约（含远期、掉期、期货）成立时，该合约的头寸市值为0。如发生全额交换基础资产的情况，应根据该基础资产的品种，将所交付的基础资产金额填至存款（D01表）、股票投资（B01表）或债券投资（B02表）等报表中，而不是在C01表的“本月（现金）结算收/付款额（C0112/C0111）”中填写基础资产的金额。

随着时间推移，如果每日或定期根据合约损益情况进行现金结算收付（即无负债结算），则应将已赚到或赔付的资金（已实现的损益）填报在“本月（现金）结算收/付款额（C0112/C0111）”中，对应期末该合约头寸市值为0；如果只在到期时清算损益，期间只因汇率、利率或基础资产价格波动引起合约价值波动的，为该金融衍生产品的非交易变动，且某个时点的头寸市值可能为正或可能为负，合约到期清算时头寸市值为0。

举例1：一笔外汇掉期合约，合约初期，掉出一笔美元存款，掉入一笔欧元存款，在合约到期时，掉回一笔美元存款，掉出一笔欧元存款。在衍生产品合约生效的当月，D01表应表现为境外美元存款下降，欧元存款上升；在合约到期的当月，D01表应表现为境外美元存款上升，欧元存款下降。无论合约生效还是到期，C01表的“本月（现金）结算收/付款额（C0112/C0111）”均不应填写交换的美元或欧元基础资产全额，而应填写本笔掉期合约已实现的损益，即申报主体在这个合约上的盈亏，且盈亏的金额应当已实现。

举例 2：对于每日无负债结算的期货产品（如交易所交易的期货），在期货合约存续期和到期月，申报主体应将月内收到或支付的期货合约已实现损益，填报在 C01 表“本月（现金）结算收/付款额（C0112/C0111）”项下；“本月末名义本金金额（C0118）”填报该合约标的物的金额；“本月末头寸市值（C0116）”填报为 0。在期货合约到期月，如涉及基础项目交割，申报主体应按交割时基础资产的市值，将购入或卖出的基础项目填报在对应报表中，如交割的基础项目为货物，应填报在 E01 表中；交割的基础资产为股权，填报在 B 系列报表中。

2. 期权类产品

首先，在期权合约成立之初，现金收付款额栏目应填报相关期权的期权费（期权价值）。对于期权费实际收付时点晚于期权类合约成立时点时，申报主体一方面应在 C01 表的现金收付款栏目填写期权费，另一方面应填写 D04 表（应收款）或 D08 表（应付款），以反映该期权费处于应收（预付）或应付（预收）状态。

其次，对于合约要求持续偿付且以现金结算的期权类合约，在收到现金结算款时应填报现金收款额，以反映期权资产下降；在支付现金结算款时应填报现金付款额，以反映期权负债下降。

最后，对于交付基础项目的期权类合约，在交付基础资产时，涉及两类申报：

一是基础项目的交易申报，即将涉及基础项目的交易按当时市场计值，所买入或卖出的基础项目应记录在相关报表中，如涉及货物的基础项目交易，应在 E01 表的货物贸易中填报；涉及证券的基础项目交易，应在 B 系列报表中填报；涉及不同币种存款的基础项目交易，应在存款等 D 系列报表中填报。

二是对应衍生产品的已实现损益。以买方期权为例，如执行该期权，则应将涉及衍生产品的交易按基础项目市场价格与衍生产品合约中履约价格之间的差异（通常为正值），乘以基础项目数量，填报在 C01 表或者 H01 表、H02 表衍生产品的现金收付栏目下，以反映通过该衍生产品合约实现的损益。

综上，仍以买方期权为例，期权类合约成立期间，期权费的收支填报在 C01 表“本月（现金）结算收/付款额（C0112/C0111）”项下，“本月末名义本金金额（C0118）”填报该合约标的物的金额，“本月末头寸市值（C0116）”填报月末该合约的期权价值。期权类合约到期后，月末该合约头寸市值为0，“本月（现金）结算收/付款额（C0112/C0111）”填报的是无论该笔合约是否行权，报送主体实际收付的损益。

举例1：对于固定收益（数字）期权产品，在合约成立当月，申报主体应将期权费收入或支出填报在C01表“本月（现金）结算收/付款额（C0112/C0111）”项下，“本月末名义本金金额（C0118）”填报该合约标的物的金额，“本月末头寸市值（C0116）”填报月末该合约的期权价值。固定收益（数字）期权产品到期时有两种可能的结果：一是基于一种标的资产，若行权日结果与投资方向一致或满足触碰条件，则获得固定收益；若结果相反或达不到触碰条件，则损失固定的投资金额。因此，在该类合约到期前各月，C01表的“本月末名义本金金额（C0118）”填报的是投资金额，“本月末头寸市值（C0116）”填报的是可能获得的固定收益或可能损失的固定亏损（期权价值），“本月（现金）结算收/付款额（C0112/C0111）”填报0。合约到期后，月末该合约头寸市值为0，“本月（现金）结算收/付款额（C0112/C0111）”填报的是报送主体因该笔合约实际收付的损益。

举例2：获配权证产品，指因公司行为获配的权证，权证持有人有权利在某一特定时间按约定价格购买或出售标的证券。申报主体在填报该类产品时，C01表的“本月末名义本金金额（C0118）”应填报标的证券的价值，而不能因为获配时无成本，将“本月末名义本金金额（C0118）”填报为0。

（九）月末应付（收）利息余额的填报方法（D系列报表）

月末应付（收）利息余额指按企业会计账（权责发生制）产生的应付（收）未付（收）利息。如金融机构的存款按季于季末月份的20日结息，则截至结息当日的应付利息将转为本金，结息日后新产生的应付利息按新的本金数和权责发生制原则填报。

如金融机构按照收付实现制核算利息，则原则上应付（收）利息余额项目为0，但利息收付当月应在对应表的利息收入或支出栏填写对应收付金额。

对于双方约定不收取利息的存贷款项目，原则上其月末应收（付）利息余额、本月利息收入（支出）均为0。

（十）货物、服务、薪资及债务减免等其他各项往来的填报方法（E01 表）

1.“有借必有贷，借贷必相等”的记账原则

原则上，直接申报各表相互隐含着“有借必有贷、借贷必相等”的会计记账原则。如本机构会计记账采用权责发生制原则，则应在进行 E01 表申报时，按照对应借记/贷记项目情况，在 D04 表/D08 表中同时记录对应应收款/应付款数据。若在实际收到或付出资金的月份才进行 E01 表申报，将破坏整套报表内部隐含的“有借必有贷，借贷必相等”钩稽关系，造成整体数据的不平衡。

举例：某申报主体每月按照权责发生制原则计提对 A 国金融服务收入（金融服务出口）100 美元，每年 12 月一次性收到对 A 国金融服务收入 1200 美元。按照权责发生制原则申报，该申报主体每月 E01 表和应收款报表（D04 表）应按以下原则申报：

借：100 美元（D04 表“本月净发生额（D0410）”）

　　贷：100 美元（E01 表“金融服务收入（1207）”）

在 12 月实际收到 1200 美元金融服务收入时，申报为：

借：1200 美元（D01 表“本月净发生额（D0113）”）

　　贷：1100 美元（D04 表“本月净发生额（D0410）”）

　　　　100 美元（E01 表“金融服务收入（1207）”）

如果只在 12 月实际收到 1200 美元金融服务收入时才填报 E01 表，却按照权责发生制原则每月在 D04 表中填报应收款余额及其变化情况，将带来各月 E01 表和 D04 表涉外业务数据错配。

对于使用收付实现制核算的申报主体，由于是在实际收到或支出资金时才记录金融服务费收入、支出或利息收支，这些业务不会产生应收或应付款项，不产生相关数据表间错配的问题。

2. 银行及其他申报主体的黄金进出口业务

无论是否已进行国际收支统计间接申报，申报主体均应在 E01 表的“非货币黄金（1101/2101）”项下填报。

3. 保险和养老金服务收支

E01 表中与保险相关的项目主要包括两个，一是“保险和养老金服务收入（支出）（1206/2206）”，二是“保险赔付收入（支出）（1601/2601）”。这两个项目一般仅限于保险机构以外的主体填报。但是，保险机构收取的代

理费、经纪费、公估费以及勘培定损费等保险辅助费用应纳入保险和养老金服务收入项目申报；保险机构作为雇主，为员工购买非居民保险机构承保的人身意外险等，则该保险机构可作为申报主体，将购买境外保险的支出纳入保险和养老金服务支出项目填报。对于直接保险赔付收入项目，则完全仅限于保险机构以外的其他机构填报，境内保险机构跨境再保险项下的赔付收入应纳入I系列报表填报；对于保险赔付支出，仅限保险机构以外的主体填报，同时由于我国目前分业经营和分业监管的现状，该项下一般不应有数据。

4. 代扣代缴税及二次收入

(1) 代扣代缴税（3000）收入和支出。E01表中“代扣代缴税(3000)”数据项是指，居民、非居民因向对方经济体出口货物、服务获得收入；因投资获得股息、红利、利息；因金融资产交易获得资本利得；获得雇员报酬等，按照对方经济体税务要求，由对手方代为向当地政府扣缴的各项税款。

代扣代缴税收入（我国税收收入3001）指申报主体由于自身或代客户与非居民进行上述交易，代非居民向我国税务部门缴纳的税款，是我国向非居民收取的税收收入。

代扣代缴税支出（对他国税收支出3002）指非居民机构与本机构或我国境内客户发生上述交易，从应付本机构或我国境内客户的交易金额中，代为向非居民所在经济体政府部门缴纳的税款，是我国居民向非居民政府缴纳的税收支出。

由于代扣代缴税一般直接扣减自跨境应收或应付的各类交易款，申报主体在填报时应理解其本质是两笔跨境交易合二为一。其一是申报主体或其客户跨境应收或应付的货物、服务、投资收益或资本利得等款项，其二是由于上述交易而需向他国政府缴纳的税款，因此，原则上，E01表及其他各表中基础交易项目的金额均应是未被跨境扣税之前的金额。

举例：境内A公司向境外B公司支付一笔服务费100美元，因该项服务费B公司需向境内税务机构支付税金10美元，并由A公司代扣代缴。因此，A公司最终向B公司实际支付90美元，向境内税务机构支付10美元。在填报E01表时，服务支出应填报100美元（不是90美元），代扣代缴税收入填报10美元。

无论双方签订服务合同时采取价外税模式还是价内税模式，均应按照以上原则进行代扣代缴税涉税项目的填报。

（2）营改增相关。营改增等税制改革，境内机构将原价内税调整为价外税，使得本机构的跨境服务费收入分别被记录在服务费收入和应纳税款支出项下。由于增值税本质上是申报主体向我国政府缴纳的税款，而不是代非居民向我国政府缴纳的税款，该类税款缴纳属于居民（境内纳税机构）与居民（我国政府）间的交易，而不是非居民支付方与居民（我国政府）间的交易。为全额反映境内向境外提供的货物或服务贸易出口全额，机构应将从非居民获取的款项全额纳入 E01 表对应项目填报。

举例：境内 A 公司从境外 B 公司收取一笔服务费 100 美元，A 公司的会计账上将其拆分为服务费出口（收入）90 美元和应纳税款 10 美元。A 公司在填报 E01 表时，服务收入应填报 100 美元（不是 90 美元），且不再填报代扣代缴税收入。

（3）境内机构直接向境外税务机构支付的税款相关。境内机构直接向境外税务机构支付的税款应填报在货物、服务、薪资及债务减免等其他各类往来报表（E01 表）“其他二次收入（经常转移）支出（2602）”项下。

按照是否向境外税务部门直接缴纳税款，2602 与 3002 的税款支出数据不得相互重叠或发生遗漏。

（十一）大银行代理小银行为客户办理贸易融资业务的填报方法（X01 表）

大银行代理小银行为客户办理贸易融资业务时，为避免重复统计，应由代理行（大银行）将相关贸易融资余额数据申报在 X01 表中，被代理行只需报送自营的贸易融资数据。

三、专项业务填报要求

（一）境内机构购买境外不动产

1. 境内机构直接在境外以自身名义购买不动产

境内机构直接在境外以自身名义购买不动产属于境内机构的对外直接投资行为，应在投资关系组织架构报表（Z03 表）中填报该不动产信息，并将购买不动产的支出填报在对外直接投资流量报表（A01—2 表）中，将相关不动产的市值填报在对外直接投资资产负债及市值报表（A01—1 表）中。该笔不动产的计价币种、本机构持有数量（填报为“1”）和相关不动产的市值分别填入“可流通股票的记账币种（A0129）”“本机构持股数量（A0130）”，和“每股市价（A0131）”项目中。

举例，境内A机构在香港购买地产B大厦，A机构应在Z03和A01中将B大厦列为本机构的被投资企业，并将该大厦的市值、购买金额分别填入A01—1表和A01—2表，其中，“可流通股票的记账币种（A0129）”“本机构持股数量（A0130）”和“每股市价（A0131）”分别填报购买B大厦的计价币种、本机构持有数量（填报为“1”）和B大厦的市值。

当境内机构将相关不动产提供给境外机构使用，则可能发生租金收入，属于对外直接投资收益收入。境内机构应将该房产租金收入相应填报在A01—1表中的“本期利润总额（A0123）”“本期被投资企业全体股东应享净利润（A0124）”和“本期宣告分配（本机构）利润（A0125）”项目中。

2. 本机构境外代表处购买并持有境外不动产

本机构拨付给境外代表处的不动产投资款应与代表处经费分开填报，一是将境外不动产信息和境外代表处信息分别作为被投资企业填报在单位投资关系组织架构报表（Z03表）中；二是将不动产投资信息填报在对外直接投资流量报表（A01—2表），不动产价值信息填报在对外直接投资资产负债及市值报表（A01—1表）中，而不动产以外的对境外代表处支出填报在货物、服务、薪资及债务减免等其他各类往来报表（E01表）的“代表处经费（2300）”中。不动产价值信息的计价币种、本机构持有数量（填报为“1”）和相关不动产的市值分别填入“可流通股票的记账币种（A0129）”“本机构持股数量（A0130）”和“每股市价（A0131）”项目中。

3. 境内机构在境外的分支机构、子机构、联营机构或合营机构购买和持有境外不动产

由于本机构的境外分支机构、子机构、联营机构或合营机构是境外非居民，这类机构持有境外不动产属于非居民与非居民之间的交易，不属于本制度统计范畴，无须填报。实际上，境外分支机构、子机构、联营机构或合营机构持有的境外不动产价值已经包含在该机构的资产负债表和利润表（A01系列报表）中，并通过该表归属于境内机构。

（二）境内机构租用非居民境内不动产

境内机构租用非居民在我国境内的不动产用于经营或用作本国员工宿舍，如果租金支付给境内物业公司等中介机构，再由中介机构支付给非居

民，则该笔租金无须进行直接申报；如果租金直接支付给非居民，则应填报在直接申报的货物、服务、薪资及债务减免等其他各类往来报表（E01 表）中“代表处经费（2300）”项下，同时在备注栏注明其用途。

境内机构租用非居民境内不动产用于外籍员工住宿，其本质是两笔交易合二为一：一是境内机构以住房福利方式提供外籍常住人员住宿，属于 E01 表中“支付非居民雇员报酬（2500）”统计范畴。二是外籍员工将该福利以租金形式支付给非居民房东或其在国内的中介代理，属于非居民个人（外籍员工）与非居民（非居民房东）或我国其他居民（中介代理）的交易，不属于本报表的统计范畴。

上述业务如属于通过银行进行国际收支统计申报的范围，需按照《通过银行进行国际收支统计申报业务实施细则》（汇发〔2015〕27 号印发）进行申报。申报主体的国际收支直接申报义务与国际收支间接申报义务互相不排斥，有些交易需同时进行两种申报。

（三）对外直接投资的增资和减资

1. 月末申报主体持有境外机构表决权小于 10%，该申报主体应将相关股权信息填报在投资境外股本证券和投资基金份额资产报表（B01 表）中。

2. 上月末持有表决权比例小于 10%，当月内增资后又减资，月末持有表决权比例仍小于 10%，在一个月之内频繁买卖股权，主要目的是赚取差价而非长期持有股权，申报主体仅需在报送当月报表时将相关股权买卖填报在投资境外股本证券和投资基金份额资产报表（B01 表）中，不填报对外直接投资报表（A01 表）。

3. 上月末持有表决权比例小于 10%，当月增资后，月末持有表决权比例大于等于 10%，申报主体应将当月增资部分交易和月末全部存量分别填报在对外直接投资报表（A01—2 表和 A01—1 表）中，同时应在当月投资境外股本证券和投资基金份额资产报表（B01 表）中填报上月末股权投资市值（上月末市值），本月末股权投资市值（本月末市值）填报为 0，本月买入卖出金额填报为 0，对应的本月非交易变动为负值（参见平衡关系式：本月末市值 - 上月末市值 = 本月买卖净值 + 本月非交易变动）。

4. 上月末持有表决权比例大于等于 10%，当月减资卖出相关股权，月末持有表决权比例小于 10%，申报主体应将相关卖出金额填报在对外直接投资流量报表（A01—2 表）中。对应的当期对外直接投资报表（A01—1

表）中的“期末本机构持股比例（A0108）”，填报实际的持股比例，可以小于10%（等于0意味着完全撤资）；A01—1表中对应的存量信息填报为0。相关存量信息填报在当月投资境外股本证券和投资基金份额资产报表（B01表）中，填报方法为：B01表上月末市值填报为0，本月末市值填报市值重估数据，本月买入卖出金额填报为0，对应的本月非交易变动为正值（参见平衡关系式：本月末市值－上月末市值＝本月买卖净值＋本月非交易变动）。

（四）外国来华直接投资的增资和减资

境内申报主体C机构原有外方股东A持有10%的股份，现引入外方股东B持有10%以上的股份，C机构当月应在外国来华直接投资报表（A02—1表、A02—2表、A02—3表）中填报吸收B股东增资入股的信息，同时应区分以下情况进行填报：

1. 上月末B不持有被投资企业的股份，完全是新引入的投资者，则B的投资入股信息仅填报在当月外国来华直接投资报表（A02系列报表）中。

2. 上月B已持有被投资企业表决权10%以下的股份，申报主体已填报吸收境外股权和基金份额投资负债报表（B04表），则应在本月B04表中填报B的上月末市值，本月末市值填报为0，本月回购/赎回金额填报为0，对应的本月非交易变动调整及重新分类至其他报表统计的金额填报为负值，投资者与本机构的关系填报“投资者是本机构的境外直接投资者”。

对于原外方股东A，申报主体C机构应区分以下情况进行填报：

1. A同时进行了增资，但增资幅度不如B，增资后持有表决权小于10%，C机构应将A的增资填报在外国来华直接投资流量报表（A02—3表）中，并在当期境外直接投资者名录报表（A02—2表）的“期末外方表决权比例（A0226）”项下填报A的实际持股比例（可以小于10%）。同时，C机构应将本月末A持有的所有股权填报在吸收境外股权和基金份额投资负债报表（B04表）中，其中，A上月末持有的股权市值填报为0，本月末持有的股权市值填报月末市值，本月回购/赎回金额填报为0，本月非交易变动调整及重新分类至其他报表统计的金额填报为正值，投资者与本机构的关系填报“4. 投资者与本机构无关联关系”。

2. A减资，持有的表决权比例下降为小于10%。A的减资应以负值填报在外国来华直接投资流量报表（A02—3表）中，同时当期境外直接投资者名录报表（A02—2 表）中 A 的“期末外方表决权比例（A0226）”填报实际的持股比例，可以小于 10%。月末 A 持有的股权市值应填报在吸收境外股权和基金份额投资负债报表（B04 表）中，其中 A 的上月末市值填报为 0，本月末市值填报月末市值，本月回购/赎回金额填报为 0，本月非交易变动调整及重新分类至其他报表统计的金额填报为正值，投资者与本机构的关系填报“4. 投资者与本机构无关联关系”。

3. A 完全撤资，持有的表决权比例下降为 0。A 的撤资应以负值填报在外国来华直接投资流量报表（A02—3 表）中，在当期境外直接投资者名录报表（A02—2 表）中的“期末（外方）表决权比例（A0226）”填报为 0，即完全撤资。

4. A 既未增资也未减资（撤资），完全因 B 机构入股而被稀释，持有的表决权比例下降为小于 10%。无交易流量发生，将 A 持有的股权余额填报在吸收境外股权和基金份额投资负债报表（B04 表）中，不再填报境外直接投资者名录报表（A02—2 表）和外国来华直接投资流量报表（A02—3 表）。B04 表 A 的上月末市值填报为 0，本月末市值填报月末市值，本月回购/赎回金额填报为 0，本月非交易变动调整及重新分类至其他报表统计的金额填报为正值，投资者与本机构的关系填报“4. 投资者与本机构无关联关系”。

（五）基金互认

内地与中国香港基金互认是指，内地基金经“香港证监会”认可后在中国香港地区发行及销售（简称“南下”基金），以及中国香港基金经中国证监会注册后在内地发行及销售（简称“北上”基金）。“北上”基金在内地设有代理人，代理人负责处理基金在内地的募集资金专户和基金代销账户的开立、基金销售、资金流转等工作。“南下”基金在内地有基金管理人（发行人）和基金托管人，基金管理人负责在托管人或托管人指定的开户银行开立募集资金专户。“北上”基金，由基金内地代理人负责进行直接申报，相关信息应申报在投资境外股本证券和投资基金份额报表（B01 表）中；“南下”基金，由内地基金管理人负责进行直接申报，相关信息应申报在吸收境外股权和基金份额投资报表（B04 表）中。

（六）优先股

优先股分为参与性优先股和非参与性优先股。

参与性优先股与普通股权类似，相关资产应申报在投资境外股本证券和投资基金份额报表（B01 表），相关负债应申报在吸收境外股权和基金份额投资报表（B04 表）中。

非参与优先股是支付固定收入但不允许在一个公司型企业解散时参与剩余价值分配的股票或股份，本质上是一种债务工具，在本制度中应申报在对应债务证券报表中。相关资产应申报在投资非居民发行的债务证券报表（B02 表、B03 表或 H02 表）中，相关负债应申报在境外发行债务证券或非居民持有本机构发行的债券报表（B05 表、B06 表或 H01 表）中。

操作中，可根据该优先股是否有权与普通股股东共同参与公司剩余盈利（利润）分配，来区分参与性优先股或非参与性优先股。在获得事先约定的固定股息外，能够与普通股股东共同分配公司剩余盈利（利润）的优先股视为参与性优先股，无权参与剩余盈利（利润）分配的优先股视为非参与性优先股。

对于无明确持股比例的参与性优先股，在填报 B01 表和 B04 表时，可在持股份数栏目填写 1（单位），在每股股价栏目填写所持有或被非居民持有的参与性优先股市值（价值）。

（七）境内机构境外理财

申报主体与境外机构签订协议，委托境外机构购买境外金融产品，并定期获取固定或浮动损益，申报主体应根据该理财产品标的物属性和本机构会计记账情况进行直接申报。如，本机构会计账将其记录为“可供出售的金融资产”等类别的，原则上属于 B、C 或 H（托管）系列报表填报范畴。如本机构会计账将其记录为存贷款或应收款项，原则上属于 D 系列报表填报范畴。

对于本机构记录为“可供出售的金融资产”但无法获知其具体产品类别的（债券类、股权类、基金类、金融衍生品类），原则上可将其视同购买了境外受托人、代理人或管理人发行的投资基金份额，在投资境外股本证券和投资基金份额（资产）报表（B01 表）中进行填报。如为私募产品，未注明该产品投向国别的，则发行主体“所属国家/地区（B0108）”应填报为境外受托人、代理人或管理人所属的国家/地区；如该产品为境外公开上市的产品，则应填报该产品发行者的所属国别。

（八）境内机构境外上市募集资金

境内机构境外上市募集资金，首次需将已知的所有持股比例小于该上市公司全部股权 10% 的股东（包括中国境内股东）信息报送在吸收境外股权和基金份额投资报表（B04 表）中。后期，如果股票锁定期结束，股东自由上市交易所持股票，致使申报主体不再掌握全部股东持股信息，则申报主体可将代理人集中持有的部分和非代理人集中持有的、较大股东以外的其他中小投资者持有部分统一进行填报，此时，如果这类投资者的集合“本月末持股（份额）比例（B0420）”大于 10%，则应在备注项中进行说明，以便国家外汇管理局后续核查使用，如不填写备注项，所填数据将不能通过系统校验。

（九）背对背金融产品交易（含金融衍生产品交易）

在背对背金融产品交易（含金融衍生产品交易）中，申报主体通过对冲操作平衡了自身风险敞口，如果申报主体的背对背金融产品交易（含金融衍生产品交易）中有一笔或者两笔均涉及非居民交易对手方，无论表内或表外资产负债，只要是确定的、非或有性质的，则对整个经济体而言将存在对外的金融产品交易（含金融衍生产品交易）风险敞口，应填报在对应报表中，且资产、负债业务应分开报送，不得相互抵销。其中，与非居民的金融衍生产品交易和余额，应填报在金融衍生产品及雇员认股权报表（C01 表、H01 表或 H02 表）中。其他金融产品交易应根据相关交易产品属性，填报在对应报表中。

（十）股权激励计划

股权激励计划包含但不限于股票期权、员工持股计划以及管理层分红等形式。一般情况下，股权激励计划具有雇员报酬及金融工具的双重属性，其填报要求是：

（1）申报主体提供非居民雇员的股权激励，属于雇员报酬、福利或奖励，应按照雇员报酬的填报要求报送，即境内雇主（申报主体）应将其填报在货物、服务、薪资及债务减免等其他各类往来报表（E01 表）“支付非居民雇员报酬其中：非居民雇员股票期权支出（2501）”项下，填报时点是本机构会计账务记录相关费用的时点。

（2）股权激励合约是金融工具，应按照具体金融工具的填报要求填写。以股票期权为例，雇主（申报主体）应将归属于非居民雇员的股票期权填报在金融衍生产品及雇员认股权报表（C01表）中，本月（现金）结算收款额填报对应期权的期权费，即相当于前述案例中在E01表中填报的雇员报酬（企业相当于期权的卖方，雇员使用企业奖励的雇员报酬购买了企业卖出的期权，尽管实际过程中雇员本身没有收付行为）。在股票期权存续期内，应按照期权类合约统计原则，在C01表中按月填报交易和头寸市值。在股票期权到期时，C01表中本月（现金）结算付款额应填报该股票期权的已实现损益，本月末头寸市值填报为0。

(3) 对于直接发放股权的激励计划，应填报在吸收非居民股权投资(B04表)中。

举例：实际操作中，申报主体应根据本机构股权激励计划的具体安排和进展情况填报C01表。

第一个月，雇主（申报主体）约定以8元每股的内部价向非居民雇员提供股权激励，当月归属于非居民雇员的股权从0股增加到10股，在股权归属于雇员时，股权的市价为10元每股。此时根据雇主财务账，雇主在E01表的支付雇员报酬项目下（2501）填报20元（10元×10股－8元×10股），同时，在C01表“本月（现金）结算收款额（C0112）”中填报20元(2元×10股)，相当于雇主向雇员支付了20元，雇员使用这20元从雇主购得市值20元的股票期权。月末，股权市价仍为10元每股，则雇主C01表中该股票期权的期末市值为－20元（负值代表雇主是期权出售方或负债方）。

第二个月，股权市价维持在10元每股，归属于雇员的股权仍是10股，则该股票期权的本月末头寸市值维持在－20元，当月无交易发生。

第三个月，雇员行权，以8元每股的价格从雇主手中购买股票，购买时该股权的市值为12元每股。由于上月末该股票期权市值为20元，则雇主首先在C01表上月末头寸市值中填报－20元。然后，雇主需在“本月（现金）结算付款额（C0111）”填报股权的执行价格和市场价格的差价总额40元（4元×10股），在C0113和C0115下填报20元的非交易变动（价值重估影响），该股票期权本月末头寸市值为0。

如果提供雇员的为非上市股权或境外上市股权，则第三个月雇主还需在B04表中申报非居民雇员持有的股权情况，其中，“本月发行金额(B0410)”项应填报120元（12元×10股），月末市值填报该股权的市价。

B0410 下需填报 120 元而非 80 元的主要原因是，雇主以股票期权方式对雇员购买本机构股权的行为进行补贴，使得雇员仅支付 80 元就可以获得价值 120 元的公司股权。

（十一）跨国公司集中运营和资金池

对于跨国公司外汇资金集中运营和跨境双向人民币或外币资金池业务，境内主办企业（财务公司或成员企业）和境内成员企业，应按以下原则进行申报：

对于境内主办企业和境内成员企业吸收境外关联企业或非居民个人存款、贷款的：吸收的非居民个人存款信息，应申报在存款（非居民个人存款）（D05—2 表）下；吸收的非居民机构存款、贷款信息，须在资本项目信息系统中进行外债登记，获取外债编号，并在本制度的存款（含银行同业和联行存放）（负债）（D05—1 表）或贷款（含银行同业和联行拆借）（负债）（D06 表）中补全对应项目。

对于存放境外关联企业的存款、对境外关联企业的放款，应填报在货币与存款（含存放银行同业和联行）（资产）（D01 表）或贷款（含拆放银行同业和联行）（资产）（D02 表）中。

对于与境外关联企业之间的应收应付款等，应填报在应收款（不含应收利息）（D04 表）或应付款（不含应付利息）（D08 表）中。

（十二）债务减免

债务减免指债权人和债务人达成协议，自愿取消全部或部分债务的交易，而非债权人单方面认为不能收回债款而对债务的注销。

债权人减免债务人债务时，应将相应的债务减免额填报在货物、服务、薪资及债务减免等其他各类往来报表（E01 表）“资本账户支出（2700）其中：债务减免（2701）”项下；同时，在资产对应的报表［如：贷款减免在贷款资产报表（D02 表）］中填报对方债务人还款交易。

债务人获得债务减免时，应将相应的债务减免额填报在货物、服务、薪资及债务减免等其他各类往来报表（E01 表）“资本账户收入（1700）其中：债务减免（1701）”项下；同时，在负债对应的报表［如：贷款被减免在贷款负债报表（D06 表）］中填报还款交易。

（十三）保险

境内保险机构与客户签订保险合约，但无法确定保单持有人（购买该保单的主体）所属国家/地区，而只能确定受益人为非居民的，视为境内保险机构为非居民提供的保险服务，纳入I01表统计。

如果保险合同为境外货运险，受益人是非居民但无法确定其所属国家/地区，则境内保险机构可将该保险的“保单持有人所属国家/地区（I0102）”“保单持有人所属部门（I0103）”“保单持有人与本机构的关系（I0104）”按照境外保险赔付代理机构（如存在）所属国家/地区、所属部门以及与本机构的关系填报。

对于境内保险机构通过境内保险经纪公司或经纪人间接分保给境外保险机构，境外保险机构为实际再保险人，则应视为从非居民保险机构获得再保险服务，填报I03表；对于境内保险机构通过境外保险经纪公司或经纪人间接分保给境内保险机构，境内保险机构为实际再保险人，则无须进行直接申报，但需将使用境外保险经纪公司或经纪人所支付的保险经纪费用填报在E01表下。

对于通过英国伦敦劳合社分保业务分保至一个或N个承保辛迪加的，境内保险机构（分出机构）难以获得实际再保险人信息，可将英国伦敦劳合社填报为提供再保险服务的非居民机构。

（十四）福费廷及其转卖

（1）对于福费廷等贸易融资类业务，本制度按照“谁直接产生对外债权或对外债务，谁申报”的原则来确定申报主体。无直接对外债权或直接对外债务的境内银行等机构，无须报送F01表、F02表（加工自资本项目信息系统中的登记外债部分）。对于X01表，应本着“谁直接面对客户开展业务（居间、担保等），谁申报”的原则来确定申报主体。

（2）境内银行A（申报主体）既是交单行，又为出口商叙做福费廷业务，则境内银行应将该笔债权填报在买断出口票据、单证业务报表（F01表）中，同时将该笔业务填报在银行进出口贸易融资余额表（X01表）“境外银行承兑远期信用证及应付未付即期信用证（境内银行为交单行）（2200）”项下。

（3）境内银行A是境内出口商收到境外签发信用证的寄单行和通知行，出口商将该信用证在境内银行办理福费廷转卖，将债权转移至境内另一家银行B。此时，境内银行A需将该笔业务填报在银行进出口贸易融资余额表（X01表）“境外银行承兑远期信用证及应付未付即期信用证（境内银行为交单行）（2200）”项下，境内银行 B 需将该笔债权填报在买断出口票据、单证业务报表（F01 表）中。

（4）境内银行 A 办理福费廷跨境转卖业务，将跨境债权转卖给境外银行 B。境内银行 A 应将该笔债权转卖交易填报在买断出口票据、单证业务报表（F01 表）“本月净发生额（F0112）”中，“本月末余额（F0109）”填报为 0。期末跨境债权关系已消失，无须填报银行进出口贸易融资余额表（X01 表）。

（十五）内保外贷

对于内保外贷发生担保履约，成为对外债权人的境内担保人或反担保人，应在本制度中进行对外债权的申报。具体应根据境内担保人或反担保人与境外债务人之间的约定，填报在对应债权工具项下。

（十六）境外机构投资境内特定品种期货产品

期货保证金监测中心负责集中填报非居民交易或持有境内特定期货产品情况，具体填报 C01 表，填报身份为“作为 3—境内结算机构报送”。境内期货公司（成员）应填报吸收的非居民保证金账户余额及变动情况（D05—1表）。境内银行应遵循外债登记相关规定，申报吸收非居民存款数据，并在 D05—1 表补全相关信息。

对于境内机构收取的服务费收入，应纳入 E01 表填报。

对于境内机构因实物交割而产生的货物进出口，应纳入 E01 表填报。

四、其他填报要求

（一）关于战略投资者

境外机构以战略投资者等身份跨境持有境内上市机构表决权大于或等于 10%，同时通过 QFII 或 RQFII 增持该机构股份应按以下要求报送：

（1）境内机构应合并处理境外机构对其进行的投资，并在外国来华直接投资报表（A02 表）中，按照单家机构合并的持股比例填报存量和流量信息。

（2）QFII 或 RQFII 等业务的境内托管机构，无论其委托人跨境持有表决权比例是否大于或等于 10%，均应将其所掌握的托管数据完整地填报在为非居民托管业务报表（H01 表）中。

(3) 对于A02表与H01表之间可能存在重叠的部分，境内托管机构与境外委托人（QFII或RQFII）应就数据报送的准确性进行协调，正确填报投资工具发行人（对手方）所属部门，并将“非居民委托人与境内发行人(对手方)的关系（H0111)”项填报为“1. 非居民委托人是境内工具发行人（或对手方）的境外直接投资者”，以便于国家外汇管理局对重复部分的数据进行处理。

(二) QDII或RQDII持有单家境外机构的股权10%及以上

(1) QDII或RQDII应将合并的持股比例及对外股权投资流量填报在对外直接投资报表（A01表）中。

(2) QDII或RQDII的境内托管机构应将QDII或RQDII持有的股权申报在为居民托管业务统计报表（H02表）中，将居民委托人所属部门填报为QDII或RQDII所属的部门（银行或非银行金融机构），并将“投资工具发行人与居民委托人的关系（H0212)”填报为“2. 对手方是居民委托人的境外直接投资企业，即是居民委托人持有表决权在10%及以上的境外分支机构、子机构、联营机构或合营机构”。

(三) 具有QDII等身份但通过非QDII渠道跨境投资

QDII等强制托管类机构通过“港股通”等渠道购买港股，由于“港股通”等渠道对外证券投资数据已由中国证券结算登记公司集中报送，QDII机构及托管机构无须重复报送这部分数据。

投资者具有QDII身份，但对外投资活动不占用QDII投资额度，且未通过“港股通”等渠道进行对外投资的，应由QDII托管机构或该机构自身进行直接申报。其中，应优先考虑由QDII境内托管机构作为代理人或管理人，代QDII机构进行申报（H02表）；在QDII境内托管机构无法代为报送时，由QDII机构以自身名义申报（如B01表或B02表等）。

(四) 非QFII或RQFII的境外机构和个人购买境内股权或基金份额

对于在境内证券市场挂牌的股权或基金份额，由中国证券登记结算有限公司集中申报在非居民投资境内发行股本证券和债务证券报表（B06表）中；对于非挂牌且中国证券登记结算有限公司不掌握的股权或基金份额，由境内募集该基金的基金公司将相关数据申报在吸收境外股权和基金份额投资报表（B04表）中。

（五）投资多地上市的境内机构股权

投资多地上市的境内机构股权时，应按如下要求计算直接投资的分界点（10%表决权或持股比例）：

直接投资指一国居民持有另一国居民机构 10%及以上的表决权或股权。因此，对于多地上市（如同时在 A 股和 H 股上市）的境内机构而言，应按照该机构会计账上显示的境内外合并的股权总额来衡量是否有非居民投资者持有该机构 10%及以上表决权或股权。持有该机构 10%及以上表决权的境外投资者是该机构的直接投资者。

第四章　经常项目外汇管理

国家外汇管理局关于便利银行开展贸易单证审核有关工作的通知

汇发〔2017〕9号

国家外汇管理局各省、自治区、直辖市分局、外汇管理部，深圳、大连、青岛、厦门、宁波市分局；各中资外汇指定银行：

为进一步便利银行开展贸易真实性审核工作，提升贸易便利化水平，根据《中华人民共和国外汇管理条例》等规定，国家外汇管理局决定向银行开放货物贸易外汇监测系统（银行版）（以下简称系统）“报关信息核验”模块。现将有关事项通知如下：

一、办理单笔等值10万美元（不含）以上货物贸易对外付汇业务（离岸转手买卖业务除外，下同），银行在按现行规定审核相关交易单证的基础上，原则上应通过系统的“报关信息核验”模块，对相应进口报关电子信息办理核验手续；银行能确认企业对外付汇业务真实合法的，可不办理核验手续。

办理单笔等值10万美元以下货物贸易对外付汇业务，银行可按照“了解客户、了解业务、尽职审查”的原则，自主决定是否通过系统对相应进口报关电子信息办理核验手续。

二、企业办理货物贸易对外付汇业务，应向银行提供真实的报关信息。

三、银行应按以下方式在系统中办理进口报关电子信息的核验手续：

（一）对于已完成进口报关手续的，银行自办理货物贸易对外付汇业务之日起5个工作日内，按照本次货物贸易对外付汇金额，在系统中办理核验手续。

（二）对于未完成进口报关手续的，银行应要求企业在完成报关手续之日（即进口日期，下同）起40日内提供相应的报关信息，并按照本次货物贸易对外付汇金额，在系统中补办理核验手续。

（三）对于已完成进口报关手续但企业因合理原因无法及时提供报关信息的，银行确认交易真实合法后为其办理付汇业务，在企业完成报关手续之日起40日内补办理核验手续。对于上述确实无法提供报关信息的，银行应在系统中对该笔付汇业务进行记录。

（四）对于因溢短装等合理原因导致货物贸易实际对外付汇金额大于报关金额的，银行在系统中办理核验手续时，应注明原因。

四、对于存在下列情况之一的企业，银行应逐笔在系统中对企业加注相应标识，企业的标识信息通过系统向全国银行开放：

（一）未在规定期限内提供报关信息且无合理解释的；

（二）涉嫌重复使用报关信息且无合理解释的；

（三）涉嫌使用虚假报关信息的；

（四）其他需加注标识的情况。

企业的标识信息保存期限为24个月。由于银行操作失误导致企业被误标识的，经银行内部审批后，银行可撤销相关企业的标识信息。

五、对于因数据传输不完整等原因造成系统缺失相应进口报关电子信息的，银行确认交易真实合法后为其办理付汇业务，并及时在系统中补办理核验手续。对于系统始终缺失进口报关电子信息的，银行应在系统中对该笔付汇业务进行记录。

若系统出现无法正常登录等情况，银行应按照《国家外汇管理局综合司关于做好货物贸易外汇管理应急工作有关问题的通知》（汇综发〔2012〕123号）的规定处理。

六、银行应根据本通知规定及时修订相关业务的内控制度，并保证企业进口报关电子信息数据的安全。

七、国家外汇管理局及其分支机构（以下简称外汇局）应做好对银行开展核验工作的指导，及时解决出现的问题，同时可不定期对银行核验工作的实施情况进行核查检查。

八、违反本通知规定的，由外汇局根据《中华人民共和国外汇管理条例》依法处罚。

九、本通知由国家外汇管理局负责解释，自2017年5月1日起施行。

国家外汇管理局各分局、外汇管理部接到本通知后，应及时转发辖内中心支局（支局）、地方性商业银行及外资银行。各中资银行收到本通知后，应及时转发下属分支机构。执行过程中如遇问题，请及时向国家外汇管理局反馈。

特此通知。

二〇一七年三月三十一日

附：

开放电子报关信息 促进贸易便利化

（国家外汇管理局新闻稿 2017 年 4 月 4 日）

为进一步提升贸易便利化水平，降低进出口企业成本，服务实体经济，日前，国家外汇管理局发布《国家外汇管理局关于便利银行开展贸易单证审核有关工作的通知》（汇发〔2017〕9 号，以下简称《通知》）。

为适应通关无纸化改革、落实外贸稳增长政策、履行世界贸易组织《贸易便利化协定》，《通知》明确在全国范围内向银行开放报关电子信息，在不改变现有企业业务办理手续的同时，为银行提供贸易真实性信息查询渠道，既利于企业便捷办理业务，又有利于银行提升金融服务电子化水平，加强风险管理，提高运行效率。

《通知》主要内容包括：一是向银行开放报关电子信息，用于货物贸易外汇业务真实性审核。二是银行应遵循“了解客户、了解业务、尽职审查”原则，核验报关电子信息，对能够确认交易真实性的，可免于核验。三是发现企业未按规定提供报关信息、重复使用单证、使用虚假单证等情况的，银行应在系统中对企业加注标识，向全国银行公示。

《通知》自 2017 年 5 月 1 日起正式实施。

国家外汇管理局综合司关于外籍人员持外国人永久居留身份证办理结售汇业务有关事宜的通知

汇综发〔2017〕59号

国家外汇管理局各省、自治区、直辖市分局、外汇管理部，深圳、大连、青岛、厦门、宁波市分局；各中资外汇指定银行：

为进一步深化外国人永久居留制度改革，强化永久居留外国人身份证件功能，方便外国人永久居留证件使用，公安部拟从2017年6月起签发新版外国人永久居留证件，将其名称调整为“外国人永久居留身份证”。为做好证件使用的配套工作，规范银行为此类主体办理结售汇业务，现将有关事项通知如下：

一、外国人永久居留身份证可作为个人办理结售汇业务的有效身份证件，持外国人永久居留身份证的外籍人员适用结汇和购汇等值5万美元的年度便利化额度。

二、银行通过个人外汇业务监测系统为持外国人永久居留身份证的外籍人员办理结售汇业务时，证件类型应选择“外国人永久居留身份证”，国家/地区代码录入外国人永久居留身份证号码前三位的国籍代码，身份证件号码录入外国人永久居留身份证全15位号码，并根据是否提供相关证明材料选择占用额度或不占用额度录入业务类型。

三、个人本外币兑换特许业务经营机构参照本通知执行。

国家外汇管理局各分局、外汇管理部接到本通知后，应及时转发辖内中心支局（支局）、开办个人结售汇业务的城市商业银行、农村商业银行、外资银行及个人本外币兑换特许业务经营机构。各中资外汇指定银行应及时转发所辖分支机构。

执行中如遇任何问题，请及时向国家外汇管理局经常项目管理司反馈。

联系电话 010－68402673。

特此通知。

二〇一七年五月十九日

第五章　资本项目外汇管理

国家外汇管理局关于融资租赁业务外汇管理有关问题的通知

汇发〔2017〕21号

国家外汇管理局各省、自治区、直辖市分局、外汇管理部，深圳、大连、青岛、厦门、宁波市分局，各中资银行：

为进一步推进自由贸易试验区改革试点经验的复制推广，切实服务实体经济发展，根据《中华人民共和国外汇管理条例》（国务院令2008年第532号）、《商务部　交通运输部　工商总局　质检总局　外汇局关于做好自由贸易试验区第三批改革试点经验复制推广工作的函》（商资函〔2017〕515号）及其他有关法规，现就融资租赁业务外汇管理有关问题通知如下：

一、本通知所称融资租赁类公司包括银行业监督管理部门批准设立的金融租赁公司、商务主管部门审批设立的外商投资融资租赁公司，以及商务部和国家税务总局联合确认的中资融资租赁公司等三类主体。

二、融资租赁类公司办理融资租赁业务时，如果用以购买租赁物的资金50%以上来源于自身国内外汇贷款或外币外债，可以在境内以外币形式收取租金。

三、在满足前述条件的融资租赁业务下，承租人可自行到银行办理对融资租赁类公司出租人的租金购付汇手续：

（一）出租人出具的支付外币租金通知书；

（二）能够证明出租人“用以购买租赁物的资金50%以上来源于自身国内外汇贷款或外币外债”的文件；

（三）银行要求的其他真实性证明材料。

四、融资租赁类公司收取的外币租金收入，可以进入自身按规定在银行开立的外汇账户；超出偿还外币债务所需的部分，可直接在银行办理结汇。

本通知自发布之日起实施。以前规定与本通知不符的，以本通知为准。请各分局、外汇管理部尽快将本通知转发至辖内中心支局、支局和辖内银行；各中资银行尽快将本通知转发至分支机构。执行中如遇问题，请及时向国家外汇管理局资本项目管理司反馈。

特此通知。

二〇一七年十月二日

国家外汇管理局关于美国银行有限公司中国区分行为境内个人参与境外上市公司股权激励计划境内代理机构开立结汇待支付专用账户的批复

汇复〔2017〕1号

美国银行有限公司上海分行：

《美国银行有限公司中国区分行关于境内个人参与境外上市公司股权激励计划结汇专用账户的请示》收悉。现批复如下：

一、同意美国银行有限公司中国区分行为境内个人参与境外上市公司股权激励计划（以下简称股权激励计划）的境内代理机构开立与其代理的股权激励计划相对应的结汇待支付专用账户（人民币账户，账户收支范围见附件），用于办理股权激励计划相关资金汇兑与划转。

二、美国银行有限公司中国区分行应按照《国家外汇管理局关于改革和规范资本项目结汇管理政策的通知》（汇发〔2016〕16号）有关要求办理股权激励计划项下专用外汇账户及结汇待支付专用账户的结汇、购汇、资金划转等，并按照《国家外汇管理局关于发布〈金融机构外汇业务数据采集规范（1.1版）〉的通知》（汇发〔2016〕22号）的要求报送相关账户信息。

此复。

附件：境内个人参与境外上市公司股权激励计划结汇待支付账户收支范围（电子版详见光盘）

二〇一七年一月三日

附件：

境内个人参与境外上市公司股权激励计划结汇待支付专用账户收支范围

开户主体	账户收入范围	账户支出范围	注意事项
境内代理机构	从境内个人人民币账户汇入参与境外上市公司股权激励计划的资金，个人出售股权激励计划项下股票或权益以及分红所得人民币资金（含收益）汇回，从股权激励计划专用外汇账户结汇划入的资金，经外汇局（银行）登记或外汇局核准的其他收入	划往境外参与境外上市公司股权激励计划所需的人民币资金，结汇划往境内个人人民币账户的资金，购汇划往股权激励计划专用外汇账户的资金，经外汇局（银行）登记或外汇局核准的其他支出	1. 结汇待支付专用账户原则上与境内专用外汇账户一一对应 2. 境内代理机构代理同一境内公司不同境外上市股权激励计划的，其在同一银行网点开立的多个境内专用外汇账户可共用一个结汇待支付专用账户

第六章　外汇管理检查

海关总署、国家税务总局、国家外汇管理局在京共同签署《关于实施信息共享开展联合监管的合作机制框架协议》和《关于推进信息共享实施联合监管合作备忘录》

近日，海关总署、国家税务总局、国家外汇管理局在京共同签署《关于实施信息共享开展联合监管的合作机制框架协议》（以下简称《框架协议》）。同日，海关总署与国家税务总局和国家外汇管理局分别签署了《海关总署、国家税务总局关于推进信息共享实施联合监管合作备忘录》和《海关总署、国家外汇管理局关于推进信息共享实施联合监管合作备忘录》，作为《框架协议》的具体落实机制。

根据《框架协议》，三方一致同意加快推进跨部门的信息互换、监管互认、执法互助，不断完善事中事后监管，提高管理效率，降低管理成本，更好地防范和打击走私、骗取出口退税、逃骗汇等违法违规行为，保证国家海关、税收、外汇政策的有效执行。

三方约定通过签署关于推进信息共享实施联合监管内容的《合作备忘录》，明确具体的合作领域和职责分工。通过加大信息共享力度，不断完善事中事后监管体系，推进综合执法，提高管理效能。协同推进三方在各地分支机构开展协查反馈、联合监管等方面的全方位合作，共同实施相应的联合激励和惩戒措施。

海关、税务、外汇三部门加强彼此间信息共享，实施联合监管措施，是贯彻落实国务院印发的《落实“三互”推进大通关建设改革方案》的重要举措，是实现部门之间协同共治的基础和抓手，对更好地防范和打击走私、骗取出口退税、逃骗汇等违法违规行为具有重要的意义。今后海关、税务和外汇管理部门将持续共同加强合作，进一步完善各自执法领域的监管，形成管理合力，更好地服务于社会信用体系建设，服务于我国经济持续健康发展。

二〇一七年四月二十一日

印发《关于对涉金融严重失信人实施联合惩戒的合作备忘录》的通知

发改财金〔2017〕454 号

各省、自治区、直辖市和新疆生产建设兵团有关部门、机构：

为深入贯彻党的十八大和十八届三中、四中、五中全会精神，落实《国务院关于印发社会信用体系建设规划纲要（2014—2020 年）的通知》（国发〔2014〕21 号）和《国务院关于建立完善守信联合激励和失信联合惩戒制度加快推进社会诚信建设的指导意见》（国发〔2016〕33 号）有关要求，加快推进涉金融领域信用体系建设，建立健全涉金融失信联合惩戒机制，按照“褒扬诚信、惩戒失信”的原则，严厉打击涉金融违法失信行为，营造公平竞争、优胜劣汰的市场环境，国家发展改革委、人民银行、银监会、证监会、保监会、最高人民法院、中央宣传部、中央编办、中央文明办、中央网信办、工业和信息化部、财政部、人力资源和社会保障部、商务部、国资委、海关总署、税务总局、工商总局、质检总局、公务员局、外汇局等部门联合签署了《关于对涉金融严重失信人实施联合惩戒的合作备忘录》。现印发给你们，请认真贯彻执行。

附件：关于对涉金融严重失信人实施联合惩戒的合作备忘录（电子版详见光盘）

二〇一七年三月九日

附件：

关于对涉金融严重失信人实施联合惩戒的合作备忘录

为深入贯彻党的十八届三中、四中、五中全会精神，落实《国务院关于促进市场公平竞争维护市场正常秩序的若干意见》（国发〔2014〕20号）、《国务院关于印发社会信用体系建设规划纲要（2014—2020年）的通知》（国发〔2014〕21号）等文件精神及“褒扬诚信、惩戒失信”的总体要求，促进大数据信息共享融合，创新驱动健全社会信用体系，根据《关于加强涉金融严重失信人名单监督管理工作的通知》规定，国家发展改革委、人民银行、中国银监会、中国证监会、中国保监会、最高人民法院、中央宣传部、中央编办、中央文明办、中央网信办、工业和信息化部、财政部、人力资源和社会保障部、商务部、国资委、海关总署、税务总局、工商总局、质检总局、公务员局、外汇局等部门就针对涉金融领域严重失信者开展联合惩戒工作达成如下一致意见：

一、联合惩戒对象

联合惩戒对象为列入涉金融严重失信人名单的当事人。当事人为企业的，联合惩戒对象为企业及其法定代表人，实际控制人、负有个人责任或直接领导责任的董事、监事、高级管理人员，负有直接责任的从业人员；当事人为社会组织的，联合惩戒对象为社会组织及其法定代表人和负有直接责任的工作人员；当事人为自然人的，惩戒对象为自然人本人。

二、联合惩戒机制

涉金融严重失信人名单列入部门通过全国信用信息共享平台按照统一格式向国家发展改革委报送失信人名称、统一社会信用代码、失信情形、处罚决定等信息。国家发展改革委建立涉金融严重失信人名单管理系统，并通过全国信用信息共享平台向各备忘录签署部门推送相关信息。各备忘录签署部门依据法律法规对列入涉金融严重失信人名单的当事人，执行或协助执行本备忘录规定的惩戒措施，并按季度将执行情况通过该系统反馈给国家发展改革委。

三、惩戒措施及实施部门和单位

（一）依法限制参加依法必须进行招标的工程建设项目招标投标和政府采购活动

依法限制失信名单当事人作为投标人参加依法必须进行招标的工程建设项目招标投标，或者作为供应商参加政府采购活动，由国家发展改革委、财政部等相关部门实施。

（二）在安排补贴性资金时作审慎性参考

在补贴性资金和社会保障资金安排过程中，将涉金融严重失信人名单信息作为审慎性参考依据，由国家发展改革委、财政部、人力资源和社会保障部、国资委等相关部门实施。

（三）享受优惠性政策审慎性参考

在实施投资、税收等优惠性政策时，将相关机构及其法定代表人、实际控制人、董事、监事、高级管理人员是否列入涉金融严重失信人名单的情况，作为其享受该政策的审慎性参考，由国家发展改革委、商务部、税务总局、质检总局实施。列入涉金融严重失信人名单的当事人申请适用海关认证企业管理的，不予通过认证；已经成为认证企业的，按规定下调企业信用等级。对列入涉金融严重失信人名单的当事人进出口货物实施加严监管，在办理通关业务时，加强单证审核或布控查验，由海关总署、质检总局实施。

（四）加强日常监管检查

将列入涉金融严重失信人名单的当事人作为重点监管对象，加大日常监管力度，按照相关规定，提高随机抽查的比例和频次，依据相关法律法规对其采取行政监管措施，由各市场监管、行业主管部门实施。

（五）供设立商业银行或分行、代表处以及参股、收购商业银行审批时审慎性参考；设立证券公司、基金管理公司、期货公司审批，私募投资基金管理人登记参考；供设立保险公司、保险资产管理公司、保险代理公司、保险经纪公司审批时参考，供保险公估机构备案参考；限制设立融资性担保公司；限制设立非银行支付机构；设立银行卡清算机构受理审批时参考；限制设立网络借贷信息中介机构

将涉金融严重失信人名单相关信息作为设立商业银行或分行、代表处以及参股、收购商业银行的审批时作审慎性参考，由银监会实施；将涉金融严重失信人名单相关信息作为设立证券公司、基金管理公司、期货公司审批，私募投资基金管理人登记的依据或参考，由证监会实施；将涉金融严重失信人名单相关信息供设立保险公司、保险资产管理公司、保险代理公司、保险经纪公司审批及保险公估机构备案的依据或参考，由保监会实施；限制列入涉金融严重失信人名单的当事人设立融资性担保公司，由地方政府确定的融资性担保公司监管机构实施；限制设立非银行支付机构，由人民银行实施；设立银行卡清算机构受理审批时参考，由人民银行、银监会实施；限制设立网络借贷信息中介机构，由省级人民政府承担地方金融监管职责的部门实施。

（六）限制发行企业债券及公开发行公司债券；在银行间市场发行非金融企业债务融资工具限制注册，并按照注册发行有关工作要求，强化信息披露，加强投资人保护机制管理，防范有关风险；在上市公司收购的事中事后监管中予以重点关注

限制失信名单企业公开发行公司债券，对情节严重的，在上市公司收购的事中事后监管中予以重点关注，由证监会实施；对列入涉金融严重失信人名单的当事人在银行间市场发行非金融企业债务融资工具限制注册，由人民银行实施；限制失信名单企业发行企业债券，由国家发展改革委实施。

（七）在核准与管理相关外汇额度时作审慎性参考

在合格境外机构投资者、合格境内机构投资者额度审批和管理中，将涉金融严重失信人名单信息作为审慎性参考依据，由外汇管理局实施。

（八）供金融机构融资授信时审慎性参考

引导各金融机构在融资授信时查询拟授信对象及其法定代表人、实际控制人、董事、监事、高级管理人员是否为失信名单当事人，对拟授信对象为列入涉金融严重失信人名单的当事人进行从严审核，由人民银行、银监会实施。

（九）中止境内国有控股上市公司股权激励计划或终止股权激励对象行

权资格

对列入涉金融严重失信人名单的当事人为境内国有控股上市公司的，协助中止其股权激励计划或终止其股权激励对象行权资格，由国资委、财政部实施。

（十）限制担任国有企业法定代表人、董事、监事、高级管理人员

列入涉金融严重失信人名单的当事人为个人的，限制其担任国有独资企业高级管理人员及国有独资公司法定代表人、董事、监事，限制提名为国有资本控股公司、国有资本参股公司董事、监事人选；已担任相关职务的，提出其不再担任相关职务的意见。由国资委、财政部、工商总局以及各地方人民政府实施。

（十一）限制任职融资性担保公司或金融机构的董事、监事、高级管理人员；限制任职证券公司、基金管理公司、期货公司的董事、监事和高级管理人员，对其证券、基金、期货从业资格申请予以从严审核，对已成为证券、基金、期货从业人员的相关主体予以重点关注；限制任职保险代理公司、保险经纪公司、保险公估公司的董事长、执行董事、高级管理人员；限制任职私募基金管理人的法定代表人、董事长、执行董事、总经理和执行事务合伙人以及其他高级管理人员的参考；限制任职非银行支付机构的董事、监事、高级管理人员；限制任职银行卡清算机构的董事、高级管理人员的参考。

限制列入涉金融严重失信人名单的当事人任职金融机构的董事、监事、高级管理人员，由银监会、国家发展改革委、保监会、工信部、财政部、工商总局等具有金融机构任职资格核准职能的部门结合自身法定职能，依法依规实施；限制列入涉金融严重失信人名单的当事人任职融资性担保公司的董事、监事、高级管理人员，由地方政府确定的融资性担保公司监管机构结合自身法定职能，依法依规实施；限制列入涉金融严重失信人名单的当事人任职证券公司、基金管理公司、期货公司的董事、监事和高级管理人员，对其证券、基金、期货从业资格申请予以从严审核，对已成为证券、基金、期货从业人员的相关主体予以重点关注，由证监会实施；限制任职保险代理公司、保险经纪公司、保险公估公司的董事长、执行董事、高级管理人员，由保监会实施；限制任职私募基金管理人的法定代表人、董事长、执行董事、总经理和执行事务合伙人以及其他高级管理人员的参考，由证监会实施；限

制任职非银行支付机构的董事、监事、高级管理人员，由人民银行实施；限制任职银行卡清算机构的董事、高级管理人员的参考，由人民银行、银监会实施。

（十二）限制登记为事业单位法定代表人

列入涉金融严重失信人名单的当事人为个人的，限制登记为事业单位法定代表人，由中央编办实施。

（十三）限制招录（聘）为公务员或事业单位工作人员

限制招录（聘）列入涉金融严重失信人名单的当事人为公务员或事业单位工作人员，由中组部、人力资源和社会保障部、公务员局等有关部门实施。

（十四）禁止参评文明单位、道德模范

对于机关、企事业单位、社会团体或其领导成员为列入涉金融严重失信人名单的当事人的，不得参加文明单位评选，已经取得文明单位荣誉称号的予以撤销。各类列入涉金融严重失信人名单的当事人均不得参加道德模范评选，已获得道德模范荣誉称号的予以撤销，由中央宣传部、中央文明办实施。

（十五）限制在检验检测认证行业执业

对列入涉金融严重失信人名单的人员，限制在检验检测认证行业执业，由国家认监委实施。

（十六）限制取得检验检测认证机构资质，限制获得认证证书

对列入涉金融严重失信人名单的法人，限制取得检验检测认证机构资质；限制获得认证证书，已获得认证证书的，暂停或撤销相应的认证证书，由国家认监委实施。

（十七）通过“信用中国”网站和企业信用信息公示系统向社会公布

将失信名单当事人信息通过“信用中国”网站、企业信用信息公示系统向社会公布，由国家发展改革委、工商总局实施。

（十八）通过主要新闻网站向社会公布

协调相关互联网新闻信息服务单位向社会公布失信名单当事人信息，由中央网信办实施。

四、其他事宜

各部门和单位应密切协作，积极落实本备忘录，制定涉金融严重失信人名单信息的使用、管理、监督的相关实施细则和操作流程，确保2017年6月底前实现涉金融严重失信人名单信息共享和联合惩戒。

本备忘录实施过程中的具体操作问题，由各部门另行协商解决。

附录：

惩戒措施	法律及政策依据	实施单位
（一）依法限制参加依法必须进行招标的工程建设项目招标投标和政府采购活动	1.《招标投标法》 第三十三条　投标人不得以低于成本的报价竞标，也不得以他人名义投标或者以其他方式弄虚作假，骗取中标。 2.《招标投标法实施条例》 第四十二条第二款　投标人有下列情形之一的，属于招标投标法第三十三条规定的以其他方式弄虚作假的行为： （一）使用伪造、变造的许可证件； （二）提供虚假的财务状况或者业绩； （三）提供虚假的项目负责人或者主要技术人员简历、劳动关系证明； （四）提供虚假的信用状况； （五）其他弄虚作假的行为。 第七十九条　国家建立招标投标信用制度。有关行政监督部门应当依法公告对招标人、招标代理机构、投标人、评标委员会成员等当事人违法行为的行政处理决定。 3.《中华人民共和国政府采购法》 第二十二条　供应商参加政府采购活动应当具备下列条件： （一）具有独立承担民事责任的能力； （二）具有良好的商业信誉和健全的财务会计制度； （三）具有履行合同所必需的设备和专业技术能力； （四）有依法缴纳税收和社会保障资金的良好记录； （五）参加政府采购活动前三年内，在经营活动中没有重大违法记录； （六）法律、行政法规规定的其他条件。 4.《社会信用体系建设规划纲要（2014—2020年）》 第二部分第一、第二条 （一）加快推进政务诚信建设 发挥政府诚信建设示范作用。各级人民政府首先要加强自身诚信建设，以政府的诚信施政，带动全社	发展改革委、财政部

续表

惩戒措施	法律及政策依据	实施单位
（一）依法限制参加依法必须进行招标的工程建设项目招标投标和政府采购活动	会诚信意识的树立和诚信水平的提高。在行政许可、政府采购、招标投标、劳动就业、社会保障、科研管理、干部选拔任用和管理监督、申请政府资金支持等领域，率先使用信用信息和信用产品，培育信用服务市场发展。 （二）深入推进商务诚信建设 政府采购领域信用建设。加强政府采购信用管理，强化联动惩戒，保护政府采购当事人的合法权益。制定供应商、评审专家、政府采购代理机构以及相关从业人员的信用记录标准。依法建立政府采购供应商不良行为记录名单，对列入不良行为记录名单的供应商，在一定期限内禁止参加政府采购活动。完善政府采购市场的准入和退出机制，充分利用工商、税务、金融、检察等其他部门提供的信用信息，加强对政府采购当事人和相关人员的信用管理。加快建设全国统一的政府采购管理交易系统，提高政府采购活动透明度，实现信用信息的统一发布和共享。 招标投标领域信用建设。扩大招标投标信用信息公开和共享范围，建立涵盖招标投标情况的信用评价指标和评价标准体系，健全招标投标信用信息公开和共享制度。进一步贯彻落实招标投标违法行为记录公告制度，推动完善奖惩联动机制。依托电子招标投标系统及其公共服务平台，实现招标投标和合同履行等信用信息的互联互通、实时交换和整合共享。鼓励市场主体运用基本信用信息和第三方信用评价结果，并将其作为投标人资格审查、评标、定标和合同签订的重要依据。	发展改革委、财政部
（二）供安排补贴性资金时审慎性参考	《社会信用体系建设规划纲要（2014—2020年）》 第二部分第一条　发挥政府诚信建设示范作用。各级人民政府首先要加强自身诚信建设，以政府的诚信施政，带动全社会诚信意识的树立和诚信水平的提高。在行政许可、政府采购、招标投标、劳动就业、社会保障、科研管理、干部选拔任用和管理监督、申请政府资金支持等领域，率先使用信用信息和信用产品，培育信用服务市场发展。	国家发改委、人力资源和社会保障部、财政部、国资委
（三）享受优惠性政策审慎性参考	《社会信用体系建设规划纲要（2014—2020年）》 第五部分第一条　完善以奖惩制度为重点的社会信用体系运行机制 运行机制是保障社会信用体系各系统协调运行的制度基础。其中，守信激励和失信惩戒机制直接作用于各个社会主体信用行为，是社会信用体系运行的核心机制。	国家发改委、商务部、海关总署、税务总局、质检总局

续表

惩戒措施	法律及政策依据	实施单位
（三）享受优惠性政策审慎性参考	构建守信激励和失信惩戒机制 加强对守信主体的奖励和激励。加大对守信行为的表彰和宣传力度。按规定对诚信企业和模范个人给予表彰，通过新闻媒体广泛宣传，营造守信光荣的舆论氛围。发展改革、财政、金融、环境保护、住房城乡建设、交通运输、商务、工商、税务、质检、安全监管、海关、知识产权等部门，在市场监管和公共服务过程中，要深化信用信息和信用产品的应用，对诚实守信者实行优先办理、简化程序等“绿色通道”支持激励政策。 加强对失信主体的约束和惩戒。强化行政监管性约束和惩戒。在现有行政处罚措施的基础上，健全失信惩戒制度，建立各行业黑名单制度和市场退出机制。推动各级人民政府在市场监管和公共服务的市场准入、资质认定、行政审批、政策扶持等方面实施信用分类监管，结合监管对象的失信类别和程度，使失信者受到惩戒。逐步建立行政许可申请人信用承诺制度，并开展申请人信用审查，确保申请人在政府推荐的征信机构中有信用记录，配合征信机构开展信用信息采集工作。推动形成市场性约束和惩戒。制定信用基准性评价指标体系和评价方法，完善失信信息记录和披露制度，使失信者在市场交易中受到制约。推动形成行业性约束和惩戒。通过行业协会制定行业自律规则并监督会员遵守。对违规的失信者，按照情节轻重，对机构会员和个人会员实行警告、行业内通报批评、公开谴责等惩戒措施。推动形成社会性约束和惩戒。完善社会舆论监督机制，加强对失信行为的披露和曝光，发挥群众评议讨论、批评报道等作用，通过社会的道德谴责，形成社会震慑力，约束社会成员的失信行为。 建立失信行为有奖举报制度。切实落实对举报人的奖励，保护举报人的合法权益。 建立多部门、跨地区信用联合奖惩机制。通过信用信息交换共享，实现多部门、跨地区信用奖惩联动，使守信者处处受益、失信者寸步难行。	国家发改委、商务部、海关总署、税务总局、质检总局
（四）加强日常监管检查	《社会信用体系建设规划纲要（2014—2020年）》 第五部分第一条　完善以奖惩制度为重点的社会信用体系运行机制 运行机制是保障社会信用体系各系统协调运行的制度基础。其中，守信激励和失信惩戒机制直接作用于各个社会主体信用行为，是社会信用体系运行的核心机制。（同第十一项的法律依据）	各市场监管、行业主管部门

续表

惩戒措施	法律及政策依据	实施单位
（五）供设立商业银行或分行、代表处以及参股、收购商业银行审批时审慎性参考；设立证券公司、基金管理公司、期货公司审批，私募投资基金管理人登记参考；供设立保险公司、保险资产管理公司、保险代理公司、保险经纪公司审批时参考，供保险公估机构备案参考；限制设立融资性担保公司；限制设立非银行支付机构；设立银行卡清算机构受理审批时参考；限制设立网络借贷信息中介机构	1.《国家发展改革委　人民银行　中央编办关于在行政管理事项中使用信用记录和信用报告的若干意见》（发改财金〔2013〕920 号） 第二条　切实发挥在行政管理事项中使用信用记录和信用报告的作用 各级政府、各相关部门应将相关市场主体所提供的信用记录或信用报告作为其实施行政管理的重要参考。对守信者，应探索实行优先办理、简化程序、“绿色通道”和重点支持等激励政策；对失信者，应结合失信类别和程度，严格落实失信惩戒制度。 对食品药品安全、环境保护、产品质量、医疗卫生、工程建设、教育科研、电子商务、股权投资、融资担保等关系到人民群众切身利益、经济健康发展和社会和谐稳定的重点领域，各级政府、各相关部门应率先推进在行政管理事项中使用相关市场主体的信用记录和信用报告。 第三条　探索完善在行政管理事项中使用信用记录和信用报告的制度规范 各级政府、各相关部门应结合地方和部门实际，在政府采购、招标投标、行政审批、市场准入、资质审核等行政管理事项中依法要求相关市场主体提供由第三方信用服务机构出具的信用记录或信用报告。 各级政府、各相关部门应根据履职需要，研究明确信用记录或信用报告的主要内容和运用规范。 第五条　不断健全全社会守信激励和失信惩戒的联动机制 各级政府、各相关部门要树立大局意识，把在行政管理事项中使用信用记录和信用报告工作纳入重要工作日程。要加强协同配合，推动形成信用记录和信用报告跨部门、跨区域应用的联动机制。要通过信用记录和信用报告在行政管理事项中的联合应用，逐步建立健全全社会守信激励和失信惩戒联动机制。 2.《中华人民共和国外资银行管理条例》 第九条　拟设外商独资银行、中外合资银行的股东或者拟设分行、代表处的外国银行应当具备下列条件： （一）具有持续盈利能力，信誉良好，无重大违法违规记录； （二）拟设外商独资银行的股东、中外合资银行的外方股东或者拟设分行、代表处的外国银行具有从事国际金融活动的经验； （三）具有有效的反洗钱制度；	人民银行、银监会、证监会、保监会、地方政府确定的融资性担保公司监管机构以及省级人民政府承担地方金融监管职责的部门

续表

惩戒措施	法律及政策依据	实施单位
（五）供设立商业银行或分行、代表处以及参股、收购商业银行审批时审慎性参考；设立证券公司、基金管理公司、期货公司审批，私募投资基金管理人登记参考；供设立保险公司、保险资产管理公司、保险代理公司、保险经纪公司审批时参考，供保险公估机构备案参考；限制设立融资性担保公司；限制设立非银行支付机构；设立银行卡清算机构受理审批时参考；限制设立网络借贷信息中介机构	（四）拟设外商独资银行的股东、中外合资银行的外方股东或者拟设分行、代表处的外国银行受到所在国家或者地区金融监管当局的有效监管，并且其申请经所在国家或者地区金融监管当局同意； （五）国务院银行业监督管理机构规定的其他审慎性条件。 拟设外商独资银行的股东、中外合资银行的外方股东或者拟设分行、代表处的外国银行所在国家或者地区应当具有完善的金融监督管理制度，并且其金融监管当局已经与国务院银行业监督管理机构建立良好的监督管理合作机制。 3.《证券法》 第一百二十四条　设立证券公司，应当具备下列条件： （一）有符合法律、行政法规规定的公司章程； （二）主要股东具有持续盈利能力，信誉良好，最近三年无重大违法违规记录，净资产不低于人民币2亿元； （三）有符合本法规定的注册资本； （四）董事、监事、高级管理人员具备任职资格，从业人员具有证券从业资格； （五）有完善的风险管理与内部控制制度； （六）有合格的经营场所和业务设施； （七）法律、行政法规规定的和经国务院批准的国务院证券监督管理机构规定的其他条件。 4.《中华人民共和国证券投资基金法》 第四条　从事证券投资基金活动，应当遵循自愿、公平、诚实信用的原则，不得损害国家利益和社会公共利益。 第十三条　设立管理公开募集基金的基金管理公司，应当具备下列条件，并经国务院证券监督管理机构批准： （一）有符合本法和《中华人民共和国公司法》规定的章程； （二）注册资本不低于1亿元人民币，且必须为实缴货币资本； （三）主要股东应当具有经营金融业务或者管理金融机构的良好业绩、良好的财务状况和社会信誉，资产规模达到国务院规定的标准，最近三年没有违法记录；	人民银行、银监会、证监会、保监会、地方政府确定的融资性担保公司监管机构以及省级人民政府承担地方金融监管职责的部门

续表

惩戒措施	法律及政策依据	实施单位
（五）供设立商业银行或分行、代表处以及参股、收购商业银行审批时审慎性参考；设立证券公司、基金管理公司、期货公司审批，私募投资基金管理人登记参考；供设立保险公司、保险资产管理公司、保险代理公司、保险经纪公司审批时参考，供保险公估机构备案参考；限制设立融资性担保公司；限制设立非银行支付机构；设立银行卡清算机构受理审批时参考；限制设立网络借贷信息中介机构	（四）取得基金从业资格的人员达到法定人数； （五）董事、监事、高级管理人员具备相应的任职条件； （六）有符合要求的营业场所、安全防范设施和与基金管理业务有关的其他设施； （七）有良好的内部治理结构、完善的内部稽核监控制度、风险控制制度； （八）法律、行政法规规定的和经国务院批准的国务院证券监督管理机构规定的其他条件。 5.《期货交易管理条例》 第十六条　申请设立期货公司，应当符合《中华人民共和国公司法》的规定，并具备下列条件： （一）注册资本最低限额为人民币 3 000 万元； （二）董事、监事、高级管理人员具备任职资格，从业人员具有期货从业资格； （三）有符合法律、行政法规规定的公司章程； （四）主要股东以及实际控制人具有持续盈利能力，信誉良好，最近三年无重大违法违规记录； （五）有合格的经营场所和业务设施； （六）有健全的风险管理和内部控制制度； （七）国务院期货监督管理机构规定的其他条件。 国务院期货监督管理机构根据审慎监管原则和各项业务的风险程度，可以提高注册资本最低限额。注册资本应当是实缴资本。股东应当以货币或者期货公司经营必需的非货币财产出资，货币出资比例不得低于85%。 国务院期货监督管理机构应当在受理期货公司设立申请之日起 6 个月内，根据审慎监管原则进行审查，作出批准或者不批准的决定。 未经国务院期货监督管理机构批准，任何单位和个人不得委托或者接受他人委托持有或者管理期货公司的股权。 6.《私募投资基金监督管理暂行办法》 第三条　从事私募基金业务，应当遵循自愿、公平、诚实信用原则，维护投资者合法权益，不得损害国家利益和社会公共利益。	人民银行、银监会、证监会、保监会、地方政府确定的融资性担保公司监管机构以及省级人民政府承担地方金融监管职责的部门

续表

惩戒措施	法律及政策依据	实施单位
（五）供设立商业银行或分行、代表处以及参股、收购商业银行审批时审慎性参考；设立证券公司、基金管理公司、期货公司审批，私募投资基金管理人登记参考；供设立保险公司、保险资产管理公司、保险代理公司、保险经纪公司审批时参考，供保险公估机构备案参考；限制设立融资性担保公司；限制设立非银行支付机构；设立银行卡清算机构受理审批时参考；限制设立网络借贷信息中介机构	7.《保险法》 第六十八条　设立保险公司应当具备下列条件： （一）主要股东具有持续盈利能力，信誉良好，最近三年内无重大违法违规记录，净资产不低于人民币2亿元； （二）有符合本法和《中华人民共和国公司法》规定的章程； （三）有符合本法规定的注册资本； （四）有具备任职专业知识和业务工作经验的董事、监事和高级管理人员； （五）有健全的组织机构和管理制度； （六）有符合要求的营业场所和与经营业务有关的其他设施； （七）法律、行政法规和国务院保险监督管理机构规定的其他条件。 8.《融资性担保公司管理暂行办法》 第三条　融资性担保公司应当以安全性、流动性、收益性为经营原则，建立市场化运作的可持续审慎经营模式。 融资性担保公司与企业、银行业金融机构等客户的业务往来，应当遵循诚实守信的原则，并遵守合同的约定。 第九条　设立融资性担保公司，应当具备下列条件： （一）有符合《中华人民共和国公司法》规定的章程； （二）有具备持续出资能力的股东； （三）有符合本办法规定的注册资本； （四）有符合任职资格的董事、监事、高级管理人员和合格的从业人员； （五）有健全的组织机构、内部控制和风险管理制度； （六）有符合要求的营业场所； （七）监管部门规定的其他审慎性条件。 董事、监事、高级管理人员和从业人员的资格管理办法由融资性担保业务监管部际联席会议另行制定。	人民银行、银监会、证监会、保监会、地方政府确定的融资性担保公司监管机构以及省级人民政府承担地方金融监管职责的部门

续表

惩戒措施	法律及政策依据	实施单位
（五）供设立商业银行或分行、代表处以及参股、收购商业银行审批时审慎性参考；设立证券公司、基金管理公司、期货公司审批，私募投资基金管理人登记参考；供设立保险公司、保险资产管理公司、保险代理公司、保险经纪公司审批时参考，供保险公估机构备案参考；限制设立融资性担保公司；限制设立非银行支付机构；设立银行卡清算机构受理审批时参考；限制设立网络借贷信息中介机构	9.《非金融机构支付服务管理办法》 第八条　《支付业务许可证》的申请人应当具备下列条件： （一）在中华人民共和国境内依法设立的有限责任公司或股份有限公司，且为非金融机构法人； （二）有符合本办法规定的注册资本最低限额； （三）有符合本办法规定的出资人； （四）有 5 名以上熟悉支付业务的高级管理人员； （五）有符合要求的反洗钱措施； （六）有符合要求的支付业务设施； （七）有健全的组织机构、内部控制制度和风险管理措施； （八）有符合要求的营业场所和安全保障措施； （九）申请人及其高级管理人员最近三年内未因利用支付业务实施违法犯罪活动或为违法犯罪活动办理支付业务等受过处罚。 第十条　申请人的主要出资人应当符合以下条件： （一）为依法设立的有限责任公司或股份有限公司； （二）截至申请日，连续为金融机构提供信息处理支持服务二年以上，或连续为电子商务活动提供信息处理支持服务二年以上； （三）截至申请日，连续盈利二年以上； （四）最近三年内未因利用支付业务实施违法犯罪活动或为违法犯罪活动办理支付业务等受过处罚。 10.《国务院关于实施银行卡清算机构准入管理的决定》 （一）申请成为银行卡清算机构的，应当为依据《中华人民共和国公司法》设立的企业法人，并符合以下条件： ①具有不低于 10 亿元人民币的注册资本。 ②至少具有符合规定条件的持股 20% 以上的单一主要出资人，或者符合规定条件的合计持股 25% 以上	人民银行、银监会、证监会、保监会、地方政府确定的融资性担保公司监管机构以及省级人民政府承担地方金融监管职责的部门

续表

惩戒措施	法律及政策依据	实施单位
（五）供设立商业银行或分行、代表处以及参股、收购商业银行审批时审慎性参考；设立证券公司、基金管理公司、期货公司审批，私募投资基金管理人登记参考；供设立保险公司、保险资产管理公司、保险代理公司、保险经纪公司审批时参考，供保险公估机构备案参考；限制设立融资性担保公司；限制设立非银行支付机构；设立银行卡清算机构受理审批时参考；限制设立网络借贷信息中介机构	的多个主要出资人，前述主要出资人申请前一年总资产不低于20亿元人民币或者净资产不低于5亿元人民币，且提出申请前应当连续从事银行、支付或者清算等业务5年以上，连续盈利三年以上，最近三年无重大违法违规记录；其他单一持股比例超过10%的出资人净资产不低于2亿元人民币，具有持续盈利能力、信誉良好，最近三年无重大违法违规记录。 11.《银行卡清算机构管理办法》 第十三条　申请人向中国人民银行提出银行卡清算机构筹备申请的，应当提交下列申请材料： （一）筹备申请书，载明公司的名称、住所、注册资本等； （二）企业法人营业执照复印件和公司章程，申请人为外商投资企业的，还应当提交外商投资企业批准证书复印件； （三）证明其资本实力符合要求的材料及相关证明； （四）真实、完整、公允的最近一年财务会计报告，设立时间不足一年的除外； （五）出资人出资决议，出资金额、方式及资金来源，以及出资人之间关联关系的说明； （六）主要出资人和其他单一持股比例超过10%的出资人的资质证明材料，包括但不限于营业执照、最近三年财务会计报告、无重大违法违规记录证明和从业经历证明等。	人民银行、银监会、证监会、保监会、地方政府确定的融资性担保公司监管机构以及省级人民政府承担地方金融监管职责的部门

续表

惩戒措施	法律及政策依据	实施单位
（六）限制发行企业债券及公司债券；从严审核在银行间市场发行债券；限制收购上市公司	1.《国家发展改革委关于推进企业债券市场发展、简化发行核准程序有关事项的通知》（发改财金〔2008〕7号） 第二条第七项　企业公开发行企业债券应符合下列条件： （一）股份有限公司的净资产不低于人民币3 000万元，有限责任公司和其他类型企业的净资产不低于人民币6 000万元。 （二）累计债券余额不超过企业净资产（不包括少数股东权益）的40%。 （三）最近三年可分配利润（净利润）足以支付企业债券一年的利息。 （四）筹集资金的投向符合国家产业政策和行业发展方向，所需相关手续齐全。用于固定资产投资项目的，应符合固定资产投资项目资本金制度的要求，原则上累计发行额不得超过该项目总投资的60%。用于收购产权（股权）的，比照该比例执行。用于调整债务结构的，不受该比例限制，但企业应提供银行同意以债还贷的证明；用于补充营运资金的，不超过发债总额的20%。 （五）债券的利率由企业根据市场情况确定，但不得超过国务院限定的利率水平。 （六）已发行的企业债券或者其他债务未处于违约或者延迟支付本息的状态。 （七）最近三年没有重大违法违规行为。 2.《上市公司收购管理办法》 第六条　任何人不得利用上市公司的收购损害被收购公司及其股东的合法权益。 有下列情形之一的，不得收购上市公司： （一）收购人负有数额较大债务，到期未清偿，且处于持续状态； （二）收购人最近三年有重大违法行为或者涉嫌有重大违法行为； （三）收购人最近三年有严重的证券市场失信行为； （四）收购人为自然人的，存在《公司法》第一百四十六条规定情形； （五）法律、行政法规规定以及中国证监会认定的不得收购上市公司的其他情形。 3.《公司债券发行与管理办法》	国家发改委、人民银行、中国证监会

续表

惩戒措施	法律及政策依据	实施单位
（六）限制发行企业债券及公司债券；从严审核在银行间市场发行债券；限制收购上市公司	第十七条　存在下列情形之一的，不得公开发行公司债券： （一）最近36个月内公司财务会计文件存在虚假记载，或公司存在其他重大违法行为； （四）严重损害投资者合法权益和社会公共利益的其他情形。 4.《全国银行间债券市场金融债券发行管理办法》 第七条　商业银行发行金融债券应具备以下条件： （一）具有良好的公司治理机制； （二）核心资本充足率不低于4%； （三）最近三年连续盈利； （四）贷款损失准备计提充足； （五）风险监管指标符合监管机构的有关规定； （六）最近三年没有重大违法、违规行为； （七）中国人民银行要求的其他条件。 根据商业银行的申请，中国人民银行可以豁免前款所规定的个别条件。 第八条　企业集团财务公司发行金融债券应具备以下条件： （一）具有良好的公司治理机制； （二）资本充足率不低于10%； （三）风险监管指标符合监管机构的有关规定； （四）最近三年没有重大违法、违规行为； （五）中国人民银行要求的其他条件。 第十一条　政策性银行发行金融债券应向中国人民银行报送下列文件： （一）金融债券发行申请报告； （二）发行人近三年经审计的财务报告及审计报告； （三）金融债券发行办法； （四）承销协议； （五）中国人民银行要求的其他文件。	国家发改委、人民银行、中国证监会
（七）在核准与管理相关外汇额度时作审慎性参考	《社会信用体系建设规划纲要（2014—2020年）》 第二部分第一条　发挥政府诚信建设示范作用。各级人民政府首先要加强自身诚信建设，以政府的诚信施政，带动全社会诚信意识的树立和诚信水平的提高。在行政许可、政府采购、招标投标、劳动就业、社会保障、科研管理、干部选拔任用和管理监督、申请政府资金支持等领域，率先使用信用信息和信用产品，培育信用服务市场发展。	外汇管理局

续表

惩戒措施	法律及政策依据	实施单位
（八）供金融机构融资授信时审慎性参考	1.《征信业管理条例》 第十三条　采集个人信息应当经信息主体本人同意，未经本人同意不得采集。但是，依照法律、行政法规规定公开的信息除外。企业的董事、监事、高级管理人员与其履行职务相关的信息，不作为个人信息。 2.《贷款通则》 第十七条　借款人申请贷款，应当具备产品有市场、生产经营有效益、不挤占挪用信贷资金、恪守信用等基本条件，并且应当符合以下要求： （一）有按期还本付息的能力，原应付贷款利息和到期贷款已清偿；没有清偿的，已经做了贷款人认可的偿还计划。 （二）除自然人和不需要经工商部门核准登记的事业法人外，应当经过工商部门办理年检手续。 （三）已开立基本账户或一般存款账户。 （四）除国务院规定外，有限责任公司和股份有限公司对外股本权益性投资累计额未超过其净资产总额的50%。 （五）借款人的资产负债率符合贷款人的要求。 （六）申请中期、长期贷款的，新建项目的企业法人所有者权益与项目所需总投资的比例不低于国家规定的投资项目的资本金比例。 第二十二条　贷款人的权利 根据贷款条件和贷款程序自主审查和决定贷款，除国务院批准的特定贷款外，有权拒绝任何单位和个人强令其发放贷款或者提供担保。 （一）要求借款人提供与借款有关的资料； （二）根据借款人的条件，决定贷与不贷、贷款金额、期限和利率等； （三）了解借款人的生产经营活动和财务活动； （四）依合同约定从借款人账户上划收贷款本金和利息； （五）借款人未能履行借款合同规定义务的，贷款人有权依合同约定要求借款人提前归还贷款或停止支付借款人尚未使用的贷款；	人民银行、中国银监会

续表

惩戒措施	法律及政策依据	实施单位
（八）供金融机构融资授信时审慎性参考	（六）在贷款将受或已受损失时，可依据合同规定，采取使贷款免受损失的措施。 3.《社会信用体系建设规划纲要（2014—2020 年）》 第二部分第一条　发挥政府诚信建设示范作用。各级人民政府首先要加强自身诚信建设，以政府的诚信施政，带动全社会诚信意识的树立和诚信水平的提高。在行政许可、政府采购、招标投标、劳动就业、社会保障、科研管理、干部选拔任用和管理监督、申请政府资金支持等领域，率先使用信用信息和信用产品，培育信用服务市场发展。 4.《关于建立和完善执行联动机制若干问题的意见》 第十四条　银行业监管部门应当监督银行业金融机构积极协助人民法院查询被执行人的开户、存款情况，依法及时办理存款的冻结、轮候冻结和扣划等事宜。对金融机构拒不履行生效法律文书、拒不协助人民法院执行的行为，依法追究有关人员的责任。制定金融机构对被执行人申请贷款进行必要限制的规定，要求金融机构发放贷款时应当查询企业和个人信用信息基础数据库，并将被执行人履行生效法律文书确定义务的情况作为审批贷款时的考量因素。对拒不履行生效法律文书义务的被执行人，涉及金融债权的，可以采取不开新户、不发放新贷款、不办理对外支付等制裁措施。 5.《国务院关于促进市场公平竞争维护市场正常秩序的若干意见》 四（十五）　建立健全守信激励和失信惩戒机制。将市场主体的信用信息作为实施行政管理的重要参考。根据市场主体信用状况实行分类分级、动态监管，建立健全经营异常名录制度，对违背市场竞争原则和侵犯消费者、劳动者合法权益的市场主体建立“黑名单”制度。（工商总局牵头负责）对守信主体予以支持和激励，对失信主体在经营、投融资、取得政府供应土地、进出口、出入境、注册新公司、工程招投标、政府采购、获得荣誉、安全许可、生产许可、从业任职资格、资质审核等方面依法予以限制或禁止，对严重违法失信主体实行市场禁入制度。（各相关市场监管部门按职责分工分别负责）	人民银行、中国银监会

续表

惩戒措施	法律及政策依据	实施单位
（九）中止境内国有控股上市公司股权激励计划或终止股权激励对象行权资格	《国有控股上市公司（境内）实施股权激励试行办法》 第三十四条 国有控股股东应依法行使股东权利，要求上市公司在发生以下情形之一时，中止实施股权激励计划，自发生之日起一年内不得向激励对象授予新的股权，激励对象也不得根据股权激励计划行使权利或获得收益： （一）企业年度绩效考核达不到股权激励计划规定的绩效考核标准； （二）国有资产监督管理机构或部门、监事会或审计部门对上市公司业绩或年度财务会计报告提出重大异议； （三）发生重大违规行为，受到证券监管及其他有关部门处罚。 第三十五条 股权激励对象有以下情形之一的，上市公司国有控股股东应依法行使股东权利，提出终止授予新的股权并取消其行权资格： （一）违反国家有关法律法规、上市公司章程规定的； （二）任职期间，由于受贿索贿、贪污盗窃、泄露上市公司经营和技术秘密、实施关联交易损害上市公司利益、声誉和对上市公司形象有重大负面影响等违法违纪行为，给上市公司造成损失的。	国资委、财政部
（十）限制担任国有企业法定代表人、董事、监事、高级管理人员	《中华人民共和国企业国有资产法》 第二十三条 履行出资人职责的机构任命或者建议任命的董事、监事、高级管理人员，应当具备下列条件： （一）有良好的品行； （二）有符合职位要求的专业知识和工作能力； （三）有能够正常履行职责的身体条件； （四）法律、行政法规规定的其他条件。 董事、监事、高级管理人员在任职期间出现不符合前款规定情形或者出现《中华人民共和国公司法》规定的不得担任公司董事、监事、高级管理人员情形的，履行出资人职责的机构应当依法予以免职或者提出免职建议。	国资委、财政部、工商总局以及各地方人民政府结合自身职能，依法依规实施

续表

惩戒措施	法律及政策依据	实施单位
（十一）限制任职融资性担保公司或金融机构的董事、监事、高级管理人员；限制任职证券公司、基金管理公司、期货公司的董事、监事和高级管理人员，对其证券、基金、期货从业资格申请予以从严审核，对已成为证券、基金、期货从业人员的相关主体予以重点关注；限制任职保险代理公司、保险经纪公司、保险公估公司的董事长、	1.《融资性担保公司董事、监事、高级管理人员任职资格管理暂行办法》 第五条　融资性担保公司董事、监事、高级管理人员应当具备以下条件： （一）具有完全民事行为能力； （二）遵纪守法，诚实守信，勤勉尽职，具有良好的职业操守、品行和声誉； （三）熟悉经济、金融、担保的法律法规，具有良好的合规意识和审慎经营意识； （四）具备与拟任职务相适应的知识、经验和能力。 第六条　下列人员不得担任融资性担保公司董事、监事、高级管理人员： （一）有故意或重大过失犯罪记录的； （二）因违反职业操守或者工作严重失职给所任职的机构造成重大损失或者恶劣影响的； （三）最近五年担任因违法经营而被撤销、接管、合并、宣告破产或者吊销营业执照的机构的董事、监事、高级管理人员，并负有个人责任的； （四）曾在履行工作职责时有提供虚假信息等违反诚信原则行为，或指使、参与所任职机构对抗依法监管或案件查处，情节严重的； （五）被取消董事、监事、高级管理人员任职资格或禁止从事担保或金融行业工作的年限未满的； （六）提交虚假申请材料或明知不具备本办法规定的任职资格条件，采用欺骗、贿赂等不正当手段获得任职资格核准的； （七）个人或配偶有数额较大的到期未偿还债务的； （八）法律、法规规定的其他情形。 2.《银行业金融机构董事（理事）和高级管理人员任职资格管理办法》 第二条　本办法所称银行业金融机构（以下简称金融机构），是指在中华人民共和国境内设立的商业银行、农村合作银行、村镇银行、农村信用合作社、农村信用合作联社、外国银行分行等吸收公众存款的金融机构以及政策性银行。 在中华人民共和国境内设立的金融资产管理公司、信托公司、企业集团财务公司、金融租赁公司、汽	由人民银行、中国银监会、国家发改委、中国证监会、中国保监会、工信部、财政部、工商总局和地方政府确定的融资性担保公司监管机构等具有金融机构任职资格核准职能的部门结合自身法定职能，依法依规实施

续表

惩戒措施	法律及政策依据	实施单位
执行董事、高级管理人员；限制任职私募基金管理人的法定代表人、董事长、执行董事、总经理和执行事务合伙人以及其他高级管理人员的参考；限制任职非银行支付机构的董事、监事、高级管理人员；限制任职银行卡清算机构的董事、高级管理人员的参考	车金融公司、货币经纪公司、消费金融公司、贷款公司、农村信用合作社联合社、省（自治区）农村信用社联合社、农村资金互助社、外资金融机构驻华代表机构以及经监管机构批准设立的其他金融机构的董事（理事）和高级管理人员的任职资格管理，适用本办法。 第三条　本办法所称高级管理人员，是指金融机构总部及分支机构管理层中对该机构经营管理、风险控制有决策权或重要影响力的各类人员。 第九条　金融机构拟任、现任董事（理事）和高级管理人员出现下列情形之一的，视为不符合本办法第八条第（二）项、第（三）项、第（五）项规定之条件： （一）有故意或重大过失犯罪记录的； （二）有违反社会公德的不良行为，造成恶劣影响的； （三）对曾任职机构违法违规经营活动或重大损失负有个人责任或直接领导责任，情节严重的； （四）担任或曾任被接管、撤销、宣告破产或吊销营业执照机构的董事（理事）或高级管理人员的，但能够证明本人对曾任职机构被接管、撤销、宣告破产或吊销营业执照不负有个人责任的除外； （五）因违反职业道德、操守或者工作严重失职，造成重大损失或者恶劣影响的； （六）指使、参与所任职机构不配合依法监管或案件查处的； （七）被取消终身的董事（理事）和高级管理人员任职资格，或受到监管机构或其他金融管理部门处罚累计达到两次以上的； （八）有本办法规定的不具备任职资格条件的情形，采用不正当手段获得任职资格核准的。 3.《证券公司董事、监事和高级管理人员任职资格监管办法》 第八条　取得证券公司董事、监事、高管人员和分支机构负责人任职资格，应当具备以下基本条件： （一）正直诚实，品行良好。 4.《证券投资基金行业高级管理人员任职管理办法》 第四条　高级管理人员应当遵守法律、行政法规和中国证监会的规定，遵守公司章程和行业规范，恪守诚信，审慎勤勉，忠实尽责，维护基金份额持有人的合法权益。	由人民银行、中国银监会、国家发改委、中国证监会、中国保监会、工信部、财政部、工商总局和地方政府确定的融资性担保公司监管机构等具有金融机构任职资格核准职能的部门结合自身法定职能，依法依规实施

续表

惩戒措施	法律及政策依据	实施单位
（十一）限制任职融资性担保公司或金融机构的董事、监事、高级管理人员；限制任职证券公司、基金管理公司、期货公司的董事、监事和高级管理人员，对其证券、基金、期货从业资格申请予以从严审核，对已成为证券、基金、期货从业人员的相关主体予以重点关注；限制任职保险代理公司、保险经纪公司、保险公估公司的董事长、执行董事、高级管理人员；限制任职私募基金	5.《期货公司董事、监事和高级管理人员任职资格管理办法》 第六条　申请期货公司董事、监事和高级管理人员的任职资格，应当具有诚实守信的品质、良好的职业道德和履行职责所必需的经营管理能力。 6.《保险公司董事、监事和高级管理人员任职资格管理规定》 第七条　保险机构董事、监事和高级管理人员应当具有诚实信用的品行、良好的合规经营意识和履行职务必需的经营管理能力。 7.《非金融机构支付服务管理办法》 第八条　《支付业务许可证》的申请人应当具备下列条件： （一）在中华人民共和国境内依法设立的有限责任公司或股份有限公司，且为非金融机构法人； （二）有符合本办法规定的注册资本最低限额； （三）有符合本办法规定的出资人； （四）有 5 名以上熟悉支付业务的高级管理人员； （五）有符合要求的反洗钱措施； （六）有符合要求的支付业务设施； （七）有健全的组织机构、内部控制制度和风险管理措施； （八）有符合要求的营业场所和安全保障措施； （九）申请人及其高级管理人员最近三年内未因利用支付业务实施违法犯罪活动或为违法犯罪活动办理支付业务等受过处罚。 8.《银行卡清算机构管理办法》 第十二条　银行卡清算机构 50% 以上的董事（含董事长、副董事长）和全部高级管理人员应当具备相应的任职专业知识，5 年以上银行、支付或者清算的从业经验和良好的品行、声誉，以及担任职务所需的独立性。	由人民银行、中国银监会、国家发改委、中国证监会、中国保监会、工信部、财政部、工商总局和地方政府确定的融资性担保公司监管机构等具有金融机构任职资格核准职能的部门结合自身法定职能，依法依规实施

续表

惩戒措施	法律及政策依据	实施单位
管理人的法定代表人、董事长、执行董事、总经理和执行事务合伙人以及其他高级管理人员的参考；限制任职非银行支付机构的董事、监事、高级管理人员；限制任职银行卡清算机构的董事、高级管理人员的参考	除《中华人民共和国公司法》规定的情形外，有以下情形之一的，不得担任银行卡清算机构的董事、高级管理人员： （一）有重大过失或犯罪记录的； （二）因违法行为或者违纪行为被金融监管机构取消任职资格的董事、监事、高级管理人员，自被取消任职资格之日起未逾5年的； （三）曾经担任被金融监管机构行政处罚单位的董事、监事或者高级管理人员，并对被行政处罚负有个人责任或者直接领导责任，自执行期满未逾2年的。 第十七条　申请人应当在筹备期届满前向中国人民银行提出开业申请，提交下列申请材料： （一）开业申请书，载明公司的名称、住所、注册资本及营运资金等； （二）银行卡清算业务标准体系和业务规则的具体内容及详细说明； （三）银行卡清算业务基础设施架构报告、建设报告、业务连续性计划及应急预案； （四）银行卡清算业务基础设施标准符合和技术安全证明材料； （五）拟任董事和高级管理人员的任职资格申请材料，包括但不限于履历说明及学历、技术职称、具备担任职务所需的独立性说明，无犯罪记录和未受处罚等相关证明材料。	由人民银行、中国银监会、国家发改委、中国证监会、中国保监会、工信部、财政部、工商总局和地方政府确定的融资性担保公司监管机构等具有金融机构任职资格核准职能的部门结合自身法定职能，依法依规实施
（十二）限制登记为事业单位法定代表人	1.《中央编办关于批转〈事业单位、社会团体及企业等组织利用国有资产举办事业单位设立登记办法（试行）〉的通知》（中央编办发〔2015〕132号） 第四条　登记事项要求：（四）法定代表人。应当是具有完全民事行为能力的中国公民，且为该单位主要行政负责人，年龄一般不超过70周岁，无不良信用记录。担任过其他机构法定代表人的，在任职期间，该机构无不良信用记录。 党政机关领导干部在职或退休后拟担任法定代表人的，应当符合干部管理有关规定。 2.《事业单位登记管理暂行条例实施细则》（中央编办发〔2014〕4号） 第三十一条　事业单位法定代表人应当具备下列条件： （一）具有完全民事行为能力的自然人； （二）该事业单位的主要行政负责人；违反法律、法规和政策规定产生的事业单位主要行政负责人，不得担任事业单位法定代表人。	中央编办

续表

惩戒措施	法律及政策依据	实施单位
（十三）限制招录（聘）为公务员或事业单位工作人员	1.《中华人民共和国公务员法》 第十二条　公务员应当履行下列义务： （一）模范遵守宪法和法律； （二）按照规定的权限和程序认真履行职责，努力提高工作效率； （三）全心全意为人民服务，接受人民监督； （四）维护国家的安全、荣誉和利益； （五）忠于职守，勤勉尽责，服从和执行上级依法作出的决定和命令； （六）保守国家秘密和工作秘密； （七）遵守纪律，恪守职业道德，模范遵守社会公德； （八）清正廉洁，公道正派； （九）法律规定的其他义务。 第二十一条　录用担任主任科员以下及其相当职务层次的非领导职务公务员，采用公开考试、严格考察、平等竞争、择优录取的办法。 第二十四条　下列人员不得录用为公务员： （一）曾因犯罪受过刑事处罚的； （二）曾被开除公职的； （三）有法律规定不得录用为公务员的其他情形的。 第三十三条　对公务员的考核，按照管理权限，全面考核公务员的德、能、勤、绩、廉，重点考核工作实绩。 第五十三条　公务员必须遵守纪律，不得有下列行为： （六）弄虚作假，误导、欺骗领导和公众； （九）滥用职权，侵害公民、法人或者其他组织的合法权益； （十三）违反职业道德、社会公德； （十四）从事或者参与营利性活动，在企业或者其他营利性组织中兼任职务； （十六）违反纪律的其他行为。 2.《关于建立和完善执行联动机制若干问题的意见》 第一条　纪检监察机关对人民法院移送的在执行工作中发现的党员、行政监察对象妨碍人民法院执行工作和违反规定干预人民法院执行工作的违法违纪线索，应当及时组织核查；必要时，应当立案调查。对于党员、行政监察对象妨碍人民法院执行工作或者违反规定干预人民法院执行工作，以及拒不履行生效法律文书确定义务的，应当依法依纪追究党纪政纪责任。 第二条　组织人事部门应当通过群众信访举报、干部考察考核等多种途径，及时了解和掌握党员、公务员拒不履行生效法律文书以及非法干预、妨害执行等情况，对有上述问题的党员、公务员，通过诫勉谈话、函询等形式，督促其及时改正。对拒不履行生效法律文书、非法干预或妨碍执行的党员、公务员，按照《中国共产党纪律处分条例》和《行政机关公务员处分条例》等有关规定处理。	中组部、人力资源和社会保障部、公务员局等有关部门

续表

惩戒措施	法律及政策依据	实施单位
（十四）禁止参评文明单位、道德模范	《社会信用体系建设规划纲要（2014—2020年）》 第五部分第一条　完善以奖惩制度为重点的社会信用体系运行机制 运行机制是保障社会信用体系各系统协调运行的制度基础。其中，守信激励和失信惩戒机制直接作用于各个社会主体信用行为，是社会信用体系运行的核心机制。（同第十一条的依据）	中央宣传部、中央文明办
（十五）限制在检验检测认证行业执业	《社会信用体系建设规划纲要（2014—2020年）》 第二部分第一条　发挥政府诚信建设示范作用。各级人民政府首先要加强自身诚信建设，以政府的诚信施政，带动全社会诚信意识的树立和诚信水平的提高。在行政许可、政府采购、招标投标、劳动就业、社会保障、科研管理、干部选拔任用和管理监督、申请政府资金支持等领域，率先使用信用信息和信用产品，培育信用服务市场发展。 《社会信用体系建设规划纲要（2014—2020年）》 第二部分第二条　中介服务业信用建设。建立完善中介服务机构及其从业人员的信用记录和披露制度，并作为市场行政执法部门实施信用分类管理的重要依据。重点加强公证仲裁类、律师类、会计类、担保类、鉴证类、检验检测类、评估类、认证类、代理类、经纪类、执业介绍类、咨询类、交易类等机构信用分类管理，探索建立科学合理的评估指标体系、评估制度和工作机制。 《认证机构管理办法》 第二十一条　认证机构不得聘任或者使用国家法律法规禁止从事认证活动的人员。	国家认监委
（十六）限制取得检验检测认证机构资质，限制获得检验检测认证证书	《国务院关于促进市场公平竞争维护市场正常秩序的若干意见》 （十五）建立健全守信激励和失信惩戒机制。对失信主体在经营、投融资、取得政府供应土地、进出口、出入境、注册新公司、工程招投标、政府采购、获得荣誉、安全许可、生产许可、从业任职资格、资质审核等方面依法予以限制或禁止，对严重违法失信主体实行市场禁入制度。	国家认监委

续表

惩戒措施	法律及政策依据	实施单位
（十七）通过“信用中国”网站和企业信用信息公示系统向社会公布	1.《国务院办公厅关于运用大数据加强对市场主体服务和监管的若干意见》 第十九条　大力推进市场主体信息公示。严格执行《企业信息公示暂行条例》，加快实施经营异常名录制度和严重违法失信企业名单制度。建设国家企业信用信息公示系统，依法对企业注册登记、行政许可、行政处罚等基本信用信息以及企业年度报告、经营异常名录和严重违法失信企业名单进行公示，提高市场透明度，并与国家统一的信用信息共享交换平台实现有机对接和信息共享。支持探索开展社会化的信用信息公示服务。建设“信用中国”网站，归集整合各地区、各部门掌握的应向社会公开的信用信息，实现信用信息一站式查询，方便社会了解市场主体信用状况。各级政府及其部门网站要与“信用中国”网站连接，并将本单位政务公开信息和相关市场主体违法违规信息在“信用中国”网站公开。 2.《企业信息公示暂行条例》 第七条　工商行政管理部门以外的其他政府部门（以下简称其他政府部门）应当公示其在履行职责过程中产生的下列企业信息： （一）行政许可准予、变更、延续信息； （二）行政处罚信息； （三）其他依法应当公示的信息。 其他政府部门可以通过企业信用信息公示系统，也可以通过其他系统公示前款规定的企业信息。工商行政管理部门和其他政府部门应当按照国家社会信用信息平台建设的总体要求，实现企业信息的互联共享。	国家发改委、工商总局
（十八）通过主要新闻网站向社会公布	1.《中华人民共和国政府信息公开条例》 第九条　行政机关对符合下列基本要求之一的政府信息应当主动公开： （一）涉及公民、法人或者其他组织切身利益的； （二）需要社会公众广泛知晓或者参与的； （三）反映本行政机关机构设置、职能、办事程序等情况的； （四）其他依照法律、法规和国家有关规定应当主动公开的。	中央网信办

续表

惩戒措施	法律及政策依据	实施单位
（十八）通过主要新闻网站向社会公布	2.《互联网新闻信息服务管理规定》 第三条　互联网新闻信息服务单位从事互联网新闻信息服务，应当遵守宪法、法律和法规，坚持为人民服务、为社会主义服务的方向，坚持正确的舆论导向，维护国家利益和公共利益。 国家鼓励互联网新闻信息服务单位传播有益于提高民族素质、推动经济发展、促进社会进步的健康、文明的新闻信息。 3.《证券期货市场诚信监督管理暂行办法》 第十四条　中国证监会、国务院其他主管部门等其他省部级及以上单位和证券期货交易所、证券期货市场行业协会、证券登记结算机构等全国性证券期货市场行业组织（以下简称证券期货市场行业组织）作出的表彰、奖励、评比，以及信用评级机构作出的信用评级，中国证监会及其派出机构作出的行政许可决定，发行人、上市公司及其主要股东、实际控制人、董监高以及高级管理人员等作出的公开承诺的履行情况，中国证监会及其派出机构作出的行政处罚、市场禁入决定、监督管理措施，证券期货市场行业组织实施的纪律处分措施和法律、行政法规、规章规定的管理措施，依法向社会公开。 中国证监会在中国证监会网站建立资本市场违法失信信息公开查询平台，社会公众可通过该平台查询中国证监会及其派出机构作出的行政处罚、市场禁入决定、监督管理措施和证券期货市场行业组织实施的纪律处分措施以及法律、行政法规、规章规定的管理措施等违法失信信息。 4.《关于建立和完善执行联动机制若干问题的意见》 第三条　新闻宣传部门应当加强对人民法院执行工作的宣传，教育引导社会各界树立诚信意识，形成自觉履行生效法律文书确定的义务、依法协助人民法院执行的良好风尚；把握正确的舆论导向，增强市场主体的风险意识。配合人民法院建立被执行人公示制度，及时将人民法院委托公布的被执行人名单以及其他干扰、阻碍执行的行为予以曝光。	中央网信办

印发《关于对保险领域违法失信相关责任主体实施联合惩戒的合作备忘录》的通知

发改财金〔2017〕1579号

各省、自治区、直辖市和新疆生产建设兵团有关部门、机构：

为全面贯彻党的十八大和十八届三中、四中、五中、六中全会精神，落实《国务院关于促进市场公平竞争维护市场正常秩序的若干意见》（国发〔2014〕20号）、《国务院关于加快发展现代保险服务业的若干意见》（国发〔2014〕29号）、《国务院关于印发社会信用体系建设规划纲要（2014—2020年）的通知》（国发〔2014〕21号）和《国务院关于建立完善守信联合激励和失信联合惩戒制度加快推进社会诚信建设的指导意见》（国发〔2016〕33号）等文件要求，加快推进保险领域信用体系建设，推动形成褒扬诚信、惩戒失信的强大合力。国家发展改革委、人民银行、保监会、中央组织部、中央编办、中央文明办、中央网信办、最高人民法院、工业和信息化部、公安部、财政部、人力资源社会保障部、国土资源部、环境保护部、住房城乡建设部、交通运输部、水利部、商务部、国资委、海关总署、税务总局、工商总局、质检总局、食品药品监管总局、银监会、证监会、公务员局、民航局、外汇局、共青团中央、中国铁路总公司联合签署了《关于对保险领域违法失信相关责任主体实施联合惩戒的合作备忘录》。现印发给你们，请认真贯彻执行。

附件：关于对保险领域违法失信相关责任主体实施联合惩戒的合作备忘录（电子版详见光盘）

二〇一七年八月二十八日

附件：

关于对保险领域违法失信相关责任主体实施联合惩戒的合作备忘录

为全面贯彻党的十八大和十八届三中、四中、五中、六中全会精神，落实《国务院关于促进市场公平竞争维护市场正常秩序的若干意见》（国发〔2014〕20号）、《国务院关于加快发展现代保险服务业的若干意见》（国发〔2014〕29号）、《国务院关于印发社会信用体系建设规划纲要（2014—2020年）的通知》（国发〔2014〕21号）和《国务院关于建立完善守信联合激励和失信联合惩戒制度加快推进社会诚信建设的指导意见》（国发〔2016〕33号）等文件要求，加快推进保险领域信用体系建设，推动形成褒扬诚信、惩戒失信的强大合力。国家发展改革委、人民银行、保监会、中央组织部、中央编办、中央文明办、中央网信办、最高人民法院、工业和信息化部、公安部、财政部、人力资源社会保障部、国土资源部、环境保护部、住房城乡建设部、交通运输部、水利部、商务部、国资委、海关总署、税务总局、工商总局、质检总局、食品药品监管总局、银监会、证监会、公务员局、民航局、外汇局、共青团中央、中国铁路总公司等部门就针对保险领域违法失信相关责任主体实施联合惩戒工作达成如下一致意见：

一、联合惩戒对象

联合惩戒对象为保险监督管理部门依法认定的存在严重违法失信行为的各类保险机构、保险从业人员以及与保险市场活动相关的其他机构和人员（以下简称"保险领域违法失信当事人"）。

二、联合惩戒措施

（一）限制取得认证机构资质，限制获得认证证书对保险领域违法失信当事人，限制其取得认证机构资质，限制获得认证证书。

（二）设立证券公司、基金管理公司、期货公司、融资性担保公司、小额贷款公司等审批参考

对保险领域违法失信当事人，将其违法失信记录作为申请设立融资性担保公司、小额贷款公司的依据或参考，以及作为在审批证券公司、基金管理公司和期货公司的设立及变更持有5%以上股权的股东、实际控制人，私募投资基金管理人登记、重大事项变更以及基金备案时的重要参考。

（三）设立商业银行或分行、代表处审批参考

对保险领域违法失信当事人，将其违法失信记录作为申请设立商业银行或分行、代表处的审批参考。

（四）申请发行企业债券及公司债券，在银行间市场发行债券审批参考

对保险领域违法失信当事人，将其违法失信记录作为申请发行企业债券及公司债券，在银行间市场发行债券的重要参考。

（五）股票发行审核及在全国中小企业股份转让系统公开转让审核重要参考

对保险领域违法失信当事人，将其违法失信行为作为股票发行审核及在全国中小企业股份转让系统公开转让审核的重要参考。

（六）境内上市公司实行股权激励计划或相关人员成为股权激励对象事中事后监管重要参考

对保险领域违法失信当事人，将其违法失信记录作为境内上市公司实行股权激励计划或相关人员成为股权激励对象事中事后监管的重要参考。

（七）上市公司或者非上市公众公司收购事中事后监管中予以重点关注

在上市公司或者非上市公众公司收购事中事后监管对有严重失信行为的责任主体予以重点关注。

（八）限制部分消费行为

对人民法院纳入失信被执行人名单的保险领域违法失信当事人，依法限制新建、扩建、高档装修房屋，购买非经营必需车辆等非生活和工作必需的消费行为；乘坐飞机、乘坐列车软卧、G字头动车组全部座位和其他动车组一等以上座位等《最高人民法院关于限制被执行人高消费及有关消费的若干规定》中的相关消费行为。

（九）申请从事互联网信息服务审批参考

对保险领域违法失信当事人，将其违法失信记录作为申请从事互联网信息服务的审批参考。

（十）金融机构融资授信参考

对保险领域违法失信当事人，将其违法失信记录作为其评级授信、信贷融资、管理和退出等的重要参考。

（十一）依法限制参加政府采购活动

对保险领域违法失信当事人，依法限制其作为供应商参加政府采购活动。

（十二）限制获取政府补贴性资金和社会保障资金支持

对保险领域违法失信当事人，限制其申请政府补贴性资金和社会保障资金支持。

（十三）作为选择参与政府和社会资本合作项目的参考

将保险领域违法失信当事人相关失信信息作为选择参与政府和社会资本合作项目的参考。

（十四）加强日常监管检查

对保险领域违法失信当事人，相关单位可在市场监管、现场检查等工作中予以参考。

（十五）担任国有企业法定代表人、董事、监事参考

保险领域违法失信当事人为自然人的，将其违法失信记录作为被聘任为国有独资公司董事、监事及国有资本控股或参股公司董事、监事及国有企业高级管理人员的重要参考。

（十六）限制登记为事业单位法定代表人

保险领域违法失信当事人为自然人的，限制登记为事业单位法定代表人。

（十七）依法限制担任金融机构董事、监事、高级管理人员

保险领域违法失信当事人为自然人的，依法限制其担任银行业金融机构、保险公司、保险资产管理公司、融资性担保公司等的董事、监事、高级管理人员，将其违法失信记录作为担任证券公司、基金管理公司、期货公司的董事、监事和高级管理人员及分支机构负责人备案的参考。

（十八）招录（聘）为公务员或事业单位工作人员参考

保险领域违法失信当事人为自然人的，将其违法失信记录作为其被招录（聘）为公务员或事业单位工作人员的重要参考。

（十九）限制获得荣誉称号

对保险领域违法失信当事人，限制其参与评先、评优或取得各类荣誉称号；已获得相关荣誉称号的予以撤销。

（二十）供纳税信用管理时审慎性参考

在对保险领域违法失信当事人纳税信用管理中，将其失信状况作为信用信息采集和评价的审慎性参考依据。

（二十一）供外汇业务审批与管理时审慎性参考

将保险领域违法失信当事人相关失信信息作为保险外汇业务审批、合格境外机构投资者与合格境内机构投资者额度审批和管理的审慎性参考。

（二十二）限制享受优惠性政策认定参考

将保险领域违法失信当事人相关失信信息作为相关机构及其法定代表人、实际控制人、董事、监事、高级管理人员限制享受优惠性政策的参考。

（二十三）依法限制成为海关认证企业

对保险领域违法失信当事人申请海关认证企业管理的，不予通过认证；对已经成为认证企业的，按照规定下调企业信用等级。

（二十四）加大进出口货物监管力度

保险领域违法失信当事人办理通关等海关业务时，对其进出口货物实施严密监管，加强单证审核、布控查验或后续稽查。

（二十五）依法限制取得政府供应土地参考

将保险领域违法失信当事人相关失信信息作为限制取得政府供应土地的参考。

（二十六）依法限制参与政府投资工程建设项目投标活动参考

将保险领域违法失信当事人相关失信信息作为限制申请参与政府投资工程建设项目投标活动的参考。

（二十七）依法限制受让收费公路权益参考

将保险领域违法失信当事人相关失信信息作为限制受让收费公路权益的参考。

（二十八）通过“信用中国”网站、国家企业信用信息公示系统及其他主要新闻网站向社会公布将保险领域违法失信当事人信息通过“信用中国”网站、国家企业信用信息公示系统予以发布，同时协调相关互联网新闻信息服务单位向社会公布。

三、信息共享与联合惩戒的实施方式

中国保监会通过全国信用信息共享平台向签署本备忘录的其他部门和单位提供保险领域违法失信当事人信息并按照有关规定动态更新。其他部门和单位从全国信用信息共享平台联合奖惩子系统获取保险领域违法失信当事人信息，将其作为依法履职的重要参考，按照本备忘录约定内容，依法依规对保险领域违法失信当事人实施惩戒，逐步建立惩戒效果定期通报机制，有条件的部门定期将联合惩戒实施情况通过全国信用信息共享平台反馈至国家发展改革委和中国保监会。

四、共享信息的持续管理

中国保监会在向各单位提供保险领域违法失信当事人的违法失信信息时，应注明决定做出的日期及效力期限，有关单位根据各自的法定职责，按照法律法规和相关规定实施惩戒或解除惩戒。超过效力期限的，不再实施联合惩戒。

保险领域违法失信当事人在规定期限内主动纠正违法失信行为，消除不良影响的，可根据法律法规和相关规定不再对其实施联合惩戒。中国保监会应及时将有关信息提供各单位，各单位在做出解除惩戒的决定后，应及时将相关情况反馈至国家发展改革委和中国保监会。

五、其他事宜

各单位应密切协作，积极落实本备忘录，制定违法失信信息的使用、管理、监督等相关实施细则和操作流程，并指导下级单位依法依职权落实对保险领域违法失信当事人的惩戒措施。实施过程中涉及的具体操作问题，由各部门另行协商解决。

附录：

惩戒措施	法律及政策依据	实施单位
（一）限制取得认证机构资质，限制获得认证证书	1.《国务院关于印发社会信用体系建设规划纲要（2014—2020年）的通知》（国发〔2014〕21号） 二、推进重点领域诚信建设 （一）加快推进政务诚信建设 发挥政府诚信建设示范作用。各级人民政府首先要加强自身诚信建设，以政府的诚信施政，带动全社会诚信意识的树立和诚信水平的提高。在行政许可、政府采购、招标投标、劳动就业、社会保障、科研管理、干部选拔任用和管理监督、申请政府资金支持等领域，率先使用信用信息和信用产品，培育信用服务市场发展。 （二）深入推进商务诚信建设 中介服务业信用建设。建立完善中介服务机构及其从业人员的信用记录和披露制度，并作为市场行政执法部门实施信用分类管理的重要依据。重点加强公证仲裁类、律师类、会计类、担保类、鉴证类、检验检测类、评估类、认证类、代理类、经纪类、职业介绍类、咨询类、交易类等机构信用分类管理，探索建立科学合理的评估指标体系、评估制度和工作机制。 2.《国务院关于促进市场公平竞争维护市场正常秩序的若干意见》（国发〔2014〕20号） 四、夯实监管信用基础 （十五）建立健全守信激励和失信惩戒机制。将市场主体的信用信息作为实施行政管理的重要参考。根据市场主体信用状况实行分类分级、动态监管，建立健全经营异常名录制度，对违背市场竞争原则和侵犯消费者、劳动者合法权益的市场主体建立“黑名单”制度。（工商总局牵头负责）对守信主体予以支持和激励，对失信主体在经营、投融资、取得政府供应土地、进出口、出入境、注册新公司、工程招投标、政府采购、获得荣誉、安全许可、生产许可、从业任职资格、资质审核等方面依法予以限制或禁止，对严重违法失信主体实行市场禁入制度。 3.《中华人民共和国认证认可条例》 第六条　认证认可活动应当遵循客观独立、公开公正、诚实信用的原则。	质检总局

续表

惩戒措施	法律及政策依据	实施单位
（二）设立证券公司、基金管理公司、期货公司、融资性担保公司、小额贷款公司等审批参考	1.《中华人民共和国证券法》 第一百二十四条　设立证券公司，应当具备下列条件： （一）有符合法律、行政法规规定的公司章程； （二）主要股东具有持续盈利能力，信誉良好，最近三年无重大违法违规记录，净资产不低于人民币2亿元； （三）有符合本法规定的注册资本； （四）董事、监事、高级管理人员具备任职资格，从业人员具有证券从业资格； （五）有完善的风险管理与内部控制制度； （六）有合格的经营场所和业务设施； （七）法律、行政法规规定的和经国务院批准的国务院证券监督管理机构规定的其他条件。 2.《中华人民共和国证券投资基金法》 第十三条　设立管理公开募集基金的基金管理公司，应当具备下列条件，并经国务院证券监督管理机构批准： （一）有符合本法和《中华人民共和国公司法》规定的章程； （二）注册资本不低于1亿元人民币，且必须为实缴货币资本； （三）主要股东应当具有经营金融业务或者管理金融机构的良好业绩、良好的财务状况和社会信誉，资产规模达到国务院规定的标准，最近三年没有违法记录； （四）取得基金从业资格的人员达到法定人数； （五）董事、监事、高级管理人员具备相应的任职条件； （六）有符合要求的营业场所、安全防范设施和与基金管理业务有关的其他设施； （七）有良好的内部治理结构、完善的内部稽核监控制度、风险控制制度； （八）法律、行政法规规定的和经国务院批准的国务院证券监督管理机构规定的其他条件。 3.《证券公司监督管理条例》 第十条　有下列情形之一的单位或者个人，不得成为持有证券公司5%以上股权的股东、实际控制人：	国家发改委、财政部、商务部、中国证监会

续表

惩戒措施	法律及政策依据	实施单位
（二）设立证券公司、基金管理公司、期货公司、融资性担保公司、小额贷款公司等审批参考	（一）因故意犯罪被判处刑罚，刑罚执行完毕未逾 3 年； （二）净资产低于实收资本的 50%，或者或有负债达到净资产的 50%； （三）不能清偿到期债务； （四）国务院证券监督管理机构认定的其他情形。 证券公司的其他股东应当符合国务院证券监督管理机构的相关要求。 4.《期货交易管理条例》 第十六条　申请设立期货公司，应当符合《中华人民共和国公司法》的规定，并具备下列条件： 申请设立期货公司，应当符合《中华人民共和国公司法》的规定，并具备下列条件： （一）注册资本最低限额为人民币 3 000 万元； （二）董事、监事、高级管理人员具备任职条件，从业人员具有期货从业资格； （三）有符合法律、行政法规规定的公司章程； （四）主要股东以及实际控制人具有持续盈利能力，信誉良好，最近三年无重大违法违规记录； （五）有合格的经营场所和业务设施； （六）有健全的风险管理和内部控制制度； （七）国务院期货监督管理机构规定的其他条件。 国务院期货监督管理机构根据审慎监管原则和各项业务的风险程度，可以提高注册资本最低限额。注册资本应当是实缴资本。股东应当以货币或者期货公司经营必需的非货币财产出资，货币出资比例不得低于 85%。 国务院期货监督管理机构应当在受理期货公司设立申请之日起 6 个月内，根据审慎监管原则进行审查，做出批准或者不批准的决定。 未经国务院期货监督管理机构批准，任何单位和个人不得委托或者接受他人委托持有或者管理期货公司的股权。 5.《证券投资基金管理公司管理办法》 第七条　申请设立基金管理公司，出资或者持有股份占基金管理公司注册资本的比例（以下简称持股比例）在 5% 以上的股东，应当具备下列条件：	国家发改委、财政部、商务部、中国证监会

续表

惩戒措施	法律及政策依据	实施单位
（二）设立证券公司、基金管理公司、期货公司、融资性担保公司、小额贷款公司等审批参考	（一）注册资本、净资产不低于1亿元人民币，资产质量良好； （二）持续经营3个以上完整的会计年度，公司治理健全，内部监控制度完善； （三）最近三年没有因违法违规行为受到行政处罚或者刑事处罚； （四）没有挪用客户资产等损害客户利益的行为； （五）没有因违法违规行为正在被监管机构调查，或者正处于整改期间； （六）具有良好的社会信誉，最近三年在金融监管、税务、工商等行政机关，以及自律管理、商业银行等机构无不良记录。 6.《期货公司监督管理办法》 第七条　持有5%以上股权的股东为法人或者其他组织的，应当具备下列条件： （一）实收资本和净资产均不低于人民币3 000万元； （二）净资产不低于实收资本的50%，或有负债低于净资产的50%，不存在对财务状况产生重大不确定影响的其他风险； （三）没有较大数额的到期未清偿债务； （四）近三年未因重大违法违规行为受到行政处罚或者刑事处罚； （五）未因涉嫌重大违法违规正在被有权机关立案调查或者采取强制措施； （六）近三年作为公司（含金融机构）的股东或者实际控制人，未有滥用股东权利、逃避股东义务等不诚信行为； （七）不存在中国证监会根据审慎监管原则认定的其他不适合持有期货公司股权的情形。 第八条　持有期货公司5%以上股权的个人股东应当符合本办法第七条第（三）项至第（七）项规定的条件，且其个人金融资产不低于人民币3 000万元。 7.《融资性担保公司管理暂行办法》 第九条　设立融资性担保公司，应当具备下列条件： （一）有符合《中华人民共和国公司法》规定的章程； （二）有具备持续出资能力的股东； （三）有符合本办法规定的注册资本；	国家发改委、财政部、商务部、中国证监会

续表

惩戒措施	法律及政策依据	实施单位
（二）设立证券公司、基金管理公司、期货公司、融资性担保公司、小额贷款公司等审批参考	（四）有符合任职资格的董事、监事、高级管理人员和合格的从业人员； （五）有健全的组织机构、内部控制和风险管理制度； （六）有符合要求的营业场所； （七）监管部门规定的其他审慎性条件。 董事、监事、高级管理人员和从业人员的资格管理办法由融资性担保业务监管部际联席会议另行制定。 8.《关于小额贷款公司试点的指导意见》（银监发〔2008〕23 号） 二、小额贷款公司的设立。出资设立小额贷款公司的自然人、企业法人和其他社会组织，拟任小额贷款公司董事、监事和高级管理人员的自然人，应无犯罪记录和不良信用记录。	国家发改委、财政部、商务部、中国证监会
（三）设立商业银行或分行、代表处审批参考	1.《中华人民共和国商业银行法》 第十二条　设立商业银行，应当具备下列条件： （一）有符合本法和《中华人民共和国公司法》规定的章程； （二）有符合本法规定的注册资本最低限额； （三）有具备任职专业知识和业务工作经验的董事、高级管理人员； （四）有健全的组织机构和管理制度； （五）有符合要求的营业场所、安全防范措施和与业务有关的其他设施。 设立商业银行，还应当符合其他审慎性条件。 2.《中华人民共和国外资银行管理条例》 第九条　拟设外商独资银行、中外合资银行的股东或者拟设分行、代表处的外国银行应当具备下列条件： （一）具有持续盈利能力，信誉良好，无重大违法违规记录； （二）拟设外商独资银行的股东、中外合资银行的外方股东或者拟设分行、代表处的外国银行具有从事国际金融活动的经验； （三）具有有效的反洗钱制度； （四）拟设外商独资银行的股东、中外合资银行的外方股东或者拟设分行、代表处的外国银行受到所在国家或者地区金融监管当局的有效监管，并且其申请经所在国家或者地区金融监管当局同意；	中国银监会

续表

惩戒措施	法律及政策依据	实施单位
（三）设立商业银行或分行、代表处审批参考	（五）国务院银行业监督管理机构规定的其他审慎性条件。拟设外商独资银行的股东、中外合资银行的外方股东或者拟设分行、代表处的外国银行所在国家或者地区应当具有完善的金融监督管理制度，并且其金融监管当局已经与国务院银行业监督管理机构建立良好的监督管理合作机制。	中国银监会
（四）申请发行企业债券及公司债券，在银行间市场发行债券审批参考	1.《国家发展改革委办公厅关于进一步改进企业债券发行审核工作的通知》（发改办财金〔2013〕957号） 二、从严审核类 对于以下两类发债申请，要从严审核，有效防范市场风险。 （一）募集资金用于产能过剩、高污染、高耗能等国家产业政策限制领域的发债申请； （二）企业信用等级较低，负债率高，债券余额较大或运作不规范、资产不实、偿债措施较弱的发债申请； ①资产负债率较高（城投类企业65%以上，一般生产经营性企业75%以上）且债项级别在AA+以下的债券。 ②企业及所在地地方政府或为其提供承销服务的券商有不尽职或不诚信记录。 ③连续发债两次以上且资产负债率高于65%的城投类企业。 ④企业资产不实，运营不规范，偿债保障措施较弱的发债申请。 2.《国家发展改革委　人民银行　中央编办关于在行政管理事项中使用信用记录和信用报告的若干意见》（发改财金〔2013〕920号） 第二条　切实发挥在行政管理事项中使用信用记录和信用报告的作用。 各级政府、各相关部门应将相关市场主体所提供的信用记录或信用报告作为其实施行政管理的重要参考。对守信者，应探索实行优先办理、简化程序、“绿色通道”和重点支持等激励政策；对失信者，应结合失信类别和程度，严格落实失信惩戒制度。对食品药品安全、环境保护、产品质量、医疗卫生、工程建设、教育科研、电子商务、股权投资、融资担保等关系到人民群众切身利益、经济健康发展和社会和谐稳定的重点领域，各级政府、各相关部门应率先推进在行政管理事项中使用相关市场主体的信用记录和信用报告。	国家发改委、人民银行、中国证监会

续表

惩戒措施	法律及政策依据	实施单位
（四）申请发行企业债券及公司债券，在银行间市场发行债券审批参考	第三条　探索完善在行政管理事项中使用信用记录和信用报告的制度规范。 各级政府、各相关部门应结合地方和部门实际，在政府采购、招标投标、行政审批、市场准入、资质审核等行政管理事项中依法要求相关市场主体提供由第三方信用服务机构出具的信用记录或信用报告。各级政府、各相关部门应根据履职需要，研究明确信用记录或信用报告的主要内容和运用规范。 第五条　不断健全全社会守信激励和失信惩戒的联动机制。 各级政府、各相关部门要树立大局意识，把在行政管理事项中使用信用记录和信用报告工作纳入重要工作日程。要加强协同配合，推动形成信用记录和信用报告跨部门、跨区域应用的联动机制。要通过信用记录和信用报告在行政管理事项中的联合应用，逐步建立健全全社会守信激励和失信惩戒联动机制。 3.《中国人民银行　中国保险监督管理委员会公告》（〔2015〕第 3 号） 第四条　保险公司公开申请发行资本补充债券，应当符合下列条件： （一）具有良好的公司治理机制； （二）连续经营超过三年； （三）上年末经审计和最近一季度财务报告中净资产不低于 10 亿元人民币； （四）偿付能力充足率不低于 100%； （五）最近三年没有重大违法、违规行为； （六）中国人民银行和中国保监会要求的其他条件。 4.《全国银行间债券市场金融债券发行管理办法》 第七条　商业银行发行金融债券应具备以下条件： （一）具有良好的公司治理机制； （二）核心资本充足率不低于 4%； （三）最近三年连续盈利； （四）贷款损失准备计提充足； （五）风险监管指标符合监管机构的有关规定； （六）最近三年没有重大违法、违规行为；	国家发改委、人民银行、中国证监会

续表

惩戒措施	法律及政策依据	实施单位
（四）申请发行企业债券及公司债券，在银行间市场发行债券审批参考	（七）中国人民银行要求的其他条件。 根据商业银行的申请，中国人民银行可以豁免前款所规定的个别条件。 第八条　企业集团财务公司发行金融债券应具备以下条件： （一）具有良好的公司治理机制； （二）资本充足率不低于 10%； （三）风险监管指标符合监管机构的有关规定； （四）最近三年没有重大违法、违规行为； （五）中国人民银行要求的其他条件。 第十一条　政策性银行发行金融债券应向中国人民银行报送下列文件： （一）金融债券发行申请报告； （二）发行人近三年经审计的财务报告及审计报告； （三）金融债券发行办法； （四）承销协议； （五）中国人民银行要求的其他文件。	国家发改委、人民银行、中国证监会
（五）股票发行审核及在全国中小企业股份转让系统公开转让审核重要参考	1.《证券法》 第十三条　公司公开发行新股，应当符合下列条件： （一）具备健全且运行良好的组织机构； （二）具有持续盈利能力，财务状况良好； （三）最近三年财务会计文件无虚假记载，无其他重大违法行为； （四）经国务院批准的国务院证券监督管理机构规定的其他条件。 上市公司非公开发行新股，应当符合经国务院批准的国务院证券监督管理机构规定的条件，并报国务院证券监督管理机构核准。 2.《首次公开发行股票并上市管理办法》 第十八条　发行人不得有下列情形：	中国证监会

续表

惩戒措施	法律及政策依据	实施单位
（五）股票发行审核及在全国中小企业股份转让系统公开转让审核重要参考	（一）最近36个月内未经法定机关核准，擅自公开或者变相公开发行过证券；或者有关违法行为虽然发生在36个月前，但目前仍处于持续状态。 （二）最近36个月内违反工商、税收、土地、环保、海关以及其他法律、行政法规，受到行政处罚，且情节严重。 （三）最近36个月内曾向中国证监会提出发行申请，但报送的发行申请文件有虚假记载、误导性陈述或重大遗漏；或者不符合发行条件以欺骗手段骗取发行核准；或者以不正当手段干扰中国证监会及其发行审核委员会审核工作；或者伪造、变造发行人或其董事、监事、高级管理人员的签字、盖章。 （四）本次报送的发行申请文件有虚假记载、误导性陈述或者重大遗漏。 （五）涉嫌犯罪被司法机关立案侦查，尚未有明确结论意见。 （六）严重损害投资者合法权益和社会公共利益的其他情形。 3.《首次公开发行股票并在创业板上市管理办法》 第二十条　发行人及其控股股东、实际控制人最近三年内不存在损害投资者合法权益和社会公共利益的重大违法行为。 发行人及其控股股东、实际控制人最近三年内不存在未经法定机关核准，擅自公开或者变相公开发行证券，或者有关违法行为虽然发生在三年前，但目前仍处于持续状态的情形。 4.《上市公司证券发行管理办法》 第九条　上市公司最近36个月内财务会计文件无虚假记载，且不存在下列重大违法行为： （一）违反证券法律、行政法规或规章，受到中国证监会的行政处罚，或者受到刑事处罚。 （二）违反工商、税收、土地、环保、海关法律、行政法规或规章，受到行政处罚且情节严重，或者受到刑事处罚。 （三）违反国家其他法律、行政法规且情节严重的行为。 5.《创业板上市公司证券发行管理暂行办法》 第十条　上市公司存在下列情形之一的，不得发行证券： （一）本次发行申请文件有虚假记载、误导性陈述或者重大遗漏。 （二）最近12个月内未履行向投资者作出的公开承诺。	中国证监会

续表

惩戒措施	法律及政策依据	实施单位
（五）股票发行审核及在全国中小企业股份转让系统公开转让审核重要参考	（三）最近36个月内因违反法律、行政法规、规章受到行政处罚且情节严重，或者受到刑事处罚，或者因违反证券法律、行政法规、规章受到中国证监会的行政处罚；最近12个月内受到证券交易所的公开谴责；因涉嫌犯罪被司法机关立案侦查或者涉嫌违法违规被中国证监会立案调查。 （四）上市公司控股股东或者实际控制人最近12个月内因违反证券法律、行政法规、规章，受到中国证监会的行政处罚，或者受到刑事处罚。 （五）现任董事、监事和高级管理人员存在违反《公司法》第一百四十七条、第一百四十八条规定的行为，或者最近36个月内受到中国证监会的行政处罚、最近12个月内受到证券交易所的公开谴责；因涉嫌犯罪被司法机关立案侦查或者涉嫌违法违规被中国证监会立案调查。 （六）严重损害投资者的合法权益和社会公共利益的其他情形。 6.《非上市公众公司监督管理办法》 第三条　公众公司应当按照法律、行政法规、本办法和公司章程的规定，做到股权明晰，合法规范经营，公司治理机制健全，履行信息披露义务。	中国证监会
（六）境内上市公司实行股权激励计划或相关人员成为股权激励对象事中事后监管重要参考	《上市公司股权激励管理办法》 第七条　上市公司具有下列情形之一的，不得实行股权激励： （一）最近一个会计年度财务会计报告被注册会计师出具否定意见或者无法表示意见的审计报告。 （二）最近一个会计年度财务报告内部控制被注册会计师出具否定意见或无法表示意见的审计报告。 （三）上市后最近36个月内出现过未按法律法规、公司章程、公开承诺进行利润分配的情形。 （四）法律法规规定不得实行股权激励的。 （五）中国证监会认定的其他情形。 第八条　激励对象可以包括上市公司的董事、高级管理人员、核心技术人员或者核心业务人员，以及公司认为应当激励的对公司经营业绩和未来发展有直接影响的其他员工，但不应当包括独立董事和监事。在境内工作的外籍员工任职上市公司董事、高级管理人员、核心技术人员或者核心业务人员的，可以成为激励对象。单独或合计持有上市公司5%以上股份的股东或实际控制人及其配偶、父母、子女，不得成为激励对象。下列人员也不得成为激励对象：	中国证监会

续表

惩戒措施	法律及政策依据	实施单位
（六）境内上市公司实行股权激励计划或相关人员成为股权激励对象事中事后监管重要参考	（一）最近12个月内被证券交易所认定为不适当人选。 （二）最近12个月内被中国证监会及其派出机构认定为不适当人选。 （三）最近12个月内因重大违法违规行为被中国证监会及其派出机构行政处罚或者采取市场禁入措施。 （四）具有《公司法》规定的不得担任公司董事、高级管理人员情形的。 （五）法律法规规定不得参与上市公司股权激励的。 （六）中国证监会认定的其他情形。	中国证监会
（七）上市公司或者非上市公众公司收购事中事后监管中予以重点关注	1.《上市公司收购管理办法》 第六条　任何人不得利用上市公司的收购损害被收购公司及其股东的合法权益。 有下列情形之一的，不得收购上市公司： （一）收购人负有数额较大债务，到期未清偿，且处于持续状态。 （二）收购人最近三年有重大违法行为或者涉嫌有重大违法行为。 （三）收购人最近三年有严重的证券市场失信行为。 （四）收购人为自然人的，存在《公司法》第一百四十六条规定情形。 （五）法律、行政法规规定以及中国证监会认定的不得收购上市公司的其他情形。 2.《非上市公众公司收购管理办法》 第六条　进行公众公司收购，收购人及其实际控制人应当具有良好的诚信记录，收购人及其实际控制人为法人的，应当具有健全的公司治理机制。任何人不得利用公众公司收购损害被收购公司及其股东的合法权益。 有下列情形之一的，不得收购公众公司： （一）收购人负有数额较大债务，到期未清偿，且处于持续状态。 （二）收购人最近二年有重大违法行为或者涉嫌有重大违法行为。 （三）收购人最近二年有严重的证券市场失信行为。 （四）收购人为自然人的，存在《公司法》第一百四十六条规定的情形。 （五）法律、行政法规规定以及中国证监会认定的不得收购公众公司的其他情形。	中国证监会

续表

惩戒措施	法律及政策依据	实施单位
（八）限制部分消费行为	1.《最高人民法院关于限制被执行人高消费及有关消费的若干规定》（法释〔2015〕17号） 第三条　被执行人为自然人的，被采取限制消费措施后，不得有以下高消费及非生活和工作必需的消费行为： （一）乘坐交通工具时，选择飞机、列车软卧、轮船二等以上舱位； （二）在星级以上宾馆、酒店、夜总会、高尔夫球场等场所进行高消费； （三）购买不动产或者新建、扩建、高档装修房屋； （四）租赁高档写字楼、宾馆、公寓等场所办公； （五）购买非经营必需车辆； （六）旅游、度假； （七）子女就读高收费私立学校； （八）支付高额保费购买保险理财产品； （九）乘坐G字头动车组列车全部座位、其他动车组列车一等以上座位等其他非生活和工作必需的消费行为。 被执行人为单位的，被采取限制消费措施后，被执行人及其法定代表人、主要负责人、影响债务履行的直接责任人员、实际控制人不得实施前款规定的行为。因私消费以个人财产实施前款规定行为的，可以向执行法院提出申请。执行法院审查属实的，应予准许。 第六条　人民法院决定采取限制消费措施的，可以根据案件需要和被执行人的情况向有义务协助调查、执行的单位送达协助执行通知书，也可以在相关媒体上进行公告。 2.《关于加快推进失信被执行人信用监督、警示和惩戒机制建设的意见》（中办发〔2016〕64号） 二、加强联合惩戒 （七）限制高消费及有关消费 1. 乘坐火车、飞机限制。限制失信被执行人及失信被执行人的法定代表人、主要负责人、实际控制人、影响债务履行的直接责任人员乘坐列车软卧、G字头动车组列车全部座位、其他动车组列车一等以上座位、民航飞机等非生活和工作必需的消费行为。	最高人民法院、交通运输部、民航局、中国铁路总公司等相关部门；住房城乡建设部负责限制新建、扩建、高档装修房屋，购买非经营必需车辆等非生活和工作必需的消费行为

续表

惩戒措施	法律及政策依据	实施单位
（八）限制部分消费行为	2. 住宿宾馆饭店限制。限制失信被执行人及失信被执行人的法定代表人、主要负责人、实际控制人、影响债务履行的直接责任人员住宿星级以上宾馆饭店、国家一级以上酒店及其他高消费住宿场所；限制其在夜总会、高尔夫球场等高消费场所消费。 3. 高消费旅游限制。限制失信被执行人及失信被执行人的法定代表人、主要负责人、实际控制人、影响债务履行的直接责任人员参加旅行社组织的团队出境旅游，以及享受旅行社提供的与出境旅游相关的其他服务；对失信被执行人在获得旅游等级评定的度假区内或旅游企业内消费实行限额控制。 4. 子女就读高收费学校限制。限制失信被执行人及失信被执行人的法定代表人、主要负责人、实际控制人、影响债务履行的直接责任人员以其财产支付子女入学就读高收费私立学校。 5. 购买具有现金价值保险限制。限制失信被执行人及失信被执行人的法定代表人、主要负责人、实际控制人、影响债务履行的直接责任人员支付高额保费购买具有现金价值的保险产品。 6. 新建、扩建、高档装修房屋等限制。限制失信被执行人及失信被执行人的法定代表人、主要负责人、实际控制人、影响债务履行的直接责任人员新建、扩建、高档装修房屋，购买非经营必需车辆等非生活和工作必需的消费行为。 三、加强信息公开与共享 （三）信用信息共享 各地区各部门之间要进一步打破信息壁垒，实现信息共享，通过全国信用信息共享平台，加快推进失信被执行人信息与公安、民政、人力资源社会保障、国土资源、住房城乡建设、财政、金融、税务、工商、安全监管、证券、科技等部门信用信息资源共享，推进失信被执行人信息与有关人民团体、社会组织、企事业单位信用信息资源共享。	最高人民法院、交通运输部、民航局、中国铁路总公司等相关部门；住房城乡建设部负责限制新建、扩建、高档装修房屋，购买非经营必需车辆等非生活和工作必需的消费行为
（九）申请从事互联网信息服务审批参考	1.《国务院关于建立完善守信联合激励和失信联合惩戒制度加快推进社会诚信建设的指导意见》（国发〔2016〕33 号） （十）依法依规加强对失信行为的行政性约束和惩戒 对严重失信主体，各地区、各有关部门应将其列为重点监管对象，依法依规采取行政性约束和惩戒措施。从严审核行政许可审批项目，从严控制生产许可证发放，限制新增项目审批、核准，限制股票发行上市融资或发行债券，限制在全国股份转让系统挂牌、融资，限制发起设立或参股金融机构以及小额贷款公	工业和信息化部

续表

惩戒措施	法律及政策依据	实施单位
（九）申请从事互联网信息服务审批参考	司、融资担保公司、创业投资公司、互联网融资平台等机构，限制从事互联网信息服务等。严格限制申请财政性资金项目，限制参与有关公共资源交易活动，限制参与基础设施和公用事业特许经营。对严重失信企业及其法定代表人、主要负责人和对失信行为负有直接责任的注册执业人员等实施市场和行业禁入措施。及时撤销严重失信企业及其法定代表人、负责人、高级管理人员和对失信行为负有直接责任的董事、股东等人员的荣誉称号，取消参加评先评优资格。	工业和信息化部
（十）金融机构融资授信参考	1.《征信业管理条例》 第十三条　采集个人信息应当经信息主体本人同意，未经本人同意不得采集。但是，依照法律、行政法规规定公开的信息除外。企业的董事、监事、高级管理人员与其履行职务相关的信息，不作为个人信息。 第二十一条　征信机构可以通过信息主体、企业交易对方、行业协会提供信息，政府有关部门依法已公开的信息，人民法院依法公布的判决、裁定等渠道，采集企业信息。征信机构不得采集法律、行政法规禁止采集的企业信息。 2.《贷款通则》 第十七条　借款人申请贷款，应当具备产品有市场、生产经营有效益、不挤占挪用信贷资金、恪守信用等基本条件，并且应当符合以下要求： （一）有按期还本付息的能力，原应付贷款利息和到期贷款已清偿；没有清偿的，已经做了贷款人认可的偿还计划； （二）除自然人和不需要经工商部门核准登记的事业法人外，应当经过工商部门办理年检手续； （三）已开立基本账户或一般存款账户； （四）除国务院规定外，有限责任公司和股份有限公司对外股本权益性投资累计额未超过其净资产总额的50%； （五）借款人的资产负债率符合贷款人的要求； （六）申请中期、长期贷款的，新建项目的企业法人所有者权益与项目所需总投资的比例不低于国家规定的投资项目的资本金比例。 第二十二条　贷款人的权利 根据贷款条件和贷款程序自主审查和决定贷款，除国务院批准的特定贷款外，有权拒绝任何单位和个	人民银行、中国银监会

续表

惩戒措施	法律及政策依据	实施单位
(十) 金融机构融资授信参考	人强令其发放贷款或者提供担保： (一) 要求借款人提供与借款有关的资料； (二) 根据借款人的条件，决定贷与不贷、贷款金额、期限和利率等； (三) 了解借款人的生产经营活动和财务活动； (四) 依合同约定从借款人账户上划收贷款本金和利息； (五) 借款人未能履行借款合同规定义务的，贷款人有权依合同约定要求借款人提前归还贷款或停止支付借款人尚未使用的贷款； (六) 在贷款将受或已受损失时，可依据合同规定，采取使贷款免受损失的措施。 3.《国务院关于建立完善守信联合激励和失信联合惩戒制度加快推进社会诚信建设的指导意见》(国发〔2016〕33号) (十一) 加强对失信行为的市场性约束和惩戒。 对严重失信主体，有关部门和机构应以统一社会信用代码为索引，及时公开披露相关信息，便于市场识别失信行为，防范信用风险。督促有关企业和个人履行法定义务，对有履行能力但拒不履行的严重失信主体实施限制出境和限制购买不动产、乘坐飞机、乘坐高等级列车和席次、旅游度假、入住星级以上宾馆及其他高消费行为等措施。支持征信机构采集严重失信行为信息，纳入信用记录和信用报告。引导商业银行、证券期货经营机构、保险公司等金融机构按照风险定价原则，对严重失信主体提高贷款利率和财产保险费率，或者限制向其提供贷款、保荐、承销、保险等服务。	人民银行、中国银监会
(十一) 依法限制参加政府采购活动	1.《中华人民共和国政府采购法》 第二十二条　供应商参加政府采购活动应当具备下列条件： (一) 具有独立承担民事责任的能力； (二) 具有良好的商业信誉和健全的财务会计制度； (三) 具有履行合同所必需的设备和专业技术能力； (四) 有依法缴纳税收和社会保障资金的良好记录； (五) 参加政府采购活动前三年内，在经营活动中没有重大违法记录；	财政部

续表

惩戒措施	法律及政策依据	实施单位
（十一）依法限制参加政府采购活动	（六）法律、行政法规规定的其他条件。 2.《国务院关于印发社会信用体系建设规划纲要（2014—2020年）的通知》（国发〔2014〕21号） 二、推进重点领域诚信建设 （一）加快推进政务诚信建设 发挥政府诚信建设示范作用。各级人民政府首先要加强自身诚信建设，以政府的诚信施政，带动全社会诚信意识的树立和诚信水平的提高。在行政许可、政府采购、招标投标、劳动就业、社会保障、科研管理、干部选拔任用和管理监督、申请政府资金支持等领域，率先使用信用信息和信用产品，培育信用服务市场发展。 （二）深入推进商务诚信建设 政府采购领域信用建设。加强政府采购信用管理，强化联动惩戒，保护政府采购当事人的合法权益。制定供应商、评审专家、政府采购代理机构以及相关从业人员的信用记录标准。依法建立政府采购供应商不良行为记录名单，对列入不良行为记录名单的供应商，在一定期限内禁止参加政府采购活动。完善政府采购市场的准入和退出机制，充分利用工商、税务、金融、检察等其他部门提供的信用信息，加强对政府采购当事人和相关人员的信用管理。加快建设全国统一的政府采购管理交易系统，提高政府采购活动透明度，实现信用信息的统一发布和共享。招标投标领域信用建设。扩大招标投标信用信息公开和共享范围，建立涵盖招标投标情况的信用评价指标和评价标准体系，健全招标投标信用信息公开和共享制度。进一步贯彻落实招标投标违法行为记录公告制度，推动完善奖惩联动机制。依托电子招标投标系统及其公共服务平台，实现招标投标和合同履行等信用信息的互联互通、实时交换和整合共享。鼓励市场主体运用基本信用信息和第三方信用评价结果，并将其作为投标人资格审查、评标、定标和合同签订的重要依据。	财政部
（十二）限制获取政府补贴性资金和社会保障资金支持	《国务院关于建立完善守信联合激励和失信联合惩戒制度加快推进社会诚信建设的指导意见》（国发〔2016〕33号） （一）加快推进政务诚信建设。发挥政府诚信建设示范作用。各级人民政府首先要加强自身诚信建设，以政府的诚信施政，带动全社会诚信意识的树立和诚信水平的提高。在行政许可、政府采购、招标投标、劳动就业、社会保障、科研管理、干部选拔任用和管理监督、申请政府资金支持等领域，率先使用信用信息和信用产品，培育信用服务市场发展。	国家发改委、财政部、人力资源社会保障部、国资委及相关部门

续表

惩戒措施	法律及政策依据	实施单位
（十二）限制获取政府补贴性资金和社会保障资金支持	（十）依法依规加强对失信行为的行政性约束和惩戒。对严重失信主体，各地区、各有关部门应将其列为重点监管对象，依法依规采取行政性约束和惩戒措施。从严审核行政许可审批项目，从严控制生产许可证发放，限制新增项目审批、核准，限制股票发行上市融资或发行债券，限制在全国股份转让系统挂牌、融资，限制发起设立或参股金融机构以及小额贷款公司、融资担保公司、创业投资公司、互联网融资平台等机构，限制从事互联网信息服务等。严格限制申请财政性资金项目，限制参与有关公共资源交易活动，限制参与基础设施和公用事业特许经营。对严重失信企业及其法定代表人、主要负责人和对失信行为负有直接责任的注册执业人员等实施市场和行业禁入措施。及时撤销严重失信企业及其法定代表人、负责人、高级管理人员和对失信行为负有直接责任的董事、股东等人员的荣誉称号，取消参加评先评优资格。	国家发改委、财政部、人力资源社会保障部、国资委及相关部门
（十三）作为选择参与政府和社会资本合作项目的参考	1. 中共中央　国务院关于深化投融资体制改革的意见（中发〔2016〕18 号） （九）鼓励政府和社会资本合作。各地区各部门可以根据需要和财力状况，通过特许经营、政府购买服务等方式，在交通、环保、医疗、养老等领域采取单个项目、组合项目、连片开发等多种形式，扩大公共产品和服务供给。要合理把握价格、土地、金融等方面的政策支持力度，稳定项目预期收益。要发挥工程咨询、金融、财务、法律等方面专业机构作用，提高项目决策的科学性、项目管理的专业性和项目实施的有效性。 （十六）健全监管约束机制。按照谁审批谁监管、谁主管谁监管的原则，明确监管责任，注重发挥投资主管部门综合监管职能、地方政府就近就便监管作用和行业管理部门专业优势，整合监管力量，共享监管信息，实现协同监管。依托投资项目在线审批监管平台，加强项目建设全过程监管，确保项目合法开工、建设过程合规有序。各有关部门要完善规章制度，制定监管工作指南和操作规程，促进监管工作标准具体化、公开化。要严格执法，依法纠正和查处违法违规投资建设行为。实施投融资领域相关主体信用承诺制度，建立异常信用记录和严重违法失信“黑名单”，纳入全国信用信息共享平台，强化并提升政府和投资者的契约意识和诚信意识，形成守信激励、失信惩戒的约束机制，促使相关主体切实强化责任，履行法定义务，确保投资建设市场安全高效运行。 2.《基础设施和公用事业特许经营管理办法》	公共服务领域的政府和社会资本合作项目，由财政部牵头负责；传统的基础设施领域的政府和社会资本合作项目，由发展改革委牵头负责

续表

惩戒措施	法律及政策依据	实施单位
（十三）作为选择参与政府和社会资本合作项目的参考	第五十六条　县级以上人民政府有关部门应当对特许经营者及其从业人员的不良行为建立信用记录，纳入全国统一的信用信息共享交换平台。对严重违法失信行为依法予以曝光，并会同有关部门实施联合惩戒。 3.《国务院关于建立完善守信联合激励和失信联合惩戒制度加快推进社会诚信建设的指导意见》（国发〔2016〕33号） （十）依法依规加强对失信行为的行政性约束和惩戒。对严重失信主体，各地区、各有关部门应将其列为重点监管对象，依法依规采取行政性约束和惩戒措施。从严审核行政许可审批项目，从严控制生产许可证发放，限制新增项目审批、核准，限制股票发行上市融资或发行债券，限制在全国股份转让系统挂牌、融资，限制发起设立或参股金融机构以及小额贷款公司、融资担保公司、创业投资公司、互联网融资平台等机构，限制从事互联网信息服务等。严格限制申请财政性资金项目，限制参与有关公共资源交易活动，限制参与基础设施和公用事业特许经营。对严重失信企业及其法定代表人、主要负责人和对失信行为负有直接责任的注册执业人员等实施市场和行业禁入措施。及时撤销严重失信企业及其法定代表人、负责人、高级管理人员和对失信行为负有直接责任的董事、股东等人员的荣誉称号，取消参加评先评优资格。 4.《关于在公共服务领域推广政府和社会资本合作模式的指导意见》（国办发〔2015〕42号） （十五）择优选择项目合作伙伴。对使用财政性资金作为社会资本提供公共服务对价的项目，地方政府应当根据预算法、合同法、政府采购法及其实施条例等法律法规规定，选择项目合作伙伴。依托政府采购信息平台，及时、充分向社会公布项目采购信息。综合评估项目合作伙伴的专业资质、技术能力、管理经验、财务实力和信用状况等因素，依法择优选择诚实守信的合作伙伴。加强项目政府采购环节的监督管理，保证采购过程公平、公正、公开。 （二十五）搭建信息平台。地方各级人民政府要切实履行规划指导、识别评估、咨询服务、宣传培训、绩效评价、信息统计、专家库和项目库建设等职责，建立统一信息发布平台，及时向社会公开项目实施情况等相关信息，确保项目实施公开透明、有序推进。	公共服务领域的政府和社会资本合作项目，由财政部牵头负责；传统的基础设施领域的政府和社会资本合作项目，由发展改革委牵头负责

续表

惩戒措施	法律及政策依据	实施单位
（十四）加强日常监管检查	5.《国务院关于印发社会信用体系建设规划纲要（2014—2020年）的通知》（国发〔2014〕21号） 五、完善以奖惩制度为重点的社会信用体系运行机制。运行机制是保障社会信用体系各系统协调运行的制度基础。其中，守信激励和失信惩戒机制直接作用于各个社会主体信用行为，是社会信用体系运行的核心机制。 （一）构建守信激励和失信惩戒机制。 加强对守信主体的奖励和激励。加大对守信行为的表彰和宣传力度。按规定对诚信企业和模范个人给予表彰，通过新闻媒体广泛宣传，营造守信光荣的舆论氛围。发展改革、财政、金融、环境保护、住房城乡建设、交通运输、商务、工商、税务、质检、安全监管、海关、知识产权等部门，各单位在市场监管和公共服务过程中，要深化信用信息和信用产品的应用，对诚实守信者实行优先办理、简化程序等“绿色通道”支持激励政策。 加强对失信主体的约束和惩戒。强化行政监管性约束和惩戒。在现有行政处罚措施的基础上，健全失信惩戒制度，建立各行业黑名单制度和市场退出机制。推动各级人民政府在市场监管和公共服务的市场准入、资质认定、行政审批、政策扶持等方面实施信用分类监管，结合监管对象的失信类别和程度，使失信者受到惩戒。逐步建立行政许可申请人信用承诺制度，并开展申请人信用审查，确保申请人在政府推荐的征信机构中有信用记录，配合征信机构开展信用信息采集工作。推动形成市场性约束和惩戒。制定信用基准性评价指标体系和评价方法，完善失信信息记录和披露制度，使失信者在市场交易中受到制约。推动形成行业性约束和惩戒。通过行业协会制定行业自律规则并监督会员遵守。对违规的失信者，按照情节轻重，对机构会员和个人会员实行警告、行业内通报批评、公开谴责等惩戒措施。推动形成社会性约束和惩戒。完善社会舆论监督机制，加强对失信行为的披露和曝光，发挥群众评议讨论、批评报道等作用，通过社会的道德谴责，形成社会震慑力，约束社会成员的失信行为。 建立失信行为有奖举报制度。切实落实对举报人的奖励，保护举报人的合法权益。建立多部门、跨地区信用联合奖惩机制。通过信用信息交换共享，实现多部门、跨地区信用奖惩联动，使守信者处处受益、失信者寸步难行。	相关监管部门

续表

惩戒措施	法律及政策依据	实施单位
（十五）担任国有企业法定代表人、董事、监事参考	1.《中华人民共和国企业国有资产法》 第二十三条　履行出资人职责的机构任命或者建议任命的董事、监事、高级管理人员，应当具备下列条件： （1）有良好的品行； （2）有符合职位要求的专业知识和工作能力； （3）有能够正常履行职责的身体条件； （4）法律、行政法规规定的其他条件。 董事、监事、高级管理人员在任职期间出现不符合前款规定情形或者出现《中华人民共和国公司法》规定的不得担任公司董事、监事、高级管理人员情形的，履行出资人职责的机构应当依法予以免职或者提出免职建议。 2.《中华人民共和国公司法》 第一百四十六条　有下列情形之一的，不得担任公司的董事、监事、高级管理人员： （一）无民事行为能力或者限制民事行为能力； （二）因贪污、贿赂、侵占财产、挪用财产或者破坏社会主义市场经济秩序，被判处刑罚，执行期满未逾五年，或者因犯罪被剥夺政治权利，执行期满未逾五年； （三）担任破产清算的公司、企业的董事或者厂长、经理，对该公司、企业的破产负有个人责任的，自该公司、企业破产清算完结之日起未逾三年； （四）担任因违法被吊销营业执照、责令关闭的公司、企业的法定代表人，并负有个人责任的，自该公司、企业被吊销营业执照之日起未逾三年； （五）个人所负数额较大的债务到期未清偿。 公司违反前款规定选举、委派董事、监事或者聘任高级管理人员的，该选举、委派或者聘任无效。 董事、监事、高级管理人员在任职期间出现本条第一款所列情形的，公司应当解除其职务。 3.《企业法人法定代表人登记管理规定》 第四条　有下列情形之一的，不得担任法定代表人，企业登记机关不予核准登记：	国资委、财政部等相关部门

续表

惩戒措施	法律及政策依据	实施单位
（十五）担任国有企业法定代表人、董事、监事参考	（一）无民事行为能力或者限制民事行为能力的； （二）正在被执行刑罚或者正在被执行刑事强制措施的； （三）正在被公安机关或者国家安全机关通缉的； （四）因犯有贪污贿赂罪、侵犯财产罪或者破坏社会主义市场经济秩序罪，被判处刑罚，执行期满未逾五年的；因犯有其他罪，被判处刑罚，执行期满未逾三年的；或者因犯罪被判处剥夺政治权利，执行期满未逾五年的； （五）担任因经营不善破产清算的企业的法定代表人或者董事、经理，并对该企业的破产负有个人责任，自该企业破产清算完结之日起未逾三年的； （六）担任因违法被吊销营业执照的企业的法定代表人，并对该企业违法行为负有个人责任，自该企业被吊销营业执照之日起未逾三年的； （七）个人负债数额较大，到期未清偿的； （八）有法律和国务院规定不得担任法定代表人的其他情形的。	国资委、财政部等相关部门
（十六）限制登记为事业单位法定代表人	1.《中央编办关于批转〈事业单位、社会团体及企业等组织利用国有资产举办事业单位设立登记办法（试行）〉的通知》（中央编办发〔2015〕132 号） 第四条　登记事项要求： （四）法定代表人。应当是具有完全民事行为能力的中国公民，且为该单位主要行政负责人，年龄一般不超过 70 周岁，无不良信用记录。担任过其他机构法定代表人的，在任职期间，该机构无不良信用记录。 党政机关领导干部在职或退休后拟担任法定代表人的，应当符合干部管理有关规定。 2.《事业单位登记管理暂行条例实施细则》（中央编办发〔2014〕4 号） 第三十一条　事业单位法定代表人应当具备下列条件： （一）具有完全民事行为能力的自然人； （二）该事业单位的主要行政负责人；违反法律、法规和政策规定产生的事业单位主要行政负责人，不得担任事业单位法定代表人。	中央编办

续表

惩戒措施	法律及政策依据	实施单位
（十七）依法限制担任金融机构董事、监事、高级管理人员	1.《中华人民共和国公司法》 第一百四十六条　有下列情形之一的，不得担任公司的董事、监事、高级管理人员： （一）无民事行为能力或者限制民事行为能力； （二）因贪污、贿赂、侵占财产、挪用财产或者破坏社会主义市场经济秩序，被判处刑罚，执行期满未逾五年，或者因犯罪被剥夺政治权利，执行期满未逾五年； （三）担任破产清算的公司、企业的董事或者厂长、经理，对该公司、企业的破产负有个人责任的，自该公司、企业破产清算完结之日起未逾三年； （四）担任因违法被吊销营业执照、责令关闭的公司、企业的法定代表人，并负有个人责任的，自该公司、企业被吊销营业执照之日起未逾三年； （五）个人所负数额较大的债务到期未清偿。 公司违反前款规定选举、委派董事、监事或者聘任高级管理人员的，该选举、委派或者聘任无效。 董事、监事、高级管理人员在任职期间出现本条第一款所列情形的，公司应当解除其职务。 2.《中华人民共和国证券法》 第一百三十一条　证券公司的董事、监事、高级管理人员，应当正直诚实，品行良好，熟悉证券法律、行政法规，具有履行职责所需的经营管理能力，并在任职前取得国务院证券监督管理机构核准的任职资格。 有《中华人民共和国公司法》第一百四十六条规定的情形或者下列情形之一的，不得担任证券公司的董事、监事、高级管理人员： （一）因违法行为或者违纪行为被解除职务的证券交易所、证券登记结算机构的负责人或者证券公司的董事、监事、高级管理人员，自被解除职务之日起未逾五年； （二）因违法行为或者违纪行为被撤销资格的律师、注册会计师或者投资咨询机构、财务顾问机构、资信评级机构、资产评估机构、验证机构的专业人员，自被撤销资格之日起未逾五年。 3.《中华人民共和国证券投资基金法》 第十五条　有下列情形之一的，不得担任公开募集基金的基金管理人的董事、监事、高级管理人员和其他从业人员：	中国银监会、中国证监会、中国保监会、国家发改委、财政部、商务部、人民银行、工商总局等具有金融机构任职资格核准、备案职能的部门

续表

惩戒措施	法律及政策依据	实施单位
（十七）依法限制担任金融机构董事、监事、高级管理人员	（一）因犯有贪污贿赂、渎职、侵犯财产罪或者破坏社会主义市场经济秩序罪，被判处刑罚的； （二）对所任职的公司、企业因经营不善破产清算或者因违法被吊销营业执照负有个人责任的董事、监事、厂长、高级管理人员，自该公司、企业破产清算终结或者被吊销营业执照之日起未逾五年的； （三）个人所负债务数额较大，到期未清偿的； （四）因违法行为被开除的基金管理人、基金托管人、证券交易所、证券公司、证券登记结算机构、期货交易所、期货公司及其他机构的从业人员和国家机关工作人员； （五）因违法行为被吊销执业证书或者被取消资格的律师、注册会计师和资产评估机构、验证机构的从业人员、投资咨询从业人员； （六）法律、行政法规规定不得从事基金业务的其他人员。 4.《银行业金融机构董事（理事）和高级管理人员任职资格管理办法》 第二条　本办法所称银行业金融机构（以下简称金融机构），是指在中华人民共和国境内设立的商业银行、农村合作银行、村镇银行、农村信用合作社、农村信用合作联社、外国银行分行等吸收公众存款的金融机构以及政策性银行。 在中华人民共和国境内设立的金融资产管理公司、信托公司、企业集团财务公司、金融租赁公司、汽车金融公司、货币经纪公司、消费金融公司、贷款公司、农村信用合作社联合社、省（自治区）农村信用社联合社、农村资金互助社、外资金融机构驻华代表机构以及经监管机构批准设立的其他金融机构的董事（理事）和高级管理人员的任职资格管理，适用本办法。 第三条　本办法所称高级管理人员，是指金融机构总部及分支机构管理层中对该机构经营管理、风险控制有决策权或重要影响力的各类人员。 第九条　金融机构拟任、现任董事（理事）和高级管理人员出现下列情形之一的，视为不符合本办法第八条第（二）项、第（三）项、第（五）项规定之条件： （一）有故意或重大过失犯罪记录的； （二）有违反社会公德的不良行为，造成恶劣影响的； （三）对曾任职机构违法违规经营活动或重大损失负有个人责任或直接领导责任，情节严重的；	中国银监会、中国证监会、中国保监会、国家发改委、财政部、商务部、人民银行、工商总局等具有金融机构任职资格核准、备案职能的部门

续表

惩戒措施	法律及政策依据	实施单位
（十七）依法限制担任金融机构董事、监事、高级管理人员	（四）担任或曾任被接管、撤销、宣告破产或吊销营业执照机构的董事（理事）或高级管理人员的，但能够证明本人对曾任职机构被接管、撤销、宣告破产或吊销营业执照不负有个人责任的除外； （五）因违反职业道德、操守或者工作严重失职，造成重大损失或者恶劣影响的； （六）指使、参与所任职机构不配合依法监管或案件查处的； （七）被取消终身的董事（理事）和高级管理人员任职资格，或受到监管机构或其他金融管理部门处罚累计达到两次以上的； （八）有本办法规定的不具备任职资格条件的情形，采用不正当手段获得任职资格核准的。 5.《证券公司董事、监事和高级管理人员任职资格监管办法》 第八条　取得证券公司董事、监事、高管人员和分支机构负责人任职资格，应当具备以下基本条件： （一）正直诚实，品行良好； （二）熟悉证券法律、行政法规、规章以及其他规范性文件，具备履行职责所必需的经营管理能力。 6.《保险公司董事、监事和高级管理人员任职资格管理规定》 第七条　保险机构董事、监事和高级管理人员应当具有诚实信用的品行、良好的合规经营意识和履行职务必需的经营管理能力。 7.《融资性担保公司董事、监事、高级管理人员任职资格管理暂行办法》 第五条　融资性担保公司董事、监事、高级管理人员应当具备以下条件： （一）具有完全民事行为能力； （二）遵纪守法，诚实守信，勤勉尽职，具有良好的职业操守、品行和声誉； （三）熟悉经济、金融、担保的法律法规，具有良好的合规意识和审慎经营意识； （四）具备与拟任职务相适应的知识、经验和能力。 第六条　下列人员不得担任融资性担保公司董事、监事、高级管理人员： （一）有故意或重大过失犯罪记录的； （二）因违反职业操守或者工作严重失职给所任职的机构造成重大损失或者恶劣影响的； （三）最近五年担任因违法经营而被撤销、接管、合并、宣告破产或者吊销营业执照的机构的董事、	中国银监会、中国证监会、中国保监会、国家发改委、财政部、商务部、人民银行、工商总局等具有金融机构任职资格核准、备案职能的部门

续表

惩戒措施	法律及政策依据	实施单位
（十七）依法限制担任金融机构董事、监事、高级管理人员	监事、高级管理人员，并负有个人责任的； （四）曾在履行工作职责时有提供虚假信息等违反诚信原则行为，或指使、参与所任职机构对抗依法监管或案件查处，情节严重的； （五）被取消董事、监事、高级管理人员任职资格或禁止从事担保或金融行业工作的年限未满的； （六）提交虚假申请材料或明知不具备本办法规定的任职资格条件，采用欺骗、贿赂等不正当手段获得任职资格核准的； （七）个人或配偶有数额较大的到期未偿还债务的； （八）法律、法规规定的其他情形。 8.《证券投资基金行业高级管理人员任职管理办法》 第四条　高级管理人员应当遵守法律、行政法规和中国证监会的规定，遵守公司章程和行业规范，恪守诚信，审慎勤勉，忠实尽责，维护基金份额持有人的合法权益。 第六条　申请高级管理人员任职资格，应当具备下列条件： （四）没有《公司法》《证券投资基金法》等法律、行政法规规定的不得担任公司董事、监事、经理和基金从业人员的情形。 9.《期货公司董事、监事和高级管理人员任职资格管理办法》 第六条　申请期货公司董事、监事和高级管理人员的任职资格，应当具有诚实守信的品质、良好的职业道德和履行职责所必需的经营管理能力。	中国银监会、中国证监会、中国保监会、国家发改委、财政部、商务部、人民银行、工商总局等具有金融机构任职资格核准、备案职能的部门
（十八）招录（聘）为公务员或事业单位工作人员参考	1.《中华人民共和国公务员法》 第七条　公务员的任用，坚持任人唯贤、德才兼备的原则，注重工作实绩。 第十二条　公务员应当履行下列义务： （一）模范遵守宪法和法律； （二）按照规定的权限和程序认真履行职责，努力提高工作效率； （三）全心全意为人民服务，接受人民监督； （四）维护国家的安全、荣誉和利益；	中组部、人力资源社会保障部、公务员局

续表

惩戒措施	法律及政策依据	实施单位
（十八）招录（聘）为公务员或事业单位工作人员参考	（五）忠于职守，勤勉尽责，服从和执行上级依法做出的决定和命令； （六）保守国家秘密和工作秘密； （七）遵守纪律，恪守职业道德，模范遵守社会公德； （八）清正廉洁，公道正派； （九）法律规定的其他义务。 第二十四条　下列人员不得录用为公务员： （一）曾因犯罪受过刑事处罚的； （二）曾被开除公职的； （三）有法律规定不得录用为公务员的其他情形的。 2.《事业单位公开招聘人员暂行规定》 第九条　应聘人员必须具备下列条件： （一）具有中华人民共和国国籍； （二）遵守宪法和法律； （三）具有良好的品行； （四）岗位所需的专业或技能条件； （五）适应岗位要求的身体条件； （六）岗位所需要的其他条件。	中组部、人力资源社会保障部、公务员局
（十九）限制获得荣誉称号	1.《国务院关于促进市场公平竞争维护市场正常秩序的若干意见》（国发〔2014〕20号） 第四条第（十五）项　建立健全守信激励和失信惩戒机制。将市场主体的信用信息作为实施行政管理的重要参考。根据市场主体信用状况实行分类分级、动态监管，建立健全经营异常名录制度，对违背市场竞争原则和侵犯消费者、劳动者合法权益的市场主体建立“黑名单”制度。（工商总局牵头负责） 对守信主体予以支持和激励，对失信主体在经营、投融资、取得政府供应土地、进出口、出入境、注册新公司、工程招投标、政府采购、获得荣誉、安全许可、生产许可、从业任职资格、资质审核等方面依法予以限制或禁止，对严重违法失信主体实行市场禁入制度。（各相关市场监管部门按职责分工分别负责）	中央文明办、共青团中央等相关部门

续表

惩戒措施	法律及政策依据	实施单位
（十九）限制获得荣誉称号	2.《国务院关于建立完善守信联合激励和失信联合惩戒制度加快推进社会诚信建设的指导意见》（国发〔2016〕33 号） （十）依法依规加强对失信行为的行政性约束和惩戒。对严重失信主体，各地区、各有关部门应将其列为重点监管对象，依法依规采取行政性约束和惩戒措施。从严审核行政许可审批项目，从严控制生产许可证发放，限制新增项目审批、核准，限制股票发行上市融资或发行债券，限制在全国股份转让系统挂牌、融资，限制发起设立或参股金融机构以及小额贷款公司、融资担保公司、创业投资公司、互联网融资平台等机构，限制从事互联网信息服务等。严格限制申请财政性资金项目，限制参与有关公共资源交易活动，限制参与基础设施和公用事业特许经营。对严重失信企业及其法定代表人、主要负责人和对失信行为负有直接责任的注册执业人员等实施市场和行业禁入措施。及时撤销严重失信企业及其法定代表人、负责人、高级管理人员和对失信行为负有直接责任的董事、股东等人员的荣誉称号，取消参加评先评优资格。	中央文明办、共青团中央等相关部门
（二十）供纳税信用管理时审慎性参考	《纳税信用管理办法（试行）》（国家税务总局公告 2014 年第 40 号） 第十条　纳税信用信息包括纳税人信用历史信息、税务内部信息、外部信息。 纳税人信用历史信息包括基本信息和评价年度之前的纳税信用记录，以及相关部门评定的优良信用记录和不良信用记录。 税务内部信息包括经常性指标信息和非经常性指标信息。经常性指标信息是指涉税申报信息、税（费）款缴纳信息、发票与税控器具信息、登记与账簿信息等纳税人在评价年度内经常产生的指标信息；非经常性指标信息是指税务检查信息等纳税人在评价年度内不经常产生的指标信息。 外部信息包括外部参考信息和外部评价信息。外部参考信息包括评价年度相关部门评定的优良信用记录和不良信用记录；外部评价信息是指从相关部门取得的影响纳税人纳税信用评价的指标信息。 第十四条　本办法第十条第四款外部信息主要通过税务管理系统、国家统一信用信息平台、相关部门官方网站、新闻媒体或者媒介等渠道采集。通过新闻媒体或者媒介采集的信息应核实后使用。	税务总局

续表

惩戒措施	法律及政策依据	实施单位
（二十一）供外汇业务审批与管理时审慎性参考	《国务院关于印发社会信用体系建设规划纲要（2014—2020年）的通知》（国发〔2014〕21号） 二、推进重点领域诚信建设 （一）加快推进政务诚信建设 发挥政府诚信建设示范作用。各级人民政府首先要加强自身诚信建设，以政府的诚信施政，带动全社会诚信意识的树立和诚信水平的提高。在行政许可、政府采购、招标投标、劳动就业、社会保障、科研管理、干部选拔任用和管理监督、申请政府资金支持等领域，率先使用信用信息和信用产品，培育信用服务市场发展。	外汇局
（二十二）限制享受优惠性政策认定参考	《国务院关于印发社会信用体系建设规划纲要（2014—2020年）的通知》（国发〔2014〕21号） 五、完善以奖惩制度为重点的社会信用体系运行机制 运行机制是保障社会信用体系各系统协调运行的制度基础。其中，守信激励和失信惩戒机制直接作用于各个社会主体信用行为，是社会信用体系运行的核心机制。 （一）构建守信激励和失信惩戒机制 加强对守信主体的奖励和激励。加大对守信行为的表彰和宣传力度。按规定对诚信企业和模范个人给予表彰，通过新闻媒体广泛宣传，营造守信光荣的舆论氛围。发展改革、财政、金融、环境保护、住房城乡建设、交通运输、商务、工商、税务、质检、安全监管、海关、知识产权等部门，在市场监管和公共服务过程中，要深化信用信息和信用产品的应用，对诚实守信者实行优先办理、简化程序等“绿色通道”支持激励政策。 加强对失信主体的约束和惩戒。强化行政监管性约束和惩戒。在现有行政处罚措施的基础上，健全失信惩戒制度，建立各行业黑名单制度和市场退出机制。推动各级人民政府在市场监管和公共服务的市场准入、资质认定、行政审批、政策扶持等方面实施信用分类监管，结合监管对象的失信类别和程度，使失信者受到惩戒。逐步建立行政许可申请人信用承诺制度，并开展申请人信用审查，确保申请人在政府推荐的征信机构中有信用记录，配合征信机构开展信用信息采集工作。推动形成市场性约束和惩戒。制定信用基准性评价指标体系和评价方法，完善失信信息记录和披露制度，使失信者在市场交易中受到制约。推动形成行业性约束和惩戒。通过行业协会制定行业自律规则并监督会员遵守。对违规的失信者，按照情节轻重，	国家发改委、商务部、海关总署、质检总局

续表

惩戒措施	法律及政策依据	实施单位
(二十二) 限制享受优惠性政策认定参考	对机构会员和个人会员实行警告、行业内通报批评、公开谴责等惩戒措施。推动形成社会性约束和惩戒。完善社会舆论监督机制，加强对失信行为的披露和曝光，发挥群众评议讨论、批评报道等作用，通过社会的道德谴责，形成社会震慑力，约束社会成员的失信行为。 建立失信行为有奖举报制度。切实落实对举报人的奖励，保护举报人的合法权益。 建立多部门、跨地区信用联合奖惩机制。通过信用信息交换共享，实现多部门、跨地区信用奖惩联动，使守信者处处受益、失信者寸步难行。	国家发改委、商务部、海关总署、质检总局
(二十三) 依法限制成为海关认证企业	《海关认证企业标准（一般认证）》（海关总署公告 2014 年第 82 号） （九）未有不良外部信用 20. 外部信用：企业或者其企业法定代表人（负责人）、负责关务的高级管理人员、财务负责人连续一年在工商、商务、税务、银行、外汇、检验检疫、公安、检察院、法院等部门未被列入经营异常名录、失信企业或者人员名单、黑名单企业、人员。	海关总署
(二十四) 加大进出口货物监管力度	《国务院关于促进市场公平竞争维护市场正常秩序的若干意见》（国发〔2014〕20 号） （十五）建立健全守信激励和失信惩戒机制。将市场主体的信用信息作为实施行政管理的重要参考。根据市场主体信用状况实行分类分级、动态监管，建立健全经营异常名录制度，对违背市场竞争原则和侵犯消费者、劳动者合法权益的市场主体建立“黑名单”制度。（工商总局牵头负责） 对守信主体予以支持和激励，对失信主体在经营、投融资、取得政府供应土地、进出口、出入境、注册新公司、工程招投标、政府采购、获得荣誉、安全许可、生产许可、从业任职资格、资质审核等方面依法予以限制或禁止，对严重违法失信主体实行市场禁入制度。（各相关市场监管部门按职责分工分别负责） 《国务院关于印发社会信用体系建设规划纲要（2014—2020 年）的通知》（国发〔2014〕21 号） 加强对失信主体的约束和惩戒。强化行政监管性约束和惩戒。在现有行政处罚措施的基础上，健全失信惩戒制度，建立各行业黑名单制度和市场退出机制。推动各级人民政府在市场监管和公共服务的市场准入、资质认定、行政审批、政策扶持等方面实施信用分类监管，结合监管对象的失信类别和程度，使失信者受到惩戒。	海关总署

续表

惩戒措施	法律及政策依据	实施单位
（二十五）依法限制取得政府供应土地参考	1.《国务院关于促进市场公平竞争维护市场正常秩序的若干意见》（国发〔2014〕20号） 建立健全守信激励和失信惩戒机制。将市场主体的信用信息作为实施行政管理的重要参考。根据市场主体信用状况实行分类分级、动态监管，建立健全经营异常名录制度，对违背市场竞争原则和侵犯消费者、劳动者合法权益的市场主体建立“黑名单”制度。对守信主体予以支持和激励，对失信主体在经营、投融资、取得政府供应土地、进出口、出入境、注册新公司、工程招投标、政府采购、获得荣誉、安全许可、生产许可、从业任职资格、资质审核等方面依法予以限制或禁止，对严重违法失信主体实行市场禁入制度。 2.《国务院办公厅关于运用大数据加强对市场主体服务和监管的若干意见》（国办发〔2015〕51号） 建立健全失信联合惩戒机制。各级人民政府应将使用信用信息和信用报告嵌入行政管理和公共服务的各领域、各环节，作为必要条件或重要参考依据。充分发挥行政、司法、金融、社会等领域的综合监管效能，在市场准入、行政审批、资质认定、享受财政补贴和税收优惠政策、企业法定代表人和负责人任职资格审查、政府采购、政府购买服务、银行信贷、招标投标、国有土地出让、企业上市、货物通关、税收征缴、社保缴费、外汇管理、劳动用工、价格制定、电子商务、产品质量、食品药品安全、消费品安全、知识产权、环境保护、治安管理、人口管理、出入境管理、授予荣誉称号等方面，建立跨部门联动响应和失信约束机制，对违法失信主体依法予以限制或禁入。建立各行业“黑名单”制度和市场退出机制。推动将申请人良好的信用状况作为各类行政许可的必备条件。 3.《企业信息公示暂行条例》（中华人民共和国国务院令第654号） 第十八条　县级以上地方人民政府及其有关部门应当建立健全信用约束机制，在政府采购、工程招投标、国有土地出让、授予荣誉称号等工作中，将企业信息作为重要考量因素，对被列入经营异常名录或者严重违法企业名单的企业依法予以限制或者禁入。	国土资源部
（二十六）依法限制参与政府投资工程建设项目投标活动参考	1.《工程建设项目施工招标投标办法》（国家发展计划委员会令第30号，国家发展和改革委员会令第23号） 第二十条　资格审查应主要审查潜在投标人或者投标人是否符合下列条件： （一）具有独立订立合同的权利； （二）具有履行合同的能力，包括专业、技术资格和能力，资金、设备和其他物质设施状况，管理能	国家发改委、工业和信息化部、住房城乡建设部、交通运输部、水利部、商务部、民航局、铁路总公司

续表

惩戒措施	法律及政策依据	实施单位
（二十六）依法限制参与政府投资工程建设项目投标活动参考	力，经验、信誉和相应的从业人员； （三）没有处于被责令停业，投标资格被取消，财产被接管、冻结，破产状态； （四）在最近三年内没有骗取中标和严重违约及重大工程质量问题； （五）国家规定的其他资格条件。 资格审查时，招标人不得以不合理的条件限制、排斥潜在投标人或者投标人，不得对潜在投标人或者投标人实行歧视待遇。任何单位和个人不得以行政手段或者其他不合理方式限制投标人的数量。 2.《国务院关于印发社会信用体系建设规划纲要（2014—2020年）的通知》（国发〔2014〕21号） 招标投标领域信用建设。扩大招标投标信用信息公开和共享范围，建立涵盖招标投标情况的信用评价指标和评价标准体系，健全招标投标信用信息公开和共享制度。进一步贯彻落实招标投标违法行为记录公告制度，推动完善奖惩联动机制。依托电子招标投标系统及其公共服务平台，实现招标投标和合同履行等信用信息的互联互通、实时交换和整合共享。鼓励市场主体运用基本信用信息和第三方信用评价结果，并将其作为投标人资格审查、评标、定标和合同签订的重要依据。 3.《国务院办公厅关于运用大数据加强对市场主体服务和监管的若干意见》（国办发〔2015〕51号） 建立健全失信联合惩戒机制。各级人民政府应将使用信用信息和信用报告嵌入行政管理和公共服务的各领域、各环节，作为必要条件或重要参考依据。充分发挥行政、司法、金融、社会等领域的综合监管效能，在市场准入、行政审批、资质认定、享受财政补贴和税收优惠政策、企业法定代表人和负责人任职资格审查、政府采购、政府购买服务、银行信贷、招标投标、国有土地出让、企业上市、货物通关、税收征缴、社保缴费、外汇管理、劳动用工、价格制定、电子商务、产品质量、食品药品安全、消费品安全、知识产权、环境保护、治安管理、人口管理、出入境管理、授予荣誉称号等方面，建立跨部门联动响应和失信约束机制，对违法失信主体依法予以限制或禁入。建立各行业"黑名单"制度和市场退出机制。推动将申请人良好的信用状况作为各类行政许可的必备条件。	国家发改委、工业和信息化部、住房城乡建设部、交通运输部、水利部、商务部、民航局、铁路总公司

续表

惩戒措施	法律及政策依据	实施单位
（二十七）依法限制受让收费公路权益参考	《收费公路权益转让办法》 第十二条 公路收费权的受让方应当具备下列条件： （一）财务状况良好，企业所有者权益不低于受让项目实际造价的35%； （二）商业信誉良好，在经济活动中无重大违法违规行为； （三）法律、法规规定的其他条件。 单独转让公路广告经营权、服务设施经营权时，其受让方应当具备的条件，按照地方性法规和省级人民政府规章执行。	交通运输部
（二十八）通过“信用中国”网站、国家企业信用信息公示系统及其他主要新闻网站向社会发布	1.《国务院办公厅关于运用大数据加强对市场主体服务和监管的若干意见》（国办发〔2015〕51号） 第十九条 大力推进市场主体信息公示。严格执行《企业信息公示暂行条例》，加快实施经营异常名录制度和严重违法失信企业名单制度。建设国家企业信用信息公示系统，依法对企业注册登记、行政许可、行政处罚等基本信用信息以及企业年度报告、经营异常名录和严重违法失信企业名单进行公示，提高市场透明度，并与国家统一的信用信息共享交换平台实现有机对接和信息共享。支持探索开展社会化的信用信息公示服务。建设“信用中国”网站，归集整合各地区、各部门掌握的应向社会公开的信用信息，实现信用信息一站式查询，方便社会了解市场主体信用状况。各级政府及其部门网站要与“信用中国”网站连接，并将本单位政务公开信息和相关市场主体违法违规信息在“信用中国”网站公开。 2.《企业信息公示暂行条例》 第七条 工商行政管理部门以外的其他政府部门（以下简称其他政府部门）应当公示其在履行职责过程中产生的下列企业信息： （一）行政许可准予、变更、延续信息； （二）行政处罚信息； （三）其他依法应当公示的信息。 其他政府部门可以通过企业信用信息公示系统，也可以通过其他系统公示前款规定的企业信息。工商行政管理部门和其他政府部门应当按照国家社会信用信息平台建设的总体要求，实现企业信息的互联共享。 3.《中华人民共和国政府信息公开条例》	国家发改委、工商总局、中央网信办

续表

惩戒措施	法律及政策依据	实施单位
（二十八）通过“信用中国”网站、国家企业信用信息公示系统及其他主要新闻网站向社会发布	第九条　行政机关对符合下列基本要求之一的政府信息应当主动公开： （一）涉及公民、法人或者其他组织切身利益的； （二）需要社会公众广泛知晓或者参与的； （三）反映本行政机关机构设置、职能、办事程序等情况的； （四）其他依照法律、法规和国家有关规定应当主动公开的。 4.《互联网新闻信息服务管理规定》 第三条　互联网新闻信息服务单位从事互联网新闻信息服务，应当遵守宪法、法律和法规，坚持为人民服务、为社会主义服务的方向，坚持正确的舆论导向，维护国家利益和公共利益。国家鼓励互联网新闻信息服务单位传播有益于提高民族素质、推动经济发展、促进社会进步的健康、文明的新闻信息。	国家发改委、工商总局、中央网信办

关于加强对外经济合作领域信用体系建设的指导意见

发改外资〔2017〕1893号

各省、自治区、直辖市、新疆生产建设兵团有关部门、机构：

对外开放是我国的基本国策，在党中央、国务院的统一部署和领导下，对外经济合作稳步推进。通过"一带一路"建设、对外经济合作，我国产业布局不断优化，产品、人才、技术、标准和文化大踏步"走出去"，国家海外利益稳步拓展，同时也实实在在地促进了合作国经济社会发展，从而实现互利共赢、包容共享。根据《国务院关于印发社会信用体系建设规划纲要（2014—2020年）的通知》（国发〔2014〕21号）和《国务院关于建立完善守信联合激励和失信联合惩戒制度加快推进社会诚信建设的指导意见》（国发〔2016〕33号），为加强对外经济合作领域信用体系建设，规范对外经济合作秩序，提高对外经济合作领域参与者的诚信意识，营造良好的对外经济合作大环境，现提出如下意见。

一、加强对外经济合作领域信用体系建设的重要意义

建立健全企业履行主体责任、政府依法监管和社会广泛参与的信用体系，有利于在对外开放中有效维护国家利益、声誉和安全，有效规范对外经济合作参与者的行为和市场秩序，营造守法、合规、优质、诚信、公平开放、竞争有序的对外经济合作大环境，有效提高对外经济合作参与者诚信意识，提高对外经济合作水平，树立良好形象。

二、总体要求

全面贯彻落实党的十九大精神，以习近平新时代中国特色社会主义思想为指引，按照党中央、国务院对信用体系建设的总体要求，加快对外经济合作领域信用记录建设，推动信用信息共享应用，建立失信联合惩戒机制，有效规范对外经济合作秩序和参与者行为。

建立健全对外经济合作领域信用信息采集、共享规则，严格保护组织、个人隐私和信息安全，依法依规推进信用信息公开和应用。鼓励开发对外经济合作领域信用产品，使用信用信息和信用产品，推动实施失信联合惩戒，使守信者受益，失信者受限，增强负面惩戒的力度。

在对外经济合作领域，以对外投资、对外承包工程和对外劳务合作、对外贸易、对外金融合作为重点，加强对外经济合作信用记录建设。依托全国信用信息共享平台和国家企业信用信息公示系统，逐步实现信用信息的归集、处理、公示和应用。

三、加快推进对外经济合作信用记录建设

对贯彻落实“一带一路”建设、国际产能合作，参与实施设施联通、贸易畅通、资金融通等合作的对外经济合作主体和相关责任人，如出现违反国内及合作国家和地区相关法律法规以及违反国际公约、联合国决议，扰乱对外经济合作秩序且对推进“一带一路”建设造成严重不良影响、危害我国家声誉利益等的行为，相关主管部门将失信主体、责任人和失信行为记入信用记录。

（一）建立对外投资合作主体的信用记录

对外投资主体和相关责任人，如出现违反国内及合作国家和地区相关法律法规以及违反国际公约、联合国决议，未按相关规定履行报批手续，虚假投资、捏造伪造项目信息骗取国家主管部门核准或备案文件以及办理境外投资外汇登记等，骗取资金以及办理资金购汇及汇出，拒绝履行对外投资统计申报义务或不实申报或拒绝办理境外直接投资存量权益登记，违规将应调回的利润、撤资等资金滞留境外，恶性竞争、扰乱对外经济合作秩序，且对外造成严重不良影响，危害我国家声誉利益等的行为，相关主管部门将失信主体、责任人和失信行为记入信用记录。

（二）建立对外承包工程和对外劳务合作主体的信用记录

对外承包工程、对外劳务合作主体和相关责任人，如出现违反国内及合作国家和地区相关法律法规以及违反国际公约、联合国决议，虚假投标、围标串标，骗贷骗汇，工程质量、安全生产不符合相关标准，未及时足额缴存外派劳务备用金、违法违规外派和非法外派、侵害劳务人员合法权益，拒绝履行对外承包工程和对外劳务合作统计申报义务或不实申报，恶性竞争，扰乱对外经济合作秩序且对外造成严重不良影响，危害我国家声誉利益等的行为，相关主管部门将失信主体、责任人和失信行为记入信用记录。

（三）建立对外金融合作主体的信用记录

对违反国内及合作国家和地区相关法律法规以及违反国际公约、联合国决议，利用夸大、捏造不实信息冲击人民币汇率以及违反国际收支统计申报义务或未按规定进行国际收支申报、情节严重的，非法跨境资本流动、洗钱、逃税、非法融资、非法证券期货行为，为暴力恐怖、分裂破坏、渗透颠覆活动融资，扰乱对外经济合作秩序，且对外造成严重不良影响，危害我国家声誉利益等的行为，相关主管部门将失信主体、责任人和失信行为记入信用记录。

（四）建立对外贸易主体的信用记录

对违反国内及合作国家和地区相关法律法规以及违反国际公约、联合国决议，出售假冒伪劣产品，通过虚假贸易，非法买卖外汇，骗贷骗赔骗税骗外汇、洗钱、套利、编造虚假业绩，或者因企业产品质量安全问题给社会及进出口贸易造成重大危害和损失，扰乱对外经济合作秩序、对外造成严重不良影响，危害我国家声誉利益等的行为，相关主管部门将失信主体、责任人和失信行为记入信用记录。

（五）鼓励社会各界力量参与信用记录建设

推动相关政府部门、企事业单位、行业协会、社会信用服务机构加强配合，社会各界力量广泛参与，形成对外经济合作领域信用建设的合力。鼓励行业组织、社会信用服务机构积极参与信用记录建设，通过各种渠道依法依规搜集整理对外经济合作领域各类主体的失信信息。鼓励广大人民群众如实举报相关失信行为。

四、加快推进对外经济合作领域信用信息共享应用

对外经济合作信用信息包括企业基础信息、对外经济合作基本信息、违法违规并造成严重不良影响等失信行为信息、相关处罚信息等。

按照属地化和行业化管理原则，各相关部门和地方定期将各自管理职责范畴内采集到的对外经济合作失信主体的相关信用信息推送给全国信用信息共享平台。共享平台及时动态更新失信行为相关主体、责任人的信用记录，并按照有关规定向相关部门和单位提供对外经济合作相关主体、责任人的信用信息。同时在国家发展改革委、商务部、人民银行以及相关业务主管部门网站、国家企业信用信息公示系统、"信用中国"网站等向社会公布。

各相关部门掌握的可以依法向社会公开的信用信息应当及时通过部门网站公布，并主动向国家企业信用信息公示系统和"信用中国"网站推送。积极协调有关互联网新闻信息服务单位及时向社会公布依照法律法规可以公开的失信行为相关主体、责任人信用信息，不断扩大信用信息的公众知晓度。

五、建立对外经济合作领域失信惩戒机制

各相关部门通过签署对外经济合作领域失信行为联合惩戒合作备忘录，对严重失信主体依法依规实施联合惩戒。

鼓励各类社会机构和企业法人依据法律法规和规章制度，采用市场化的手段，对失信企业在信贷担保、保险费率、招投标采购等方面采取限制性措施，强化失信联合惩戒的效果。

六、机制保障

（一）指导协调机制

在国务院"走出去"工作部际联席会议机制内，加强对对外经济合作领域信用体系建设的指导和协调，各相关部门和地方要高度重视，研究制定对失信行为的惩戒措施，积极落实各项政策措施。

（二）修复机制

制定信用信息主体异议和申诉流程，保护信用信息主体合法权益。建立信用信息纠错、修复机制，明确各类信用信息期限，失信惩戒期限，畅通信

用修复渠道，丰富信用信息修复方式。

（三）采集、查询机制

相关政府部门、行业协会组织和社会信用服务机构要严格遵照有关规定，建立健全保障信用信息安全的规章制度，严格执行信用信息采集、查询和使用的权限和程序。

（四）通报机制

建立对外经济合作领域惩戒效果定期通报机制，各部门定期将联合惩戒实施情况通过全国信用信息共享平台反馈给国家发展改革委、商务部、人民银行、外交部及其他相关部门。

二〇一七年十月三十一日

关于印发《关于对对外经济合作领域严重失信主体开展联合惩戒的合作备忘录》的通知

发改外资〔2017〕1894 号

各省、自治区、直辖市和新疆生产建设兵团有关部门、机构：

为全面贯彻党的十九大精神，以习近平新时代中国特色社会主义思想为指引，落实《国务院关于印发社会信用体系建设规划纲要（2014—2020 年）的通知》（国发〔2014〕21 号）、《国务院关于建立完善守信联合激励和失信联合惩戒制度加快推进社会诚信建设的指导意见》（国发〔2016〕33 号）等文件精神，加快推进对外经济合作领域信用体系建设，建立健全守信联合激励和失信联合惩戒机制，促进形成“褒扬诚信、惩戒失信”的良好社会环境，国家发展改革委、人民银行、商务部、外交部、中央组织部、中央文明办、中央网信办、工业和信息化部、公安部、财政部、国土资源部、环境保护部、交通运输部、农业部、文化部、国资委、海关总署、税务总局、工商总局、质检总局、食品药品监管总局、安全监管总局、统计局、银监会、证监会、保监会、能源局、外汇局等部门联合签署了《关于对对外经济合作领域严重失信主体开展联合惩戒的合作备忘录》。现印发给你们，请认真贯彻执行。

附件：关于对对外经济合作领域严重失信主体开展联合惩戒的合作备忘录（电子版详见光盘）

二〇一七年十月三十一日

附件：

关于对对外经济合作领域严重失信主体开展联合惩戒的合作备忘录

为全面贯彻党的十九大精神，以习近平新时代中国特色社会主义思想为指引，落实《国务院关于促进市场公平竞争维护市场正常秩序的若干意见》（国发〔2014〕20号）、《国务院关于印发社会信用体系建设规划纲要（2014—2020年）的通知》（国发〔2014〕21号）、《国务院关于建立完善守信联合激励和失信联合惩戒制度加快推进社会诚信建设的指导意见》（国发〔2016〕33号）等有关要求，加快推进对外经济合作领域信用体系建设，建立健全对外经济合作失信联合惩戒机制，发展改革委、人民银行、商务部、外交部、中央组织部、中央文明办、中央网信办、工业和信息化部、公安部、财政部、国土资源部、环境保护部、交通运输部、农业部、文化部、国资委、海关总署、税务总局、工商总局、质检总局、食品药品监管总局、安全监管总局、统计局、能源局、外汇局、银监会、证监会、保监会等部门就针对对外经济合作领域严重失信责任主体和相关责任人开展联合惩戒工作达成如下一致意见。

一、联合惩戒对象

联合惩戒对象为被对外经济合作主管部门和地方列为对外经济合作领域严重失信行为的责任主体和相关责任人。对开展“一带一路”建设、国际产能合作，参与实施设施联通、贸易畅通、资金融通等合作的对外经济合作主体和相关责任人，如出现违反国内及合作国相关法律法规以及违反国际公约、联合国决议，扰乱对外经济合作秩序且对实施“一带一路”建设造成严重不良影响，危害国家声誉利益等情节特别严重、影响极为恶劣的行为，相关主管部门将失信主体、责任人和失信行为记入信用记录，实施联合惩戒。

（一）对外投资失信主体

对外投资主体和相关责任人出现违反国内及合作国家和地区相关法律法规以及违反国际公约、联合国决议，未按相关规定履行报批手续，虚假投资、捏造伪造项目信息骗取国家主管部门核准或备案文件以及办理境外投资外汇登记等，骗取资金以及办理资金购汇及汇出，拒绝履行对外投资统计申报义务或不实申报或拒绝办理境外直接投资存量权益登记，违规将应调回的利润、撤资等资金滞留境外的，恶性竞争、扰乱对外经济合作秩序，且对外造成严重不良影响，危害我国家声誉利益等的行为，有关部门和地方对相关失信主体、责任人实施联合惩戒。

（二）对外承包工程建设和对外劳务合作失信主体

对外承包工程、对外劳务合作主体和相关责任人出现违反国内及合作国家和地区相关法律法规以及违反国际公约、联合国决议，未按相关规定取得许可、资质，虚假投标、围标串标，骗贷骗汇，工程质量、安全生产不符合相关标准，未及时足额缴存外派劳务备用金、违法违规外派和非法外派、侵害劳务人员合法权益，拒绝履行对外承包工程和对外劳务合作统计申报义务或不实申报，恶性竞争，扰乱对外经济合作秩序，且对外造成严重不良影响，危害我国家声誉利益等的行为，有关部门和地方对相关失信主体、责任人实施联合惩戒。

（三）对外金融合作失信主体

对外金融合作主体出现违反相关国内及合作国家和地区法律法规以及违反国际公约、联合国决议，利用夸大、捏造不实信息冲击人民币汇率以及违反国际收支统计申报义务或未按规定进行国际收支申报、情节严重的，非法跨境资本流动、洗钱、逃税、非法融资、非法证券期货行为，为暴力恐怖、分裂破坏、渗透颠覆活动融资，扰乱对外经济合作秩序，且对外造成严重不良影响，危害我国家声誉利益等的行为，有关部门和地方对相关失信主体、责任人实施联合惩戒。

（四）对外贸易失信主体

对外贸易主体出现违反相关国内及合作国家和地区法律法规以及违反国际公约、联合国决议，销售假冒伪劣产品，通过虚假贸易，非法买卖外汇，骗贷骗赔骗税骗外汇，洗钱、套利、编造虚假业绩，或者因企业产品质量安全问题给社会及进出口贸易造成重大危害和损失，扰乱对外经济合作秩序，且对外造成严重不良影响，危害我国家声誉利益等的行为，有关部门和地方对相关失信主体、责任人实施联合惩戒。

二、惩戒措施及实施部门和单位

（一）对外投资领域惩戒措施

1. 有关主管部门将严重失信主体作为对外投资重点监控对象。

2. 有关主管部门依据相关法律法规规章对严重失信主体对外投资备案、核准等申请不予受理。

3. 有关主管部门依法依规对严重失信主体不予办理对外投资项下外汇登记、购汇、汇出手续等。

4. 有关管理部门停止对严重失信主体对外投资项目给予政策支持。

（二）对外承包工程和对外劳务合作领域惩戒措施

1. 有关主管部门禁止其在一定期限内对外承包新的工程项目。

2. 造成重大工程质量问题，发生较大事故以上安全生产事故的，有关主管部门可以降低其资质等级。

3. 未取得主管部门的许可，擅自从事对外承包工程外派人员中介服务的，有关主管部门可没收违法所得，对其主要负责人罚款。

4. 定期对统计数据进行核查。

5. 未依法取得对外劳务合作经营资格，从事对外劳务合作的，有关主管部门依规定查处取缔。

6. 构成犯罪的，依法追究刑事责任。

（三）金融国际合作领域惩戒措施

1. 逐步完善跨境监管合作机制，在现行法律法规框架下，向相关境外监管机构提供相关责任主体的失信信息。

2. 将失信主体的失信状况作为境内保险公司申请设立境外营业性机构、代表处以及收购境外保险机构或向境外保险类机构增资审批时的审慎性参考依据。

3. 违法失信主体为自然人的，限制其担任保险机构境外设立机构的负责人。

（四）国际贸易领域惩戒措施

1. 撤销对外贸易经营者“对外贸易经营者备案登记表”。

2. 有关管理部门停止对严重失信主体服务贸易项目给予政策支持。

3. 失信主体申请适用海关认证企业管理的，不予通过认证；对已经成为认证企业的，按照规定下调企业信用等级。

4. 失信主体在办理相关海关业务时，对其进出口货物实施严密监管，加强单证审核、布控查验加工贸易担保征收或后续稽查。

5. 质检部门对严重失信主体的注册资质申请审慎受理，对责任主体申报的进出口商品实施加严检验检疫措施。

（五）其他联合惩戒措施

1. 将失信主体的失信状况作为设立商业银行或分行、代表处以及参股、收购商业银行审批时的审慎性参考依据。

2. 在审批证券公司、基金管理公司、期货公司的设立和变更持有5%以上股权的股东、实际控制人，以及私募投资基金管理人登记时，依法将失信主体的失信状况作为重要参考依据。

3. 将失信主体的失信状况作为发起设立保险公司和变更股权、实际控制人的审慎性参考依据。

4. 在上市公司或者非上市公众公司收购的事中事后监管中，对有严重失信行为的责任主体予以重点关注。

5. 依法限制严重失信主体取得政府供应土地。

6. 依法限制严重失信主体参与政府采购活动。

7. 依法限制严重失信主体参与政府投资工程建设项目投标活动。

8. 对严重失信主体发布的广告要予以重点监管，经核实是虚假违法广告的应立即责令停止发布，依法查处。

9. 将失信主体的失信状况作为其融资或对其授信的重要依据或参考。

10. 将失信主体的失信状况作为审核股票发行上市及在全国中小企业股份转让系统挂牌公开转让时的重要参考。

11. 将失信主体的失信状况作为合格境内机构投资者、合格境外机构投资者等外汇额度核准与管理的重要参考依据。

12. 将失信主体的失信记录作为申请发行企业债券及公司债券，在银行间市场发行债券的重要参考。

13. 相关监督管理部门依法依规加大对失信主体日常监督检查频次和提高随机抽查概率。

14. 失信主体变更名称的，将变更前后的名称在国家企业信用信息公示系统上公示。

15. 限制严重失信主体取得认证机构资质，限制其获得认证证书。

16. 依法限制失信主体享受财政补助补贴性资金和社会保障资金支持。

17. 对失信主体，限制其参与基础设施和公用事业特许经营。

18. 对严重失信行为相关责任人，限制其担任国有独资公司董事、监事及国有资本控股或参股公司董事、监事和国有独资企业高级管理人员及提名为国有资本控股或参股公司董事、监事建议人选。

19. 对失信主体，限制其参与评先、评优或取得各类荣誉称号；已获得相关荣誉称号的予以撤销。

20. 将失信主体相关失信信息作为选择参与政府和社会资本合作的参考。

21. 将严重失信主体及责任人相关失信信息作为相关机构及其法定代表人、实际控制人、董事、监事、高级管理人员享受优惠性政策时的审慎性考量因素。

三、联合惩戒的实施方式

国家发展改革委及相关各部门通过全国信用信息共享平台定期向签署本备忘录的相关部门提供对外经济合作领域严重失信主体和责任人的相关信息，并按照有关规定动态更新。同时在国家发展改革委、人民银行、商务部、外交部及相关部门网站和国家企业信用信息公示系统、“信用中国”网站等向社会公布。

各部门按照本备忘录约定内容，依法依规对对外经济合作领域严重失信主体和责任人实施联合惩戒。同时，逐步建立惩戒效果定期通报机制，有条件的部门定期将联合惩戒实施情况通过全国信用信息共享平台共享。

四、其他事宜

各部门应密切协作，积极落实本备忘录，制定对外经济合作领域严重失信主体和责任人相关信息的使用、撤销、管理、监督的相关实施细则和操作流程，指导本系统各级单位依法依规实施联合惩戒措施。

本备忘录实施过程中涉及部门之间协调配合的问题，由各部门协商解决。

本备忘录签署后，各项惩戒措施依据的法律、法规、规章及规范性文件有修改或调整的，以修改后的法律、法规、规章及规范性文件为准。

附录：

惩戒措施及相关法律依据

惩戒措施	法律及政策依据	实施部门
（一）对外投资领域管理部门采取的惩戒措施		
1. 有关主管部门将严重失信主体作为对外投资重点监控对象 2. 有关主管部门依据相关法律法规对严重失信主体对外投资备案、核准等申请不予受理	1.《境外投资项目核准和备案管理办法》（国家发展改革委第 9 号令） 第二十八条　投资主体应当对境外投资项目申请报告或项目备案申请表及附件的真实性、合法性负责。投资主体在境外投资项目申报过程中违反法律法规，隐瞒有关情况或提供虚假材料的，国家发展改革委将不予受理或不予核准备案；已经取得核准文件或备案通知书的，国家发展改革委将撤销核准文件或备案通知书，并给予警告。 第二十九条　对于按照本办法规定投资主体应申请办理核准或备案但未依法取得核准文件或备案通知书而擅自实施的项目，以及未按照核准文件或备案通知书内容实施的项目，一经发现，国家发展改革委将会同有关部门责令其停止项目实施，并提请或者移交有关机关依法追究有关责任人的法律和行政责任。 对于按照本办法第十条规定投资主体应报送项目信息报告但未获得信息报告确认函而对外开展实质性工作的，国家发展改革委将予以通报批评，责令其纠正。对于性质严重、给国家利益造成严重损害的，国家发展改革委将会同有关部门依法进行处罚，并提请或者移交有关机关依法追究有关责任人的法律和行政责任。 2.《境外投资管理办法》（商务部令 2014 年第 3 号） 第十九条　企业应当客观评估自身条件、能力，深入研究投资目的地投资环境，积极稳妥开展境外投资，注意防范风险。境内外法律法规和规章对资格资质有要求的，企业应当取得相关证明文件。	国家发改委和地方发展改革部门，商务部和地方商务主管部门

续表

惩戒措施	法律及政策依据	实施部门
3. 有关主管部门对严重失信主体不予办理对外投资项下外汇登记、购汇、汇出手续等 4. 有关管理部门停止对严重失信主体对外投资项目给予政策支持	第二十条　企业应当要求其投资的境外企业遵守投资目的地法律法规、尊重当地风俗习惯，履行社会责任，做好环境、劳工保护、企业文化建设等工作，促进与当地的融合。 第二十一条　企业对其投资的境外企业的冠名应当符合境内外法律法规和政策规定。未按国家有关规定获得批准的企业，其境外企业名称不得使用“中国”“中华”等字样。 第二十二条　企业应当落实人员和财产安全防范措施，建立突发事件预警机制和应急预案。在境外发生突发事件时，企业应当在驻外使（领）馆和国内有关主管部门的指导下，及时、妥善处理。 企业应当做好外派人员的选审、行前安全、纪律教育和应急培训工作，加强对外派人员的管理，依法办理当地合法居留和工作许可。 第二十三条　企业应当要求其投资的境外企业中方负责人当面或以信函、传真、电子邮件等方式及时向驻外使（领）馆（经商处室）报到登记。 第二十四条　企业应当向原备案或核准的商务部或省级商务主管部门报告境外投资业务情况、统计资料，以及与境外投资相关的困难、问题，并确保报送情况和数据真实准确。 第二十五条　企业投资的境外企业开展境外再投资，在完成境外法律手续后，企业应当向商务主管部门报告。涉及中央企业的，中央企业通过“管理系统”填报相关信息，打印“境外中资企业再投资报告表”（以下简称“再投资报告表”，样式见附件4）并加盖印章后报商务部；涉及地方企业的，地方企业通过“管理系统”填报相关信息，打印“再投资报告表”并加盖印章后报省级商务主管部门。 第二十八条　企业以提供虚假材料等不正当手段办理备案并取得“证书”的，商务部或省级商务主管部门撤销该企业境外投资备案，给予警告，并依法公布处罚决定。 第二十九条　企业提供虚假材料申请核准的，商务部给予警告，并依法公布处罚决定。该企业在一年内不得再次申请该项核准。 企业以欺骗、贿赂等不正当手段获得境外投资核准的，商务部撤销该企业境外投资核准，给予警告，并依法公布处罚决定。该企业在三年内不得再次申请该项核准；构成犯罪的，依法追究刑事责任。	国家发改委和地方发展改革部门，商务部和地方商务主管部门

续表

惩戒措施	法律及政策依据	实施部门
3. 有关主管部门对严重失信主体不予办理对外投资项下外汇登记、购汇、汇出手续等 4. 有关管理部门停止对严重失信主体对外投资项目给予政策支持	第三十条　企业开展境外投资过程中出现本办法第四条所列情形的，应当承担相应的法律责任。 第三十一条　企业伪造、涂改、出租、出借或以任何其他形式转让“证书”的，商务部或省级商务主管部门给予警告；构成犯罪的，依法追究刑事责任。 第三十二条　境外投资出现第二十八至三十一条规定的情形以及违反本办法其他规定的企业，三年内不得享受国家有关政策支持。 第三十三条　商务部和省级商务主管部门有关工作人员不依照本办法规定履行职责、滥用职权、索取或者收受他人财物或者谋取其他利益，构成犯罪的，依法追究刑事责任；尚不构成犯罪的，依法给予行政处分。 3.《中华人民共和国统计法》 第七条　国家机关、企业事业单位和其他组织以及个体工商户和个人等统计调查对象，必须依照本法和国家有关规定，真实、准确、完整、及时地提供统计调查所需的资料，不得提供不真实或者不完整的统计资料，不得迟报、拒报统计资料。 第四十一条　作为统计调查对象的国家机关、企业事业单位或者其他组织有下列行为之一的，由县级以上人民政府统计机构责令改正，给予警告，可以予以通报；其直接负责的主管人员和其他直接责任人员属于国家工作人员的，由任免机关或者监察机关依法给予处分： （一）拒绝提供统计资料或者经催报后仍未按时提供统计资料的； （二）提供不真实或者不完整的统计资料的； （三）拒绝答复或者不如实答复统计检查查询书的； （四）拒绝、阻碍统计调查、统计检查的； （五）转移、隐匿、篡改、毁弃或者拒绝提供原始记录和凭证、统计台账、统计调查表及其他相关证明和资料的。 企业事业单位或者其他组织有前款所列行为之一的，可以并处五万元以下的罚款；情节严重的，并处五万元以上二十万元以下的罚款。	国家发改委和地方发展改革部门，商务部和地方商务主管部门

续表

惩戒措施	法律及政策依据	实施部门
4. 有关管理部门停止对严重失信主体对外投资项目给予政策支持	个体工商户有本条第一款所列行为之一的，由县级以上人民政府统计机构责令改正，给予警告，可以并处一万元以下的罚款。 4.《关于深化统计管理体制改革提高统计数据真实性的意见》（中办发〔2016〕76 号） 进一步加大统计执法力度。健全统计弄虚作假举报制度，建立完善统计信用制度，全面推进实施严重统计失信企业联合惩戒制度。企事业单位和其他组织等调查对象对干预统计调查拒绝、抑制不力，在统计数据上弄虚作假的，严格按照统计法给予通报、警告、罚款等处罚；故意虚报瞒报统计数据的，予以公开曝光，并纳入全国信用信息共享平台。 5.《对外直接投资统计制度》（商合函〔2016〕987 号） 商务部负责对各省级商务主管部门和中央企业的对外直接投资统计工作进行年度考核，以保证对外直接投资统计数据的全面性、完整性和及时性。 拒绝提供对外直接投资统计资料或者经催报后仍未按时提供统计资料的境内投资者，其行为将被纳入对外投资合作领域不良信用记录并在商务部网站进行公示。	国家发改委和地方发展改革部门，商务部和地方商务主管部门
（二）对外承包工程和对外劳务合作领域惩戒措施		
1. 有关主管部门禁止其在一定期限内对外承包新的工程项目 2. 造成严重后果的，有关主管部门可以降低其资质等级	1.《对外承包工程管理条例》（中华人民共和国国务院令第 527 号） 第十二条　对外承包工程的单位不得以不正当的低价承揽工程项目、串通投标，不得进行商业贿赂。 第十四条　对外承包工程的单位应当加强对工程质量和安全生产的管理，建立、健全并严格执行工程质量和安全生产管理的规章制度。 对外承包工程的单位将工程项目分包的，应当与分包单位订立专门的工程质量和安全生产管理协议，或者在分包合同中约定各自的工程质量和安全生产管理责任，并对分包单位的工程质量和安全生产工作统一协调、管理。 对外承包工程的单位不得将工程项目分包给不具备国家规定的相应资质的单位；工程项目的建筑施工部分不得分包给未依法取得安全生产许可证的境内建筑施工企业。 分包单位不得将工程项目转包或者再分包。对外承包工程的单位应当在分包合同中明确约定分包单位不得将工程项目转包或者再分包，并负责监督。	商务部和地方商务主管部门

续表

惩戒措施	法律及政策依据	实施部门
3. 未取得主管部门的许可，擅自从事对外承包工程外派人员中介服务的，有关主管部门可没收违法所得，对其主要负责人罚款 4. 定期对统计数据进行核查	第十五条　从事对外承包工程外派人员中介服务的机构应当取得国务院商务主管部门的许可，并按照国务院商务主管部门的规定从事对外承包工程外派人员中介服务。 对外承包工程的单位通过中介机构招用外派人员的，应当选择依法取得许可并合法经营的中介机构，不得通过未依法取得许可或者有重大违法行为的中介机构招用外派人员。 第二十五条　对外承包工程的单位有下列情形之一的，由商务主管部门责令改正，处 10 万元以上 20 万元以下的罚款，对其主要负责人处 1 万元以上 2 万元以下的罚款；拒不改正的，商务主管部门可以禁止其在 1 年以上 3 年以下的期限内对外承包新的工程项目；造成重大工程质量问题、发生较大事故以上生产安全事故或者造成其他严重后果的，商务主管部门可以降低其资质等级；对工程建设类单位，建设主管部门或者其他有关主管部门可以降低其资质等级或者吊销其资质证书： （一）未建立并严格执行工程质量和安全生产管理的规章制度的； （二）没有专门的安全管理机构和人员负责保护外派人员的人身和财产安全，或者未根据所承包工程项目的具体情况制定保护外派人员人身和财产安全的方案并落实所需经费的； （三）未对外派人员进行安全防范教育和应急知识培训的； （四）未制定突发事件应急预案，或者在境外发生突发事件，未及时、妥善处理的。 第二十六条　对外承包工程的单位有下列情形之一的，由商务主管部门责令改正，处 15 万元以上 30 万元以下的罚款，对其主要负责人处 2 万元以上 5 万元以下的罚款；拒不改正的，商务主管部门可以禁止其在 2 年以上 5 年以下的期限内对外承包新的工程项目；造成重大工程质量问题、发生较大事故以上生产安全事故或者造成其他严重后果的，商务主管部门可以吊销其对外承包工程资格证书；对工程建设类单位，建设主管部门或者其他有关主管部门可以降低其资质等级或者吊销其资质证书： （一）以不正当的低价承揽工程项目、串通投标或者进行商业贿赂的； （二）未与分包单位订立专门的工程质量和安全生产管理协议，或者未在分包合同中约定各自的工程质量和安全生产管理责任，或者未对分包单位的工程质量和安全生产工作统一协调、管理的； （三）将工程项目分包给不具备国家规定的相应资质的单位，或者将工程项目的建筑施工部分分包给未依法取得安全生产许可证的境内建筑施工企业的；	商务部和地方商务主管部门

续表

惩戒措施	法律及政策依据	实施部门
3. 未取得主管部门的许可，擅自从事对外承包工程外派人员中介服务的，有关主管部门可没收违法所得，对其主要负责人罚款 4. 定期对统计数据进行核查	（四）未在分包合同中明确约定分包单位不得将工程项目转包或者再分包的。 分包单位将其承包的工程项目转包或者再分包的，由建设主管部门责令改正，依照前款规定的数额对分包单位及其主要负责人处以罚款；造成重大工程质量问题，或者发生较大事故以上生产安全事故的，建设主管部门或者其他有关主管部门可以降低其资质等级或者吊销其资质证书。 第二十七条　对外承包工程的单位有下列情形之一的，由商务主管部门责令改正，处 2 万元以上 5 万元以下的罚款；拒不改正的，对其主要负责人处 5 000 元以上 1 万元以下的罚款： （一）与境外工程项目发包人订立合同后，未及时向中国驻该工程项目所在国使馆（领馆）报告的； （二）在境外发生突发事件，未立即向中国驻该工程项目所在国使馆（领馆）和国内有关主管部门报告的； （三）未定期向商务主管部门报告其开展对外承包工程的情况，或者未按照规定向有关部门报送业务统计资料的。 第二十八条　对外承包工程的单位通过未依法取得许可或者有重大违法行为的中介机构招用外派人员，或者不依照本条例规定为外派人员购买境外人身意外伤害保险，或者未按照规定存缴备用金的，由商务主管部门责令限期改正，处 5 万元以上 10 万元以下的罚款，对其主要负责人处 5 000 元以上 1 万元以下的罚款；逾期不改正的，商务主管部门可以禁止其在 1 年以上 3 年以下的期限内对外承包新的工程项目。 未取得国务院商务主管部门的许可，擅自从事对外承包工程外派人员中介服务的，由国务院商务主管部门责令改正，处 10 万元以上 20 万元以下的罚款；有违法所得的，没收违法所得；对其主要负责人处 5 万元以上 10 万元以下的罚款。 第二十九条　商务主管部门、建设主管部门和其他有关部门的工作人员在对外承包工程监督管理工作中滥用职权、玩忽职守、徇私舞弊，构成犯罪的，依法追究刑事责任；尚不构成犯罪的，依法给予处分。 2.《对外承包工程业务统计制度》（商合函〔2017〕16 号） 各级商务主管部门和企业应加强数据传输的现代化建设，充分运用网络传输手段，全面提高统计工作质量。商务部定期对中央企业和各省级商务主管部门报送的统计数据进行核查，以保证统计数据的准确性和严肃性。企业需在商务部规定时间内将数据上传至对外投资合作信息服务系统。	商务部和地方商务主管部门

续表

惩戒措施	法律及政策依据	实施部门
5. 未依法取得对外劳务合作经营资格，从事对外劳务合作的，有关主管部门依规定查处取缔 6. 构成犯罪的，依法追究刑事责任	1.《对外劳务合作管理条例》（中华人民共和国国务院令第620号） 第三十九条第一款　未依法取得对外劳务合作经营资格，从事对外劳务合作的，由商务主管部门提请工商行政管理部门依照《无照经营查处取缔办法》的部门规定查处取缔；构成犯罪的，依法追究刑事责任。 第四十条第一款　对外劳务合作企业有下列情形之一的，由商务主管部门吊销其对外劳务合作经营资格证书，有违法所得的予以没收： （一）以商务、旅游、留学等名义组织劳务人员赴国外工作； （二）允许其他单位或者个人以本企业的名义组织劳务人员赴国外工作； （三）组织劳务人员赴国外从事与赌博、色情活动相关的工作。 第四十一条第二款　对外劳务合作企业未依照本条例规定缴存或者补足备用金的，由商务主管部门责令改正；拒不改正的，吊销其对外劳务合作经营资格证书。 第四十二条第一款　对外劳务合作企业有下列情形之一的，由商务主管部门责令改正；拒不改正的，处5万元以上10万元以下的罚款，并对其主要负责人处1万元以上3万元以下的罚款： （一）未安排劳务人员接受培训，组织劳务人员赴国外工作； （二）未依照本条例规定为劳务人员购买在国外工作期间的人身意外伤害保险； （三）未依照本条例规定安排随行管理人员。 第四十三条第一款　对外劳务合作企业有下列情形之一的，由商务主管部门责令改正，处10万元以上20万元以下的罚款，并对其主要负责人处2万元以上5万元以下的罚款；在国外引起重大劳务纠纷、突发事件或者造成其他严重后果的，吊销其对外劳务合作经营资格证书： （一）未与国外雇主订立劳务合作合同，组织劳务人员赴国外工作； （二）未依照本条例规定与劳务人员订立服务合同或者劳动合同，组织劳务人员赴国外工作； （三）违反本条例规定，与未经批准的国外雇主或者与国外的个人订立劳务合作合同，组织劳务人员赴国外工作； （四）与劳务人员订立服务合同或者劳动合同，隐瞒有关信息或者提供虚假信息； （五）在国外发生突发事件时不及时处理；	商务部和地方商务主管部门

续表

惩戒措施	法律及政策依据	实施部门
5. 未依法取得对外劳务合作经营资格，从事对外劳务合作的，有关主管部门依规定查处取缔 6. 构成犯罪的，依法追究刑事责任	（六）停止开展对外劳务合作，未对其派出的尚在国外工作的劳务人员做出安排。 有前款第四项规定情形，构成犯罪的，依法追究刑事责任。 第四十四条　对外劳务合作企业向与其订立服务合同的劳务人员收取服务费不符合国家有关规定，或者向劳务人员收取押金、要求劳务人员提供财产担保的，由价格主管部门依照有关价格的法律、行政法规的规定处罚。 对外劳务合作企业向与其订立劳动合同的劳务人员收取费用的，依照《中华人民共和国劳动合同法》的规定处罚。 第四十五条第一款　对外劳务合作企业有下列情形之一的，由商务主管部门责令改正；拒不改正的，处1万元以上2万元以下的罚款，并对其主要负责人处2 000元以上5 000元以下的罚款： （一）未将服务合同或者劳动合同、劳务合作合同副本以及劳务人员名单报商务主管部门备案； （二）组织劳务人员出境后，未将有关情况向中国驻用工项目所在国使馆、领馆报告，或者未依照本条例规定将随行管理人员名单报负责审批的商务主管部门备案； （三）未制定突发事件应急预案； （四）停止开展对外劳务合作，未将其对劳务人员的安排方案报商务主管部门备案。 对外劳务合作企业拒不将服务合同或者劳动合同、劳务合作合同副本报商务主管部门备案，且合同未载明本条例规定的必备事项，或者在合同备案后拒不按照商务主管部门的要求补正合同必备事项的，依照本条例第四十三条的规定处罚。 第四十六条　商务主管部门、其他有关部门在查处违反本条例行为的过程中，发现违法行为涉嫌构成犯罪的，应当依法及时移送司法机关处理。 第四十七条　商务主管部门和其他有关部门的工作人员，在对外劳务合作监督管理工作中有下列行为之一的，依法给予处分；构成犯罪的，依法追究刑事责任： （一）对不符合本条例规定条件的对外劳务合作经营资格申请予以批准； （二）对外劳务合作企业不再具备本条例规定的条件而不撤销原批准； （三）对违反本条例规定组织劳务人员赴国外工作以及其他违反本条例规定的行为不依法查处； （四）其他滥用职权、玩忽职守、徇私舞弊，不依法履行监督管理职责的行为。 2.《商务部、外交部、公安部、住房城乡建设部、海关总署、税务总局、工商总局、质检总局、外汇局关于印发〈对外投资合作和对外贸易领域不良信用记录试行办法〉的通知》（商合发〔2013〕248号） 六、对外投资合作和对外贸易不良信用记录收集和发布机制； （一）在地方各级人民政府的指导下，各级商务主管部门会同外事、公安、住房城乡建设、海关、检验检疫、税务、外汇和工商行政管理部门建立所辖行政区域内对外投资合作和对外贸易不良信用记录收集	商务部和地方商务主管部门

续表

惩戒措施	法律及政策依据	实施部门
	和发布机制，各部门负责职能范围内对外投资合作和对外贸易不良信息的收集和发布工作；各驻外使（领）馆建立驻在国对外投资合作和对外贸易不良信用记录收集和发布机制。	
（三）对外金融合作领域惩戒措施		
1. 逐步完善跨境监管合作机制，在现行法律法规框架下，向相关境外监管机构提供相关责任主体的失信信息 2. 将失信主体的失信状况作为境内保险公司申请设立境外营业性机构、代表处以及收购境外保险机构或向境外保险类机构增资审批时的审慎性参考依据 3. 违法失信主体为自然人的，限制其担任保险机构境外设立机构的负责人	《保险公司设立境外保险类机构管理办法（2015 年）》 第九条　保险公司设立境外保险类机构的，应当具备下列条件： （一）开业二年以上； （二）上年末总资产不低于 50 亿元人民币； （三）上年末外汇资金不低于 1 500 万美元或者其等值的自由兑换货币； （四）偿付能力额度符合中国保监会有关规定； （五）内部控制制度和风险管理制度符合中国保监会有关规定； （六）最近二年内无受重大处罚的记录； （七）拟设立境外保险类机构所在的国家或者地区金融监管制度完善，并与中国保险监管机构保持有效的监管合作关系； （八）中国保监会规定的其他条件。	中国保监会等

续表

惩戒措施	法律及政策依据	实施部门
（四）国际贸易领域惩戒措施		
1. 撤销对外贸易经营者“对外贸易经营者备案登记表”	《对外贸易法》 第六十一条　进出口属于禁止进出口的货物的，或者未经许可擅自进出口属于限制进出口的货物的，由海关依照有关法律、行政法规的规定处理、处罚…… 自前两款规定的行政处罚决定生效之日或刑事处罚判决生效之日起，国务院对外贸易主管部门或者国务院其他有关部门可以在三年之内不受理违法行为人提出的进出口配额或者许可证的申请，或者禁止违法行为人在一年以上三年以下的期限内从事有关货物或者技术的进出口经营活动。 《对外贸易经营者备案登记办法》第十条 根据《外贸法》的相关规定，商务部决定禁止有关对外贸易经营者在一年以上三年以下的期限内从事有关货物或者技术的进出口经营活动的，备案登记机关应当撤销其登记表。	商务部及地方商务主管部门
（五）其他联合惩戒措施		
1. 将失信主体的失信状况作为设立商业银行或分行、代表处以及参股、收购商业银行审批时的审慎性参考依据	1. 《中华人民共和国商业银行法》 第十二条　设立商业银行，应当具备下列条件： （一）有符合本法和《中华人民共和国公司法》规定的章程； （二）有符合本法规定的注册资本最低限额； （三）有具备任职专业知识和业务工作经验的董事、高级管理人员； （四）有健全的组织机构和管理制度； （五）有符合要求的营业场所、安全防范措施和与业务有关的其他设施。 设立商业银行，还应当符合其他审慎性条件。 2. 《中华人民共和国外资银行管理条例》 第九条　拟设外商独资银行、中外合资银行的股东或者拟设分行、代表处的外国银行应当具备下列条件： （一）具有持续盈利能力，信誉良好，无重大违法违规记录；	中国银监会

续表

惩戒措施	法律及政策依据	实施部门
1. 将失信主体的失信状况作为设立商业银行或分行、代表处以及参股、收购商业银行审批时的审慎性参考依据	（二）拟设外商独资银行的股东、中外合资银行的外方股东或者拟设分行、代表处的外国银行具有从事对外金融活动的经验； （三）具有有效的反洗钱制度； （四）拟设外商独资银行的股东、中外合资银行的外方股东或者拟设分行、代表处的外国银行受到所在国家或者地区金融监管当局的有效监管，并且其申请经所在国家或者地区金融监管当局同意； （五）国务院银行业监督管理机构规定的其他审慎性条件。拟设外商独资银行的股东、中外合资银行的外方股东或者拟设分行、代表处的外国银行所在国家或者地区应当具有完善的金融监督管理制度，并且其金融监管当局已经与国务院银行业监督管理机构建立良好的监督管理合作机制。	中国银监会
2. 在审批证券公司、基金管理公司、期货公司的设立和变更持有5%以上股权的股东、实际控制人，以及私募投资基金管理人登记时，依法将失信主体的失信状况作为重要参考依据	1.《中华人民共和国证券法》 第一百二十四条　设立证券公司，应当具备下列条件： （二）主要股东具有持续盈利能力，信誉良好，最近三年无重大违法违规记录，净资产不低于人民币二亿元； （五）有完善的风险管理与内部控制制度。 2.《中华人民共和国证券投资基金法》 第十三条　设立管理公开募集基金的基金管理公司，应当具备下列条件，并经国务院证券监督管理机构批准： （三）主要股东应当具有经营金融业务或者管理金融机构的良好业绩、良好的财务状况和社会信誉，资产规模达到国务院规定的标准，最近三年没有违法记录； （七）有良好的内部治理结构、完善的内部稽核监控制度、风险控制制度。 3.《证券投资基金管理公司管理办法》 第七条　申请设立基金管理公司，出资或者持有股份占基金管理公司注册资本的比例（以下简称持股比例）在5%以上的股东，应当具备下列条件：	国家发改委、财政部、商务部、中国证监会

续表

惩戒措施	法律及政策依据	实施部门
2. 在审批证券公司、基金管理公司、期货公司的设立和变更持有5%以上股权的股东、实际控制人，以及私募投资基金管理人登记时，依法将失信主体的失信状况作为重要参考依据	（三）最近三年没有因违法违规行为受到行政处罚或者刑事处罚； （六）具有良好的社会信誉，最近三年在金融监管、税务、工商等行政机关，以及自律管理、商业银行等机构无不良记录。 4.《期货交易管理条例》 第十六条　申请设立期货公司，应当符合《中华人民共和国公司法》的规定，并具备下列条件： （四）主要股东以及实际控制人具有持续盈利能力，信誉良好，最近三年无重大违法违规记录； （六）有健全的风险管理和内部控制制度。 5.《期货公司监督管理办法》 第七条　持有5%以上股权的股东为法人或者其他组织的，应当具备下列条件： （四）近三年未因重大违法违规行为受到行政处罚或者刑事处罚； （五）未因涉嫌重大违法违规正在被有权机关立案调查或者采取强制措施； 第八条　持有期货公司5%以上股权的个人股东应当符合本办法第七条第（三）项至第（七）项规定的条件，且其个人金融资产不低于人民币3 000万元。 6.《证券投资基金法》 第四条　从事证券投资基金活动，应当遵循自愿、公平、诚实信用的原则，不得损害国家利益和社会公共利益。 第九条　基金管理人、基金托管人管理、运用基金财产，基金服务机构从事基金服务活动，应当恪尽职守，履行诚实信用、谨慎勤勉的义务。 7.《私募投资基金监督管理暂行办法》 第三条　从事私募基金业务，应当遵循自愿、公平、诚实信用原则，维护投资者合法权益，不得损害国家利益和社会公共利益。	国家发改委、财政部、商务部、中国证监会

续表

惩戒措施	法律及政策依据	实施部门
3. 将失信主体的失信状况作为发起设立保险公司、保险专业中介机构业务许可和变更股权、实际控制人的审慎性参考依据	1. 《中华人民共和国保险法》 第六十八条　设立保险公司应当具备下列条件： （一）主要股东具有持续盈利能力，信誉良好，最近三年内无重大违法违规记录，净资产不低于人民币2亿元； （二）有符合本法和《中华人民共和国公司法》规定的章程； （三）有符合本法规定的注册资本； （四）有具备任职专业知识和业务工作经验的董事、监事和高级管理人员； （五）有健全的组织机构和管理制度； （六）有符合要求的营业场所和与经营业务有关的其他设施； （七）法律、行政法规和国务院保险监督管理机构规定的其他条件。 2. 《中华人民共和国外资保险公司管理条例》 第八条　申请设立外资保险公司的外国保险公司，应当具备下列条件： （一）经营保险业务30年以上； （二）在中国境内已经设立代表机构2年以上； （三）提出设立申请前一年年末总资产不少于50亿美元； （四）所在国家或者地区有完善的保险监管制度，并且该外国保险公司已经受到所在国家或者地区有关主管当局的有效监管； （五）符合所在国家或者地区偿付能力标准； （六）所在国家或者地区有关主管当局同意其申请； （七）中国保监会规定的其他审慎性条件。 3. 《外国保险机构驻华代表机构管理办法》 第五条　申请设立代表处的外国保险机构（以下简称“申请者”）应当具备下列条件： （一）经营状况良好；	中国保监会等

续表

惩戒措施	法律及政策依据	实施部门
3. 将失信主体的失信状况作为发起设立保险公司、保险专业中介机构业务许可和变更股权、实际控制人的审慎性参考依据	（二）外国保险机构经营有保险业务的，应当经营保险业务20年以上，没有经营保险业务的，应当成立20年以上； （三）申请之日前三年内无重大违法违规记录； （四）中国保监会规定的其他审慎性条件。 本条所称经营保险业务20年以上，是指外国保险机构持续经营保险业务20年以上，外国保险机构吸收合并其他机构或者与其他机构合并设立新保险机构的，不影响其经营保险业务年限的计算。 外国保险机构子公司经营保险业务的年限，自该子公司设立时开始计算。 外国保险集团公司经营保险业务的年限，以下列两项时间中较早的一项时间开始计算： （一）该集团开始经营保险业务的时间； （二）该集团中经营保险业务的子公司开始经营保险业务的时间。	中国保监会等
4. 在上市公司或者非上市公众公司收购的事中事后监管中，对有严重失信行为的责任主体予以重点关注	1.《上市公司收购管理办法》 第六条　任何人不得利用上市公司的收购损害被收购公司及其股东的合法权益。 有下列情形之一的，不得收购上市公司： （二）收购人最近三年有重大违法行为或者涉嫌有重大违法行为； 2.《非上市公众公司收购管理办法》 第六条　进行公众公司收购，收购人及其实际控制人应当具有良好的诚信记录，收购人及其实际控制人为法人的，应当具有健全的公司治理机制。任何人不得利用公众公司收购损害被收购公司及其股东的合法权益。 有下列情形之一的，不得收购公众公司： （二）收购人最近两年有重大违法行为或者涉嫌有重大违法行为。	中国保监会、中国证监会等

续表

惩戒措施	法律及政策依据	实施部门
5. 依法限制严重失信主体取得政府供应土地	1.《国务院关于促进市场公平竞争维护市场正常秩序的若干意见》（国发〔2014〕20 号） 建立健全守信激励和失信惩戒机制。将市场主体的信用信息作为实施行政管理的重要参考。根据市场主体信用状况实行分类分级、动态监管，建立健全经营异常名录制度，对违背市场竞争原则和侵犯消费者、劳动者合法权益的市场主体建立“黑名单”制度。对守信主体予以支持和激励，对失信主体在经营、投融资、取得政府供应土地、进出口、出入境、注册新公司、工程招投标、政府采购、获得荣誉、安全许可、生产许可、从业任职资格、资质审核等方面依法予以限制或禁止，对严重违法失信主体实行市场禁入制度。 2.《国务院办公厅关于运用大数据加强对市场主体服务和监管的若干意见》（国办发〔2015〕51 号） 建立健全失信联合惩戒机制。各级人民政府应将使用信用信息和信用报告嵌入行政管理和公共服务的各领域、各环节，作为必要条件或重要参考依据。充分发挥行政、司法、金融、社会等领域的综合监管效能，在市场准入、行政审批、资质认定、享受财政补贴和税收优惠政策、企业法定代表人和负责人任职资格审查、政府采购、政府购买服务、银行信贷、招标投标、国有土地出让、企业上市、货物通关、税收征缴、社保缴费、外汇管理、劳动用工、价格制定、电子商务、产品质量、食品药品安全、消费品安全、知识产权、环境保护、治安管理、人口管理、出入境管理、授予荣誉称号等方面，建立跨部门联动响应和失信约束机制，对违法失信主体依法予以限制或禁入。建立各行业“黑名单”制度和市场退出机制。推动将申请人良好的信用状况作为各类行政许可的必备条件。 3.《企业信息公示暂行条例》（中华人民共和国国务院令第 654 号） 第十八条　县级以上地方人民政府及其有关部门应当建立健全信用约束机制，在政府采购、工程招投标、国有土地出让、授予荣誉称号等工作中，将企业信息作为重要考量因素，对被列入经营异常名录或者严重违法企业名单的企业依法予以限制或者禁入。	国土资源部
6. 依法限制严重失信主体参与政府采购活动	1.《中华人民共和国政府采购法》 第二十二条　供应商参加政府采购活动应当具备下列条件： （一）具有独立承担民事责任的能力； （二）具有良好的商业信誉和健全的财务会计制度；	财政部

续表

惩戒措施	法律及政策依据	实施部门
6. 依法限制严重失信主体参与政府采购活动	（三）具有履行合同所必需的设备和专业技术能力； （四）有依法缴纳税收和社会保障资金的良好记录； （五）参加政府采购活动前三年内，在经营活动中没有重大违法记录； （六）法律、行政法规规定的其他条件。 2.《社会信用体系建设规划纲要（2014—2020 年）》 第二部分 （一）加快推进政务诚信建设 发挥政府诚信建设示范作用。各级人民政府首先要加强自身诚信建设，以政府的诚信施政，带动全社会诚信意识的树立和诚信水平的提高。在行政许可、政府采购、招标投标、劳动就业、社会保障、科研管理、干部选拔任用和管理监督、申请政府资金支持等领域，率先使用信用信息和信用产品，培育信用服务市场发展。 （二）深入推进商务诚信建设 政府采购领域信用建设。加强政府采购信用管理，强化联动惩戒，保护政府采购当事人的合法权益。制定供应商、评审专家、政府采购代理机构以及相关从业人员的信用记录标准。依法建立政府采购供应商不良行为记录名单，对列入不良行为记录名单的供应商，在一定期限内禁止参加政府采购活动。完善政府采购市场的准入和退出机制，充分利用工商、税务、金融、检察等其他部门提供的信用信息，加强对政府采购当事人和相关人员的信用管理。加快建设全国统一的政府采购管理交易系统，提高政府采购活动透明度，实现信用信息的统一发布和共享。招标投标领域信用建设。扩大招标投标信用信息公开和共享范围，建立涵盖招标投标情况的信用评价指标和评价标准体系，健全招标投标信用信息公开和共享制度。进一步贯彻落实招标投标违法行为记录公告制度，推动完善奖惩联动机制。依托电子招标投标系统及其公共服务平台，实现招标投标和合同履行等信用信息的互联互通、实时交换和整合共享。鼓励市场主体运用基本信用信息和第三方信用评价结果，并将其作为投标人资格审查、评标、定标和合同签订的重要依据。	财政部

续表

惩戒措施	法律及政策依据	实施部门
7. 依法限制严重失信主体参与政府投资工程建设项目投标活动	1.《工程建设项目施工招标投标办法》（国家发展计划委员会令第 30 号，国家发展和改革委员会令第 23 号） 第二十条　资格审查应主要审查潜在投标人或者投标人是否符合下列条件： （一）具有独立订立合同的权利； （二）具有履行合同的能力，包括专业、技术资格和能力，资金、设备和其他物质设施状况，管理能力，经验、信誉和相应的从业人员； （三）没有处于被责令停业，投标资格被取消，财产被接管、冻结，破产状态； （四）在最近三年内没有骗取中标和严重违约及重大工程质量问题； （五）国家规定的其他资格条件。 资格审查时，招标人不得以不合理的条件限制、排斥潜在投标人或者投标人，不得对潜在投标人或者投标人实行歧视待遇。任何单位和个人不得以行政手段或者其他不合理方式限制投标人的数量。 2.《国务院关于印发社会信用体系建设规划纲要（2014—2020 年）的通知》（国发〔2014〕21 号） 招标投标领域信用建设。扩大招标投标信用信息公开和共享范围，建立涵盖招标投标情况的信用评价指标和评价标准体系，健全招标投标信用信息公开和共享制度。进一步贯彻落实招标投标违法行为记录公告制度，推动完善奖惩联动机制。依托电子招标投标系统及其公共服务平台，实现招标投标和合同履行等信用信息的互联互通、实时交换和整合共享。鼓励市场主体运用基本信用信息和第三方信用评价结果，并将其作为投标人资格审查、评标、定标和合同签订的重要依据。 3.《国务院办公厅关于运用大数据加强对市场主体服务和监管的若干意见》（国办发〔2015〕51 号） 建立健全失信联合惩戒机制。各级人民政府应将使用信用信息和信用报告嵌入行政管理和公共服务的各领域、各环节，作为必要条件或重要参考依据。充分发挥行政、司法、金融、社会等领域的综合监管效能，在市场准入、行政审批、资质认定、享受财政补贴和税收优惠政策、企业法定代表人和负责人任职资格审查、政府采购、政府购买服务、银行信贷、招标投标、国有土地出让、企业上市、货物通关、税收征缴、社保缴费、外汇管理、劳动用工、价格制定、电子商务、产品质量、食品药品安全、消费品安全、知	国家发改委、工业和信息化部、住房城乡建设部、交通运输部、水利部、商务部、民航局、铁路总公司

续表

惩戒措施	法律及政策依据	实施部门
	识产权、环境保护、治安管理、人口管理、出入境管理、授予荣誉称号等方面，建立跨部门联动响应和失信约束机制，对违法失信主体依法予以限制或禁入。建立各行业“黑名单”制度和市场退出机制。推动将申请人良好的信用状况作为各类行政许可的必备条件。	
8. 对严重失信责任主体发布的广告要予以重点监管，经核实是虚假违法广告的应立即责令停止发布，依法查处	1.《中华人民共和国食品安全法》 第八十条　特殊医疗用途配方食品广告适用《中华人民共和国广告法》和其他法律、行政法规关于药品广告管理的规定。 2.《中华人民共和国广告法》 第四十九条　工商行政管理部门履行广告监督管理职责，可以行使下列职权： （一）对涉嫌从事违法广告活动的场所实施现场检查； （二）询问涉嫌违法当事人或者其法定代表人、主要负责人和其他有关人员，对有关单位或者个人进行调查； （三）要求涉嫌违法当事人限期提供有关证明文件； （四）查阅、复制与涉嫌违法广告有关的合同、票据、账簿、广告作品和其他有关资料； （五）查封、扣押与涉嫌违法广告直接相关的广告物品、经营工具、设备等财物； （六）责令暂停发布可能造成严重后果的涉嫌违法广告； （七）法律、行政法规规定的其他职权。 工商行政管理部门应当建立健全广告监测制度，完善监测措施，及时发现和依法查处违法广告行为。 第五十五条　违反本法规定，发布虚假广告的，由工商行政管理部门责令停止发布广告，责令广告主在相应范围内消除影响，处广告费用 3 倍以上 5 倍以下的罚款，广告费用无法计算或者明显偏低的，处 20 万元以上 100 万元以下的罚款；两年内有三次以上违法行为或者有其他严重情节的，处广告费用 5 倍以上 10 倍以下的罚款，广告费用无法计算或者明显偏低的，处 100 万元以上 200 万元以下的罚款，可以吊销营业执照，并由广告审查机关撤销广告审查批准文件、一年内不受理其广告审查申请。	工商总局等

续表

惩戒措施	法律及政策依据	实施部门
8. 对严重失信责任主体发布的广告要予以重点监管，经核实是虚假违法广告的应立即责令停止发布，依法查处	医疗机构有前款规定违法行为，情节严重的，除由工商行政管理部门依照本法处罚外，卫生行政部门可以吊销诊疗科目或者吊销医疗机构执业许可证。 广告经营者、广告发布者明知或者应知广告虚假仍设计、制作、代理、发布的，由工商行政管理部门没收广告费用，并处广告费用3倍以上5倍以下的罚款，广告费用无法计算或者明显偏低的，处20万元以上100万元以下的罚款；两年内有三次以上违法行为或者有其他严重情节的，处广告费用5倍以上10倍以下的罚款，广告费用无法计算或者明显偏低的，处100万元以上200万元以下的罚款，并可以由有关部门暂停广告发布业务、吊销营业执照、吊销广告发布登记证件。 广告主、广告经营者、广告发布者有本条第一款、第三款规定行为，构成犯罪的，依法追究刑事责任。 第五十六条　违反本法规定，发布虚假广告，欺骗、误导消费者，使购买商品或者接受服务的消费者的合法权益受到损害的，由广告主依法承担民事责任。广告经营者、广告发布者不能提供广告主的真实名称、地址和有效联系方式的，消费者可以要求广告经营者、广告发布者先行赔偿。 关系消费者生命健康的商品或者服务的虚假广告，造成消费者损害的，其广告经营者、广告发布者、广告代言人应当与广告主承担连带责任。 前款规定以外的商品或者服务的虚假广告，造成消费者损害的，其广告经营者、广告发布者、广告代言人，明知或者应知广告虚假仍设计、制作、代理、发布或者作推荐、证明的，应当与广告主承担连带责任。 第五十七条　有下列行为之一的，由工商行政管理部门责令停止发布广告，对广告主处20万元以上100万元以下的罚款，情节严重的，并可以吊销营业执照，由广告审查机关撤销广告审查批准文件、一年内不受理其广告审查申请；对广告经营者、广告发布者，由工商行政管理部门没收广告费用，处20万元以上100万元以下的罚款，情节严重的，并可以吊销营业执照、吊销广告发布登记证件： （一）发布有本法第九条、第十条规定的禁止情形的广告的； （二）违反本法第十五条规定发布处方药广告、药品类易制毒化学品广告、戒毒治疗的医疗器械和治疗方法广告的；	工商总局等

续表

惩戒措施	法律及政策依据	实施部门
8. 对严重失信责任主体发布的广告要予以重点监管，经核实是虚假违法广告的应立即责令停止发布，依法查处	（三）违反本法第二十条规定，发布声称全部或者部分替代母乳的婴儿乳制品、饮料和其他食品广告的； （四）违反本法第二十二条规定发布烟草广告的； （五）违反本法第三十七条规定，利用广告推销禁止生产、销售的产品或者提供的服务，或者禁止发布广告的商品或者服务的； （六）违反本法第四十条第一款规定，在针对未成年人的大众传播媒介上发布医疗、药品、保健食品、医疗器械、化妆品、酒类、美容广告，以及不利于未成年人身心健康的网络游戏广告的。 第五十八条　有下列行为之一的，由工商行政管理部门责令停止发布广告，责令广告主在相应范围内消除影响，处广告费用1倍以上3倍以下的罚款，广告费用无法计算或者明显偏低的，处10万元以上20万元以下的罚款；情节严重的，处广告费用3倍以上5倍以下的罚款，广告费用无法计算或者明显偏低的，处20万元以上100万元以下的罚款，可以吊销营业执照，并由广告审查机关撤销广告审查批准文件、一年内不受理其广告审查申请： （一）违反本法第十六条规定发布医疗、药品、医疗器械广告的； （二）违反本法第十七条规定，在广告中涉及疾病治疗功能，以及使用医疗用语或者易使推销的商品与药品、医疗器械相混淆的用语的； （三）违反本法第十八条规定发布保健食品广告的； （四）违反本法第二十一条规定发布农药、兽药、饲料和饲料添加剂广告的； （五）违反本法第二十三条规定发布酒类广告的； （六）违反本法第二十四条规定发布教育、培训广告的； （七）违反本法第二十五条规定发布招商等有投资回报预期的商品或者服务广告的； （八）违反本法第二十六条规定发布房地产广告的； （九）违反本法第二十七条规定发布农作物种子、林木种子、草种子、种畜禽、水产苗种和种养殖广告的；	工商总局等

续表

惩戒措施	法律及政策依据	实施部门
8. 对严重失信责任主体发布的广告要予以重点监管，经核实是虚假违法广告的应立即责令停止发布，依法查处	（十）违反本法第三十八条第二款规定，利用不满十周岁的未成年人作为广告代言人的； （十一）违反本法第三十八条第三款规定，利用自然人、法人或者其他组织作为广告代言人的； （十二）违反本法第三十九条规定，在中小学校、幼儿园内或者利用与中小学生、幼儿有关的物品发布广告的； （十三）违反本法第四十条第二款规定，发布针对不满14周岁的未成年人的商品或者服务的广告的； （十四）违反本法第四十六条规定，未经审查发布广告的。 医疗机构有前款规定违法行为，情节严重的，除由工商行政管理部门依照本法处罚外，卫生行政部门可以吊销诊疗科目或者吊销医疗机构执业许可证。 广告经营者、广告发布者明知或者应知有本条第一款规定违法行为仍设计、制作、代理、发布的，由工商行政管理部门没收广告费用，并处广告费用1倍以上3倍以下的罚款，广告费用无法计算或者明显偏低的，处10万元以上20万元以下的罚款；情节严重的，处广告费用3倍以上5倍以下的罚款，广告费用无法计算或者明显偏低的，处20万元以上100万元以下的罚款，并可以由有关部门暂停广告发布业务、吊销营业执照、吊销广告发布登记证件。 第五十九条　有下列行为之一的，由工商行政管理部门责令停止发布广告，对广告主处10万元以下的罚款： （一）广告内容违反本法第八条规定的； （二）广告引证内容违反本法第十一条规定的； （三）涉及专利的广告违反本法第十二条规定的； （四）违反本法第十三条规定，广告贬低其他生产经营者的商品或者服务的。 广告经营者、广告发布者明知或者应知有前款规定违法行为仍设计、制作、代理、发布的，由工商行政管理部门处10万元以下的罚款。 广告违反本法第十四条规定，不具有可识别性的，或者违反本法第十九条规定，变相发布医疗、药品、医疗器械、保健食品广告的，由工商行政管理部门责令改正，对广告发布者处10万元以下的罚款。	工商总局等

续表

惩戒措施	法律及政策依据	实施部门
8. 对严重失信责任主体发布的广告要予以重点监管，经核实是虚假违法广告的应立即责令停止发布，依法查处	第六十条　违反本法第二十九条规定，广播电台、电视台、报刊出版单位未办理广告发布登记，擅自从事广告发布业务的，由工商行政管理部门责令改正，没收违法所得，违法所得1万元以上的，并处违法所得1倍以上3倍以下的罚款；违法所得不足1万元的，并处5 000元以上3万元以下的罚款。 第六十一条　违反本法第三十四条规定，广告经营者、广告发布者未按照国家有关规定建立、健全广告业务管理制度的，或者未对广告内容进行核对的由工商行政管理部门责令改正，可以处5万元以下的罚款。 违反本法第三十五条规定，广告经营者、广告发布者未公布其收费标准和收费办法的，由价格主管部门责令改正，可以处5万元以下的罚款。	工商总局等
9. 将失信主体的失信状况作为其融资或对其授信的重要依据或参考	1.《征信业管理条例》 第十三条　采集个人信息应当经信息主体本人同意，未经本人同意不得采集。但是，依照法律、行政法规规定公开的信息除外。企业的董事、监事、高级管理人员与其履行职务相关的信息，不作为个人信息。 第二十一条　征信机构可以通过信息主体、企业交易对方、行业协会提供信息，政府有关部门依法已公开的信息，人民法院依法公布的判决、裁定等渠道，采集企业信息。征信机构不得采集法律、行政法规禁止采集的企业信息。 2.《贷款通则》 第十七条　借款人申请贷款，应当具备产品有市场、生产经营有效益、不挤占挪用信贷资金、恪守信用等基本条件，并且应当符合以下要求： （一）有按期还本付息的能力，原应付贷款利息和到期贷款已清偿；没有清偿的，已经做了贷款人认可的偿还计划； （二）除自然人和不需要经工商部门核准登记的事业法人外，应当经过工商部门办理年检手续； （三）已开立基本账户或一般存款账户； （四）除国务院规定外，有限责任公司和股份有限公司对外股本权益性投资累计额未超过其净资产总额的50%；	人民银行、中国银监会、中国证监会

续表

惩戒措施	法律及政策依据	实施部门
9. 将失信主体的失信状况作为其融资或对其授信的重要依据或参考	（五）借款人的资产负债率符合贷款人的要求； （六）申请中期、长期贷款的，新建项目的企业法人所有者权益与项目所需总投资的比例不低于国家规定的投资项目的资本金比例。 第二十二条　贷款人的权利 根据贷款条件和贷款程序自主审查和决定贷款，除国务院批准的特定贷款外，有权拒绝任何单位和个人强令其发放贷款或者提供担保： （一）要求借款人提供与借款有关的资料； （二）根据借款人的条件，决定贷与不贷、贷款金额、期限和利率等； （三）了解借款人的生产经营活动和财务活动； （四）依合同约定从借款人账户上划收贷款本金和利息； （五）借款人未能履行借款合同规定义务的，贷款人有权依合同约定要求借款人提前归还贷款或停止支付借款人尚未使用的贷款； （六）在贷款将受或已受损失时，可依据合同规定，采取使贷款免受损失的措施。 3.《国务院关于建立完善守信联合激励和失信联合惩戒制度加快推进社会诚信建设的指导意见》 （十一）加强对失信行为的市场性约束和惩戒 对严重失信主体，有关部门和机构应以统一社会信用代码为索引，及时公开披露相关信息，便于市场识别失信行为，防范信用风险。督促有关企业和个人履行法定义务，对有履行能力但拒不履行的严重失信主体实施限制出境和限制购买不动产、乘坐飞机、乘坐高等级列车和席次、旅游度假、入住星级以上宾馆及其他高消费行为等措施。支持征信机构采集严重失信行为信息，纳入信用记录和信用报告。引导商业银行、证券期货经营机构、保险公司等金融机构按照风险定价原则，对严重失信主体提高贷款利率和财产保险费率，或者限制向其提供贷款、保荐、承销、保险等服务。	人民银行、中国银监会、中国证监会

续表

惩戒措施	法律及政策依据	实施部门
10. 将失信主体的失信状况作为审核股票发行上市及在全国中小企业股份转让系统挂牌公开转让时的重要参考	1.《证券法》 第十三条　公司公开发行新股，应当符合下列条件： （三）最近三年财务会计文件无虚假记载，无其他重大违法行为。 2.《首次公开发行股票并上市管理办法》 第十八条　发行人不得有下列情形： （二）最近 36 个月内违反工商、税收、土地、环保、海关以及其他法律行政法规，受到行政处罚，且情节严重； （六）严重损害投资者合法权益和社会公共利益的其他情形。 3.《首次公开发行股票并在创业市管理办法》 第二十条　发行人及其控股股东、实际控制人最近三年内不存在损害投资者合法权益和社会公共利益的重大违法行为。 4.《上市公司证券发行管理办法》 第九条　上市公司最近 36 个月内财务会计文件无虚假记载，且不存在下列重大违法行为： （三）违反国家其他法律、行政法规且情节严重的行为。 5.《创业板上市公司证券发行管理暂行办法》 第十条　上市公司存在下列情形之一的，不得发行证券： （三）最近 36 个月内因违反法律、行政法规、规章受到行政处罚且情节严重，或者受到刑事处罚，或者因违反证券法律、行政法规、规章受到中国证监会的行政处罚；最近 12 个月内受到证券交易所的公开谴责；因涉嫌犯罪被司法机关立案侦查或者涉嫌违法违规被中国证监会立案调查； （六）严重损害投资者的合法权益和社会公共利益的其他情形。 6.《非上市公众公司监督管理办法》 第三条　公众公司应当按照法律、行政法规、本办法和公司章程的规定，做到股权明晰，合法规范经营，公司治理机制健全，履行信息披露义务。	中国证监会等

续表

惩戒措施	法律及政策依据	实施部门
11. 将失信主体的失信状况作为合格境内机构投资者、合格境外机构投资者等外汇额度核准与管理的重要参考依据	《社会信用体系建设规划纲要（2014—2020 年）》 第二部分第一条　发挥政府诚信建设示范作用。各级人民政府首先要加强自身诚信建设，以政府的诚信施政，带动全社会诚信意识的树立和诚信水平的提高。在行政许可、政府采购、招标投标、劳动就业、社会保障、科研管理、干部选拔任用和管理监督、申请政府资金支持等领域，率先使用信用信息和信用产品，培育信用服务市场发展。	外汇局
12. 将失信主体的失信记录作为申请发行企业债券及公司债券，在银行间市场发行债务的重要参考	1.《国家发展改革委关于推进企业债券市场发展、简化发行核准程序有关事项的通知》（发改财金〔2008〕7 号） 第二条　企业公开发行企业债券应符合下列条件： （一）股份有限公司的净资产不低于人民币 3 000 万元，有限责任公司和其他类型企业的净资产不低于人民币 6 000 万元。 （二）累计债券余额不超过企业净资产（不包括少数股东权益）的 40%。 （三）最近三年可分配利润（净利润）足以支付企业债券一年的利息。 （四）筹集资金的投向符合国家产业政策和行业发展方向，所需相关手续齐全。用于固定资产投资项目的，应符合固定资产投资项目资本金制度的要求，原则上累计发行额不得超过该项目总投资的 60%。用于收购产权（股权）的，比照该比例执行。用于调整债务结构的，不受该比例限制，但企业应提供银行同意以债还贷的证明；用于补充营运资金的，不超过发债总额的 20%。 （五）债券的利率由企业根据市场情况确定，但不得超过国务院限定的利率水平。 （六）已发行的企业债券或者其他债务未处于违约或者延迟支付本息的状态。	国家发改委、人民银行、中国证监会

续表

惩戒措施	法律及政策依据	实施部门
12. 将失信主体的失信记录作为申请发行企业债券及公司债券，在银行间市场发行债务的重要参考	（七）最近三年没有重大违法违规行为。 2.《国家发展改革委人民银行中央编办关于在行政管理事项中使用信用记录和信用报告的若干意见》（发改财金〔2013〕920 号） 第二条　切实发挥在行政管理事项中使用信用记录和信用报告的作用。 各级政府、各相关部门应将相关市场主体所提供的信用记录或信用报告作为其实施行政管理的重要参考。对守信者，应探索实行优先办理、简化程序、“绿色通道”和重点支持等激励政策；对失信者，应结合失信类别和程度，严格落实失信惩戒制度。对食品药品安全、环境保护、产品质量、医疗卫生、工程建设、教育科研、电子商务、股权投资、融资担保等关系到人民群众切身利益、经济健康发展和社会和谐稳定的重点领域，各级政府、各相关部门应率先推进在行政管理事项中使用相关市场主体的信用记录和信用报告。 第三条　探索完善在行政管理事项中使用信用记录和信用报告的制度规范。 各级政府、各相关部门应结合地方和部门实际，在政府采购、招标投标、行政审批、市场准入、资质审核等行政管理事项中依法要求相关市场主体提供由第三方信用服务机构出具的信用记录或信用报告。各级政府、各相关部门应根据履职需要，研究明确信用记录或信用报告的主要内容和运用规范。 第五条　不断健全全社会守信激励和失信惩戒的联动机制。 各级政府、各相关部门要树立大局意识，把在行政管理事项中使用信用记录和信用报告工作纳入重要工作日程。要加强协同配合，推动形成信用记录和信用报告跨部门、跨区域应用的联动机制。要通过信用记录和信用报告在行政管理事项中的联合应用，逐步建立健全全社会守信激励和失信惩戒联动机制。 3.《全国银行间债券市场金融债券发行管理办法》 第七条　商业银行发行金融债券应具备以下条件： （一）具有良好的公司治理机制；	国家发改委、人民银行、中国证监会

续表

惩戒措施	法律及政策依据	实施部门
12. 将失信主体的失信记录作为申请发行企业债券及公司债券，在银行间市场发行债务的重要参考	（二）核心资本充足率不低于4%； （三）最近三年连续盈利； （四）贷款损失准备计提充足； （五）风险监管指标符合监管机构的有关规定； （六）最近三年没有重大违法、违规行为； （七）中国人民银行要求的其他条件。 根据商业银行的申请，中国人民银行可以豁免前款所规定的个别条件。 第八条　企业集团财务公司发行金融债券应具备以下条件： （一）具有良好的公司治理机制； （二）资本充足率不低于10%； （三）风险监管指标符合监管机构的有关规定； （四）最近三年没有重大违法、违规行为； （五）中国人民银行要求的其他条件。 第十一条　政策性银行发行金融债券应向中国人民银行报送下列文件： （一）金融债券发行申请报告； （二）发行人近三年经审计的财务报告及审计报告； （三）金融债券发行办法； （四）承销协议； （五）中国人民银行要求的其他文件。 4.《公司债券发行与交易管理办法》 第十七条　存在下列情形之一的，不得公开发行公司债券： （一）最近36个月内公司财务会计文件存在虚假记载，或公司存在其他重大违法行为； （四）严重损害投资者合法权益和社会公共利益的其他情形。	国家发改委、人民银行、中国证监会

续表

惩戒措施	法律及政策依据	实施部门
13. 相关市场监督管理部门依法依规加大对失信主体日常监督检查频次和提高随机抽查概率	《社会信用体系建设规划纲要（2014—2020 年）》 第五部分第一条　完善以奖惩制度为重点的社会信用体系运行机制。 运行机制是保障社会信用体系各系统协调运行的制度基础。其中，守信激励和失信惩戒机制直接作用于各个社会主体信用行为，是社会信用体系运行的核心机制。 （一）构建守信激励和失信惩戒机制。 加强对守信主体的奖励和激励。加大对守信行为的表彰和宣传力度。按规定对诚信企业和模范个人给予表彰，通过新闻媒体广泛宣传，营造守信光荣的舆论氛围。发展改革、财政、金融、环境保护、住房城乡建设、交通运输、商务、工商、税务、质检、安全监管、海关、知识产权等部门，各单位在市场监管和公共服务过程中，要深化信用信息和信用产品的应用，对诚实守信者实行优先办理、简化程序等“绿色通道”支持激励政策。 加强对失信主体的约束和惩戒。强化行政监管性约束和惩戒。在现有行政处罚措施的基础上，健全失信惩戒制度，建立各行业黑名单制度和市场退出机制。推动各级人民政府在市场监管和公共服务的市场准入、资质认定、行政审批、政策扶持等方面实施信用分类监管，结合监管对象的失信类别和程度，使失信者受到惩戒。逐步建立行政许可申请人信用承诺制度，并开展申请人信用审查，确保申请人在政府推荐的征信机构中有信用记录，配合征信机构开展信用信息采集工作。推动形成市场性约束和惩戒。制定信用基准性评价指标体系和评价方法，完善失信信息记录和披露制度，使失信者在市场交易中受到制约。推动形成行业性约束和惩戒。通过行业协会制定行业自律规则并监督会员遵守。对违规的失信者，按照情节轻重，对机构会员和个人会员实行警告、行业内通报批评、公开谴责等惩戒措施。推动形成社会性约束和惩戒。完善社会舆论监督机制，加强对失信行为的披露和曝光，发挥群众评议讨论、批评报道等作用，通过社会的道德谴责，形成社会震慑力，约束社会成员的失信行为。 建立失信行为有奖举报制度。切实落实对举报人的奖励，保护举报人的合法权益。建立多部门、跨地区信用联合奖惩机制。通过信用信息交换共享，实现多部门、跨地区信用奖惩联动，使守信者处处受益、失信者寸步难行。	相关市场监督管理部门

续表

惩戒措施	法律及政策依据	实施部门
14. 依法限制失信主体享受财政补助补贴性资金和社会保障资金支持	《国务院关于建立完善守信联合激励和失信联合惩戒制度加快推进社会诚信建设的指导意见》 （十）依法依规加强对失信行为的行政性约束和惩戒 对严重失信主体，各地区、各有关部门应将其列为重点监管对象，依法依规采取行政性约束和惩戒措施。从严审核行政许可审批项目，从严控制生产许可证发放，限制新增项目审批、核准，限制股票发行上市融资或发行债券，限制在全国股份转让系统挂牌、融资，限制发起设立或参股金融机构以及小额贷款公司、融资担保公司、创业投资公司、互联网融资平台等机构，限制从事互联网信息服务等。严格限制申请财政性资金项目，限制参与有关公共资源交易活动，限制参与基础设施和公用事业特许经营。对严重失信企业及其法定代表人、主要负责人和对失信行为负有直接责任的注册执业人员等实施市场和行业禁入措施。及时撤销严重失信企业及其法定代表人、负责人、高级管理人员和对失信行为负有直接责任的董事、股东等人员的荣誉称号，取消参加评先评优资格。	国家发改委、财政部、国资委
15. 对失信主体，限制其参与基础设施和公用事业特许经营	1.《基础设施和公用事业特许经营管理办法》 第五十六条　县级以上人民政府有关部门应当对特许经营者及其从业人员的不良行为建立信用记录，纳入全国统一的信用信息共享交换平台。对严重违法失信行为依法予以曝光，并会同有关部门实施联合惩戒。 2.《国务院关于建立完善守信联合激励和失信联合惩戒制度加快推进社会诚信建设的指导意见》 （十）依法依规加强对失信行为的行政性约束和惩戒 对严重失信主体，各地区、各有关部门应将其列为重点监管对象，依法依规采取行政性约束和惩戒措施。从严审核行政许可审批项目，从严控制生产许可证发放，限制新增项目审批、核准，限制股票发行上市融资或发行债券，限制在全国股份转让系统挂牌、融资，限制发起设立或参股金融机构以及小额贷款公司、融资担保公司、创业投资公司、互联网融资平台等机构，限制从事互联网信息服务等。严格限制申请财政性资金项目，限制参与有关公共资源交易活动，限制参与基础设施和公用事业特许经营。对严重失信企业及其法定代表人、主要负责人和对失信行为负有直接责任的注册执业人员等实施市场和行业禁入措施。及时撤销严重失信企业及其法定代表人、负责人、高级管理人员和对失信行为负有直接责任的董事、股东等人员的荣誉称号，取消参加评先评优资格。	国家发改委、财政部、住建部、交通运输部、水利部、人民银行

续表

惩戒措施	法律及政策依据	实施部门
16. 对严重失信责任人，限制其担任国有独资公司董事、监事及国有资本控股或参股公司董事、监事及国有企业高级管理人员。限制其担任银行业金融机构、证券公司、基金管理公司、期货公司、保险公司、保险资产管理公司、保险专业中介机构、融资性担保公司等的董事、监事、高级管理人员	1.《中华人民共和国企业国有资产法》 第二十三条　履行出资人职责的机构任命或者建议任命的董事、监事、高级管理人员，应当具备下列条件： （一）有良好的品行； （二）有符合职位要求的专业知识和工作能力； （三）有能够正常履行职责的身体条件； （四）法律、行政法规规定的其他条件。 董事、监事、高级管理人员在任职期间出现不符合前款规定情形或者出现《中华人民共和国公司法》规定的不得担任公司董事、监事、高级管理人员情形的，履行出资人职责的机构应当依法予以免职或者提出免职建议。 2.《银行业金融机构董事（理事）和高级管理人员任职资格管理办法》 第二条　本办法所称银行业金融机构（以下简称金融机构），是指在中华人民共和国境内设立的商业银行、农村合作银行、村镇银行、农村信用合作社、农村信用合作联社、外国银行分行等吸收公众存款的金融机构以及政策性银行。 在中华人民共和国境内设立的金融资产管理公司、信托公司、企业集团财务公司、金融租赁公司、汽车金融公司、货币经纪公司、消费金融公司、贷款公司、农村信用合作社联合社、省（自治区）农村信用社联合社、农村资金互助社、外资金融机构驻华代表机构以及经监管机构批准设立的其他金融机构的董事（理事）和高级管理人员的任职资格管理，适用本办法。 第三条　本办法所称高级管理人员，是指金融机构总部及分支机构管理层中对该机构经营管理、风险控制有决策权或重要影响力的各类人员。 第九条　金融机构拟任、现任董事（理事）和高级管理人员出现下列情形之一的，视为不符合本办法第八条第（二）项、第（三）项、第（五）项规定之条件： （一）有故意或重大过失犯罪记录的；	国资委、财政部、中组部、中国银监会、中国证监会、中国保监会、国家发改委、商务部、工商总局等部门

续表

惩戒措施	法律及政策依据	实施部门
16. 对严重失信责任人，限制其担任国有独资公司董事、监事及国有资本控股或参股公司董事、监事及国有企业高级管理人员。限制其担任银行业金融机构、证券公司、基金管理公司、期货公司、保险公司、保险资产管理公司、保险专业中介机构、融资性担保公司等的董事、监事、高级管理人员	（二）有违反社会公德的不良行为，造成恶劣影响的； （三）对曾任职机构违法违规经营活动或重大损失负有个人责任或直接领导责任，情节严重的； （四）担任或曾任被接管、撤销、宣告破产或吊销营业执照机构的董事（理事）或高级管理人员的，但能够证明本人对曾任职机构被接管、撤销、宣告破产或吊销营业执照不负有个人责任的除外； （五）因违反职业道德、操守或者工作严重失职，造成重大损失或者恶劣影响的； （六）指使、参与所任职机构不配合依法监管或案件查处的； （七）被取消终身的董事（理事）和高级管理人员任职资格，或受到监管机构或其他金融管理部门处罚累计达到两次以上的； （八）有本办法规定的不具备任职资格条件的情形，采用不正当手段获得任职资格核准的。 3.《保险公司董事、监事和高级管理人员任职资格管理规定》 第七条　保险机构董事、监事和高级管理人员应当具有诚实信用的品行、良好的合规经营意识和履行职务必需的经营管理能力。 4.《融资性担保公司董事、监事、高级管理人员任职资格管理暂行办法》 第五条　融资性担保公司董事、监事、高级管理人员应当具备以下条件： （一）具有完全民事行为能力； （二）遵纪守法，诚实守信，勤勉尽职，具有良好的职业操守、品行和声誉； （三）熟悉经济、金融、担保的法律法规，具有良好的合规意识和审慎经营意识； （四）具备与拟任职务相适应的知识、经验和能力。 第六条　下列人员不得担任融资性担保公司董事、监事、高级管理人员： （一）有故意或重大过失犯罪记录的； （二）因违反职业操守或者工作严重失职给所任职的机构造成重大损失或者恶劣影响的； （三）最近五年担任因违法经营而被撤销、接管、合并、宣告破产或者吊销营业执照的机构的董事、监事、高级管理人员，并负有个人责任的；	国资委、财政部、中组部、中国银监会、中国证监会、中国保监会、国家发改委、商务部、工商总局等部门

续表

惩戒措施	法律及政策依据	实施部门
16. 对严重失信责任人，限制其担任国有独资公司董事、监事及国有资本控股或参股公司董事、监事及国有企业高级管理人员。限制其担任银行业金融机构、证券公司、基金管理公司、期货公司、保险公司、保险资产管理公司、保险专业中介机构、融资性担保公司等的董事、监事、高级管理人员	（四）曾在履行工作职责时有提供虚假信息等违反诚信原则行为，或指使、参与所任职机构对抗依法监管或案件查处，情节严重的； （五）被取消董事、监事、高级管理人员任职资格或禁止从事担保或金融行业工作的年限未满的； （六）提交虚假申请材料或明知不具备本办法规定的任职资格条件，采用欺骗、贿赂等不正当手段获得任职资格核准的； （七）个人或配偶有数额较大的到期未偿还债务的； （八）法律、法规规定的其他情形。 5.《证券公司董事、监事和高级管理人员任职资格监管办法》 第八条　取得证券公司董事、监事、高管人员和分支机构负责人任职资格，应当具备以下基本条件： （一）正直诚实，品行良好。 6.《证券投资基金行业高级管理人员任职管理办法》 第四条　高级管理人员应当遵守法律、行政法规和中国证监会的规定，遵守公司章程和行业规范，恪守诚信，审慎勤勉，忠实尽责，维护基金份额持有人的合法权益。 7.《期货公司董事、监事和高级管理人员任职资格管理办法》 第六条　申请期货公司董事、监事和高级管理人员的任职资格，应当具有诚实守信的品质、良好的职业首先和履行职责所必需的经营管理能力。 8.《中华人民共和国公司法》 第一百四十六条　有下列情形之一的，不得担任公司的董事、监事、高级管理人员： （一）无民事行为能力或者限制民事行为能力； （二）因贪污、贿赂、侵占财产、挪用财产或者破坏社会主义市场经济秩序，被判处刑罚，执行期满未逾五年，或者因犯罪被剥夺政治权利，执行期满未逾五年； （三）担任破产清算的公司、企业的董事或者厂长、经理，对该公司、企业的破产负有个人责任的，自该公司、企业破产清算完结之日起未逾三年；	国资委、财政部、中组部、中国银监会、中国证监会、中国保监会、国家发改委、商务部、工商总局等部门

续表

惩戒措施	法律及政策依据	实施部门
	（四）担任因违法被吊销营业执照、责令关闭的公司、企业的法定代表人，并负有个人责任的，自该公司、企业被吊销营业执照之日起未逾三年； （五）个人所负数额较大的债务到期未清偿。 公司违反前款规定选举、委派董事、监事或者聘任高级管理人员的，该选举、委派或者聘任无效。 董事、监事、高级管理人员在任职期间出现本条第一款所列情形的，公司应当解除其职务。	
17. 对失信主体、限制其参与评先、评优或取得各类荣誉称号；已获得相关荣誉称号的予以撤销	1.《国务院关于促进市场公平竞争维护市场正常秩序的若干意见》 第四条第（十五）项　建立健全守信激励和失信惩戒机制。 将市场主体的信用信息作为实施行政管理的重要参考。根据市场主体信用状况实行分类分级、动态监管，建立健全经营异常名录制度，对违背市场竞争原则和侵犯消费者、劳动者合法权益的市场主体建立"黑名单"制度。（工商总局牵头负责）对守信主体予以支持和激励，对失信主体在经营、投融资、取得政府供应土地、进出口、出入境、注册新公司、工程招投标、政府采购、获得荣誉、安全许可、生产许可、从业任职资格、资质审核等方面依法予以限制或禁止，对严重违法失信主体实行市场禁入制度。（各相关市场监管部门按职责分工分别负责） 2.《国务院关于建立完善守信联合激励和失信联合惩戒制度加快推进社会诚信建设的指导意见》 （十）依法依规加强对失信行为的行政性约束和惩戒。对严重失信主体，各地区、各有关部门应将其列为重点监管对象，依法依规采取行政性约束和惩戒措施。从严审核行政许可审批项目，从严控制生产许可证发放，限制新增项目审批、核准，限制股票发行上市融资或发行债券，限制在全国股份转让系统挂牌、融资，限制发起设立或参股金融机构以及小额贷款公司、融资担保公司、创业投资公司、互联网融资平台等机构，限制从事互联网信息服务等。严格限制申请财政性资金项目，限制参与有关公共资源交易活动，限制参与基础设施和公用事业特许经营。对严重失信企业及其法定代表人、主要负责人和对失信行为负有直接责任的注册执业人员等实施市场和行业禁入措施。及时撤销严重失信企业及其法定代表人、负责人、高级管理人员和对失信行为负有直接责任的董事、股东等人员的荣誉称号，取消参加评先评优资格。	中央文明办、共青团中央等相关部门

续表

惩戒措施	法律及政策依据	实施部门
18. 将失信主体相关失信信息作为选择参与政府和社会资本合作的参考	1.《中共中央 国务院关于深化投融资体制改革的意见》（中发〔2016〕18号） （九）鼓励政府和社会资本合作。各地区各部门可以根据需要和财力状况，通过特许经营、政府购买服务等方式，在交通、环保、医疗、养老等领域采取单个项目、组合项目、连片开发等多种形式，扩大公共产品和服务供给。要合理把握价格、土地、金融等方面的政策支持力度，稳定项目预期收益。要发挥工程咨询、金融、财务、法律等方面专业机构作用，提高项目决策的科学性、项目管理的专业性和项目实施的有效性。 （十六）健全监管约束机制。按照谁审批谁监管、谁主管谁监管的原则，明确监管责任，注重发挥投资主管部门综合监管职能、地方政府就近就便监管作用和行业管理部门专业优势，整合监管力量，共享监管信息，实现协同监管。依托投资项目在线审批监管平台，加强项目建设全过程监管，确保项目合法开工、建设过程合规有序。各有关部门要完善规章制度，制定监管工作指南和操作规程，促进监管工作标准具体化、公开化。要严格执法，依法纠正和查处违法违规投资建设行为。实施投融资领域相关主体信用承诺制度，建立异常信用记录和严重违法失信“黑名单”，纳入全国信用信息共享平台，强化并提升政府和投资者的契约意识和诚信意识，形成守信激励、失信惩戒的约束机制，促使相关主体切实强化责任，履行法定义务，确保投资建设市场安全高效运行。 2.《关于在公共服务领域推广政府和社会资本合作模式的指导意见》（国办发〔2015〕42号） （十五）择优选择项目合作伙伴。对使用财政性资金作为社会资本提供公共服务对价的项目，地方政府应当根据预算法、合同法、政府采购法及其实施条例等法律法规规定，选择项目合作伙伴。依托政府采购信息平台，及时、充分向社会公布项目采购信息。综合评估项目合作伙伴的专业资质、技术能力、管理经验、财务实力和信用状况等因素，依法择优选择诚实守信的合作伙伴。加强项目政府采购环节的监督管理，保证采购过程公平、公正、公开。 （二十五）搭建信息平台。地方各级人民政府要切实履行规划指导、识别评估、咨询服务、宣传培训、绩效评价、信息统计、专家库和项目库建设等职责，建立统一信息发布平台，及时向社会公开项目实施情况等相关信息，确保项目实施公开透明、有序推进。	公共服务领域的政府和社会资本合作项目，由财政部牵头负责；传统的基础设施领域的政府和社会资本合作项目，由发展改革委牵头负责

续表

惩戒措施	法律及政策依据	实施部门
19. 将严重失信主体及责任人相关失信信息作为相关机构及其法定代表人、实际控制人、董事、监事、高级管理人员享受优惠性政策时的审慎性考量因素	《社会信用体系建设规划纲要（2014—2020 年）》 第五部分第一条　完善以奖惩制度为重点的社会信用体系运行机制。 运行机制是保障社会信用体系各系统协调运行的制度基础。其中，守信激励和失信惩戒机制直接作用于各个社会主体信用行为，是社会信用体系运行的核心机制。 （一）构建守信激励和失信惩戒机制。 加强对守信主体的奖励和激励。加大对守信行为的表彰和宣传力度。按规定对诚信企业和模范个人给予表彰，通过新闻媒体广泛宣传，营造守信光荣的舆论氛围。发展改革、财政、金融、环境保护、住房城乡建设、交通运输、商务、工商、税务、质检、安全监管、海关、知识产权等部门，在市场监管和公共服务过程中，要深化信用信息和信用产品的应用，对诚实守信者实行优先办理、简化程序等“绿色通道”支持激励政策。 加强对失信主体的约束和惩戒。强化行政监管性约束和惩戒。在现有行政处罚措施的基础上，健全失信惩戒制度，建立各行业黑名单制度和市场退出机制。推动各级人民政府在市场监管和公共服务的市场准入、资质认定、行政审批、政策扶持等方面实施信用分类监管，结合监管对象的失信类别和程度，使失信者受到惩戒。逐步建立行政许可申请人信用承诺制度，并开展申请人信用审查，确保申请人在政府推荐的征信机构中有信用记录，配合征信机构开展信用信息采集工作。推动形成市场性约束和惩戒。制定信用基准性评价指标体系和评价方法，完善失信信息记录和披露制度，使失信者在市场交易中受到制约。推动形成行业性约束和惩戒。通过行业协会制定行业自律规则并监督会员遵守。对违规的失信者，按照情节轻重，对机构会员和个人会员实行警告、行业内通报批评、公开谴责等惩戒措施。推动形成社会性约束和惩戒。完善社会舆论监督机制，加强对失信行为的披露和曝光，发挥群众评议讨论、批评报道等作用，通过社会的道德谴责，形成社会震慑力，约束社会成员的失信行为。 建立失信行为有奖举报制度。切实落实对举报人的奖励，保护举报人的合法权益。 建立多部门、跨地区信用联合奖惩机制。通过信用信息交换共享，实现多部门、跨地区信用奖惩联动，使守信者处处受益、失信者寸步难行。	国家发改委、商务部、海关总署、质检总局

商务部等 18 部门关于开展 2017 年“诚信兴商宣传月”活动的通知

商秩函〔2017〕635 号

各省、自治区、直辖市、计划单列市及新疆生产建设兵团商务主管部门（整规办）、党委宣传部、文明办、网信办、发展改革委（物价局）、工业和信息化主管部门、国家税务局、地方税务局、工商行政管理局（市场监管部门）、质量技术监督局、各直辖检验检疫局、新闻出版广电局、食品药品监管局、旅游局、外汇局，海关总署广东分署、各直属海关，有关地方贸促会、企业联合会、商业联合会、消费者协会（委员会）：

为深入贯彻实施《社会信用体系建设规划纲要（2014—2020 年）》《2017 年社会信用体系建设工作要点》等文件精神，加强诚信宣传教育，提高全社会诚实守信意识，大力培育和践行社会主义核心价值观，2017 年 9 月，商务部、中央宣传部等 18 部门和单位以“立商信：营造良好消费环境”为主题，继续开展“诚信兴商宣传月”活动。现将有关事项通知如下：

一、宣传重点

（一）“立商信”工作成效。一是宣传以建育信情况。宣传展示商务诚信体系建设试点、商务综合行政执法改革、重要产品追溯体系建设运行、海关“经认证的经营者”AEO 国际合作进展和 AEO 企业适用的通关便利措施、出口食品企业内外销“同线同标同质”工作进展、旅游市场诚信建设工作成效等。二是宣传以惩促信情况。宣传规范市场秩序、预付卡整治、加强网络市场监管、治理商业贿赂、打击传销、打击侵权假冒、保护知识产权、整顿外汇市场秩序等工作成效。三是宣传诚信建设典型企业。宣传国内贸易流通、进出口、旅游、价格等各领域的诚信建设典型企业，介绍其经验做法。

（二）守信联合激励和失信联合惩戒工作成效。发展改革委、商务部、海关总署、税务总局、工商总局、质检总局、食品药品监管总局、旅游局等部门宣传联合奖惩相关制度机制建设成效，已签署的各领域联合奖惩备忘录及实施效果、典型案例；推动扩大联合奖惩备忘录的签署数量和覆盖范围、完善黑红名单管理制度情况等。进一步发挥全国信用信息共享平台、信用中国网站、国家企业信用信息公示系统、商务诚信公众服务平台、旅游市场信用信息公示系统以及各相关部门网站作用，宣传跨部门信用联合奖惩工作。

（三）信用体系建设相关政策法规。大力宣传《社会信用体系建设规划纲要（2014—2020 年）》《国务院关于建立完善守信联合激励和失信联合惩戒制度加快推进社会诚信建设的指导意见》《国务院关于加强政务诚信建设的指导意见》《国务院办公厅关于加强个人诚信体系建设的指导意见》《关于全面加强电子商务领域诚信建设的指导意见》等党中央、国务院关于社会信用体系建设的方针政策；宣传中央文明委关于推进诚信建设制度化的部署及举措；宣传普及《价格法》《反垄断法》《药品管理法》《食品安全法》《消费者权益保护法》《广告法》《商标法》《征信业管理条例》《企业信息公示暂行条例》《海关企业信用管理暂行办法》及商务、税收、旅游、外汇等领域的法律法规、政策和信用管理标准规范，增强全社会诚信守法意识。

二、主要活动

（一）“信用消费进万家”主题日活动。商务部组织地方商务主管部门在 9 月 28 日开展“信用消费进万家”主题日活动，鼓励线上线下零售企业在活动期间推出信用销售产品，通过向消费者提供延期付款、分期付款优惠等多种形式促进信用销售；向消费者开展专题宣传活动，宣传信用消费知识和理念，鼓励更多消费者信用消费，扩大即期消费。

（二）全国“质量月”主题活动。质检总局牵头举办全国“质量月”活动，曝光质量突出问题和质量案件事件，发送“质量月”公益微博、微信，弘扬精益求精的工匠精神，展现中国制造、中国建设、中国服务在质量管理、技术创新、品牌建设方面的努力和实效。

（三）“企业信用管理”宣传活动。海关总署指导全国海关利用举办政策宣讲会座谈会、发放宣传手册、在线访谈等形式，借助海关门户网站、海关 12360 热线、官方微博、微信公众号，对进出口企业开展信用管理宣传，宣传《海关企业信用管理暂行办法》及配套措施、海关相关企业联合激励和惩戒相关工作等，打造诚信守法营商环境。

（四）“依法诚信纳税”宣传活动。税务部门通过税务网站、报刊、办税服务场所、纳税人学校、微信、微博等渠道，广泛宣传纳税信用管理的内容、评价标准、激励惩戒措施和典型案例，提升纳税人的守信、增信意识，促进依法纳税诚信经营，营造良好社会信用环境。

（五）“网络诚信　消费无忧”主题活动。消费者协会牵头针对网络消费、老年人消费开展消费教育；开展“网购诚信与消费者认知”调查活动，广泛宣传调查活动成果；开展网络消费、无障碍设施服务等调查体验活动；加强商品比较试验宣传，提高比较试验的影响力和公信力。通过宣传，改善消费环境，提高消费者的安全消费意识和理性消费能力。

（六）部门诚信建设宣传展示活动。海关宣传推广反走私诚信体系建设“台州经验”。旅游局开展“抵制不合理低价游，明明白白去旅游”宣传活动，建设公平竞争、诚实守信的旅游市场环境。外汇局开展打击逃骗汇、非法套汇、非法套利、地下钱庄等违法违规行为宣传活动。消费者协会建设电商消费维权直通车平台，进一步扩展平台企业范围，加强平台宣传推广。贸促会开展诚信品牌全球化研讨和诚信品牌故事演讲比赛活动。企业联合会在系统内开展“诚信企业创建示范基地”活动，发布企业信用指数。商业联合会开展全国商业企业诚信兴商双优示范单位及诚实守信道德模范宣传学习活动。

（七）信用知识宣传普及活动。有关部门通过权威访谈、专题采访、系列报道、专栏文章等多种形式，宣传普及信用基础知识、信用联合奖惩、信用评价、信用销售、信用风险防控、信用管理体系建设等知识，介绍信用管理典型案例，传播诚信文化，厚植诚信经营理念，增强企业诚信经营意识，提高消费者诚实守信和信用管理意识，建设良好的社会诚信环境。

三、宣传方式

（一）传统媒体与新媒体相结合。通过中央媒体及地方媒体对“诚信兴商宣传月”各项活动进行深入宣传报道。在相关部门门户网站开设“诚信兴商宣传月”专题频道，对各部门各地活动情况进行集中宣传，并推动相关网络媒体对专题频道进行链接。充分利用微博、微信、手机新闻客户端等新媒体播放宣传报道、公益广告等，开展有奖问答、政策解读等活动，丰富宣传内容和形式。

（二）正面宣传与反面曝光相结合。正面宣传一批诚信典型案例，深入挖掘并讲好相关企业和个人的诚信故事，树立诚信典范，弘扬诚信正能量。集中曝光、剖析一批典型违法失信案例，震慑失信商家和自然人，发挥监督警示作用，增强企业和公众的信用管理和风险防范意识。

（三）广泛宣传与重点报道相结合。既要做好政务诚信、商务诚信、社会诚信、司法公信等各领域诚信建设情况的整体宣传，又要突出重点，做好预付消费、网络购物等重点领域，食品药品、化妆品、医疗器械、旅游等重点行业，价格、反垄断、外汇管理等重点环节的诚信建设宣传报道，提高宣传成效。

四、有关要求

各地相关部门要结合本部门本地区实际，积极组织开展宣传活动。商务主管部门（整规办）要充分发挥组织协调作用，协调新闻媒体积极开展诚信建设相关宣传报道，鼓励协会商会大力开展行业诚信宣传教育，引导广大企业、消费者积极参与“诚信兴商宣传月”活动，会同其他部门整合宣传资源，扩大宣传声势。“诚信兴商宣传月”期间开展的各项活动，要统一使用“诚信兴商宣传月”活动标识，可在中国市场秩序网（www. 12312. gov. cn）下载。各项活动要严格贯彻落实中央八项规定精神，严禁铺张浪费和形式主义等做法。

请各地商务主管部门（整规办）在 10 月 25 日前将各地活动总结和《2017 年“诚信兴商宣传月”活动统计表》报送商务部（市场秩序司）。

联系电话：商务部市场秩序司 010－85093311　85093325

二〇一七年八月二十五日

附　录

现行有效外汇管理主要法规目录（截至2017年12月31日）①

一、综合（21项）

（一）基本法规（8项）

1. 中华人民共和国外汇管理条例　国务院令第532号

2. 境内外汇划转管理暂行规定　〔97〕汇管函字第250号

3. 个人外汇管理办法　中国人民银行令2006年第3号

4. 个人外汇管理办法实施细则　汇发〔2007〕1号

5. 国家外汇管理局关于印发《海关特殊监管区域外汇管理办法》的通知　汇发〔2013〕15号

6. 国家外汇管理局关于印发《跨国公司外汇资金集中运营管理规定》的通知　汇发〔2015〕36号

7. 国家外汇管理局关于进一步促进贸易投资便利化完善真实性审核的通知　汇发〔2016〕7号

8. 国家外汇管理局关于进一步推进外汇管理改革完善真实合规性审核

① 共收录外汇管理法规223件。

的通知　汇发〔2017〕3 号

（二）账户管理（6 项）

9. 境内外汇账户管理规定　银发〔1997〕416 号

10. 境外外汇账户管理规定　〔97〕汇政发字第 10 号

11. 国家外汇管理局综合司关于驻华使领馆经常项目外汇账户管理有关问题的通知　汇综发〔2007〕114 号

12. 国家外汇管理局关于对公外汇账户业务涉及有关外汇管理政策问题的批复　汇复〔2007〕398 号

13. 国家外汇管理局综合司关于驻华外交机构外汇业务有关问题的批复　汇综复〔2008〕53 号

14. 国家外汇管理局关于境外机构境内外汇账户管理有关问题的通知　汇发〔2009〕29 号

（三）行政许可（1 项）

15. 国家外汇管理局关于外汇管理行政审批有关工作事项的通知　汇发〔2015〕31 号

（四）其他（6 项）

16. 国家外汇管理局关于印发《国家外汇管理局政府信息公开指南》《国家外汇管理局政府信息公开目录》《国家外汇管理局依申请公开政府信息工作规程》的通知　汇发〔2008〕12 号

17. 国家外汇管理局法律咨询工作管理规定　汇综发〔2009〕106 号

18. 国家外汇管理局综合司关于办理二氧化碳减排量等环境权益跨境交易有关外汇业务问题的通知　汇综发〔2010〕151 号

19. 国家外汇管理局关于废止和修改涉及注册资本登记制度改革相关规范性文件的通知　汇发〔2015〕20 号

20. 国家外汇管理局关于亚洲基础设施投资银行和新开发银行外汇管理有关问题的通知　汇发〔2016〕10 号

21. 国家外汇管理局公告　2016 年第 2 号

二、经常项目外汇管理（27 项）

（一）经常项目综合（5 项）

22. 国家外汇管理局关于免税商品外汇管理有关问题的通知　汇发

〔2006〕16 号

23. 国家外汇管理局关于调整经常项目外汇管理政策的通知　汇发〔2006〕19 号

24. 国家外汇管理局关于境内机构自行保留经常项目外汇收入的通知　汇发〔2007〕49 号

25. 国家外汇管理局关于改进海关特殊监管区域经常项目外汇管理有关问题的通知　汇发〔2013〕22 号

26. 国家外汇管理局关于开展支付机构跨境外汇支付业务试点的通知　汇发〔2015〕7 号

（二）货物贸易外汇管理（8 项）

27. 国家外汇管理局综合司关于商业银行办理黄金进出口收付汇有关问题的通知　汇综发〔2012〕85 号

28. 国家外汇管理局　海关总署　国家税务总局关于货物贸易外汇管理制度改革的公告　国家外汇管理局公告 2012 年第 1 号

29. 国家外汇管理局关于印发货物贸易外汇管理法规有关问题的通知　汇发〔2012〕38 号

30. 国家外汇管理局综合司关于做好货物贸易外汇管理应急工作有关问题的通知　汇综发〔2012〕123 号

31. 中华人民共和国海关总署　国家外汇管理局公告 2013 年第 52 号

32. 国家外汇管理局关于完善银行贸易融资业务外汇管理有关问题的通知　汇发〔2013〕44 号

33. 国家外汇管理局关于规范货物贸易外汇收支电子单证审核的通知　汇发〔2016〕25 号

34. 国家外汇管理局关于便利银行开展贸易单证审核有关工作的通知　汇发〔2017〕9 号

（三）边境贸易（1 项）

35. 国家外汇管理局关于边境地区贸易外汇管理有关问题的通知　汇发〔2014〕12 号

（四）服务贸易外汇管理（4 项）

36. 国家外汇管理局关于外币旅行支票代售管理等有关问题的通知　汇发〔2004〕15 号

37. 国家外汇管理局关于境内机构捐赠外汇管理有关问题的通知 汇发〔2009〕63 号

38. 国家外汇管理局关于印发服务贸易外汇管理法规的通知 汇发〔2013〕30 号

39. 国家税务总局 国家外汇管理局关于服务贸易等项目对外支付税务备案有关问题的公告 国家税务总局 国家外汇管理局公告 2013 年第 40 号

（五）个人经常项目外汇管理（5 项）

40. 国家外汇管理局关于进一步完善个人结售汇业务管理的通知 汇发〔2009〕56 号

41. 国家外汇管理局关于进一步完善个人外汇管理有关问题的通知 汇发〔2015〕49 号

42. 国家外汇管理局关于优化个人外汇业务信息系统的通知 汇发〔2016〕34 号

43. 国家外汇管理局综合司关于外籍人员持外国人永久居留身份证办理结售汇业务有关事宜的通知 汇综发〔2017〕59 号

44. 国家外汇管理局综合司关于完善个人外汇信息申报的通知 汇综发〔2017〕65 号

（六）外币现钞与外币计价管理（4 项）

45. 携带外币现钞出入境管理暂行办法 汇发〔2003〕102 号

46. 携带外币现钞出入境管理操作规程 汇发〔2004〕21 号

47. 国家外汇管理局 海关总署关于印发《银行调运外币现钞进出境管理规定》的通知 汇发〔2014〕24 号

48. 国家外汇管理局关于印发《境内机构外币现钞收付管理办法》的通知 汇发〔2015〕47 号

三、资本项目外汇管理（78 项）

（一）资本项目综合（6 项）

49. 国家外汇管理局关于下放部分资本项目外汇业务审批权限有关问题的通知 汇发〔2005〕63 号

50. 国家外汇管理局关于调整部分资本项目外汇业务审批权限的通知 汇发〔2010〕29 号

51. 国家外汇管理局关于鼓励和引导民间投资健康发展有关外汇管理问题的通知　汇发〔2012〕33 号

52. 国家外汇管理局关于推广资本项目信息系统的通知　汇发〔2013〕17 号

53. 国家外汇管理局关于进一步改进和调整资本项目外汇管理政策的通知　汇发〔2014〕2 号

54. 国家外汇管理局关于改革和规范资本项目结汇管理政策的通知　汇发〔2016〕16 号

（二）外商直接投资外汇管理（13 项）

基本法规

55. 利用外资改组国有企业暂行规定　国家经济贸易委员会、财政部、国家工商行政管理总局、国家外汇管理局令 2002 年第 42 号

56. 外商投资创业投资企业管理规定　对外贸易经济合作部、科学技术部、国家工商行政管理总局、国家税务总局、国家外汇管理局令 2003 年第 2 号

57. 外国投资者对上市公司战略投资管理办法　商务部、中国证券监督管理委员会、国家税务总局、国家工商行政管理总局、国家外汇管理局令 2005 年第 28 号

58. 关于外国投资者并购境内企业的规定　商务部、国务院国有资产监督管理委员会、国家税务总局、国家工商行政管理总局、中国证券监督管理委员会、国家外汇管理局令 2006 年第 10 号（《商务部关于修改〈关于外国投资者并购境内企业的规定〉的决定》（商务部令 2009 年第 6 号）修改）

59. 国家外汇管理局关于进一步改进和调整直接投资外汇管理政策的通知　汇发〔2012〕59 号

60. 国家外汇管理局关于印发《外国投资者境内直接投资外汇管理规定》及配套文件的通知　汇发〔2013〕21 号

61. 国家外汇管理局关于进一步简化和改进直接投资外汇管理政策的通知　汇发〔2015〕13 号

62. 国家外汇管理局关于改革外商投资企业外汇资本金结汇管理方式的通知　汇发〔2015〕19 号

其他

63. 国家外汇管理局　建设部关于规范房地产市场外汇管理有关问题的通知　汇发〔2006〕47 号

64. 住房和城乡建设部　国家外汇管理局关于进一步规范境外机构和个人购房管理的通知　建房〔2010〕186 号

65. 建设部　商务部　国家发展和改革委员会　中国人民银行　国家工商行政管理总局　国家外汇管理局关于规范房地产市场外资准入和管理的意见　建住房〔2006〕171 号

66. 住房城乡建设部、商务部、国家发展改革委、人民银行、工商总局、外汇局关于调整房地产市场外资准入和管理有关政策的通知（建房〔2015〕122 号）

67. 商务部　外汇局关于进一步改进外商投资房地产备案工作的通知（商资函〔2015〕895 号）

（三）境外投资外汇管理（4 项）

68. 国家外汇管理局关于境内企业境外放款外汇管理有关问题的通知　汇发〔2009〕24 号

69. 境内机构境外直接投资外汇管理规定　汇发〔2009〕30 号

70. 国家外汇管理局关于境内银行境外直接投资外汇管理有关问题的通知　汇发〔2010〕31 号

71. 国家外汇管理局关于境内居民通过特殊目的公司境外投融资及返程投资外汇管理有关问题的通知　汇发〔2014〕37 号

（四）境外融资及有价证券管理（6 项）

境外发债及上市

72. 国务院办公厅转发国家计委、人民银行关于进一步加强对外发债管理意见的通知　国办发〔2000〕23 号

73. 国家外汇管理局关于境外上市外汇管理有关问题的通知　汇发〔2014〕54 号

套期保值

74. 国有企业境外期货套期保值业务管理办法　证监发〔2001〕81 号

75. 国家外汇管理局关于国有企业境外期货套期保值业务外汇管理有关问题的通知　汇发〔2013〕25 号

其他

76. 国家外汇管理局关于调整境内发行B股和境外上市股票外汇专用账户的开立和募股收入结汇审批权限的通知 汇发〔1999〕380号

77. 中国人民银办公厅关于A股上市公司外资股东减持股份及分红所涉账户开立与外汇管理有关问题的通知 银办发〔2009〕178号

(五) 证券市场投资外汇管理（14项）

境内证券市场投资外汇管理

78. 合格境外机构投资者境内证券投资管理办法 中国证券监督管理委员会 中国人民银行 国家外汇管理局令 2006年第36号

79. 国家外汇管理局综合司关于绿庭（香港）有限公司减持A股资金管理有关问题的批复 汇综复〔2010〕58号

80. 国际开发机构人民币债券发行管理暂行办法 中国人民银行 财政部 国家发展和改革委员会 中国证券监督管理委员会公告〔2010〕第10号

81. 人民币合格境外机构投资者境内证券投资试点办法 中国证券监督管理委员会 中国人民银行 国家外汇管理局令2013年第90号

82. 国家外汇管理局关于境外交易者和境外经纪机构从事境内特定品种期货交易外汇管理有关问题的通知 汇发〔2015〕35号

83. 国家外汇管理局关于调整合格机构投资者数据报送方式的通知 汇发〔2015〕45号

84. 合格境外机构投资者境内证券投资外汇管理规定 国家外汇管理局公告2016年第1号

85. 国家外汇管理局关于境外机构投资者投资银行间债券市场有关外汇管理问题的通知 汇发〔2016〕12号

86. 中国人民银行 国家外汇管理局关于人民币合格境外机构投资者境内证券投资管理有关问题的通知 银发〔2016〕227号

境外证券市场投资外汇管理

87. 商业银行开办代客境外理财业务管理暂行办法 银发〔2006〕121号

88. 保险资金境外投资管理暂行办法 中国保险监督管理委员会、中国人民银行、国家外汇管理局令 2007年第2号

89. 信托公司受托境外理财业务管理暂行办法 银监发〔2007〕27号

90. 合格境内机构投资者境外证券投资外汇管理规定　国家外汇管理局公告2013年第1号

其他

91. 内地与香港证券投资基金跨境发行销售资金管理操作指引　中国人民银行　国家外汇管理局公告〔2015〕第36号

（六）外债及对外担保管理（21项）

基本法规

92. 国家外汇管理局关于印发《银行外汇业务管理规定》等规章的通知

附件：境内机构借用国际商业贷款管理办法　（97）汇政发字第06号

93. 外债管理暂行办法　国家发展计划委员会、财政部、国家外汇管理局令2003年第28号

94. 境内外资银行外债管理办法　国家发展和改革委员会　中国人民银行　中国银行业监督管理委员会令　2004年第9号

95. 境内金融机构赴香港特别行政区发行人民币债券管理暂行办法　中国人民银行、国家发展改革委员会公告2007年第12号

96. 中国人民银行关于实施全口径跨境融资宏观审慎管理有关事宜的通知　银发〔2017〕9号

外债统计与管理

97. 外债统计监测暂行规定

98. 国家外汇管理局关于印发《银行外汇业务管理规定》等规章的通知

附件：外债统计监测实施细则　〔97〕汇政发字第06号

99. 国家计委　中国人民银行　国家外汇管理局关于国有商业银行实行中长期外债余额管理的通知　计外资〔2000〕53号

100. 国家外汇管理局关于调整我国外债口径及相关问题的通知　汇发〔2001〕174号

101. 国家外汇管理局关于发布《外债登记管理办法》的通知　汇发〔2013〕19号

102. 国家外汇管理局关于核定2015年度境内机构短期外债余额指标有关问题的通知　汇发〔2015〕14号

担保

103. 国家外汇管理局关于发布《跨境担保外汇管理规定》的通知　汇

发〔2014〕29 号

104. 中国人民银行公告〔2014〕第 13 号

105. 国家外汇管理局关于对部分非银行机构内保外贷业务实行集中登记管理的通知　汇发〔2015〕15 号

106. 国家外汇管理局综合司关于完善银行内保外贷外汇管理的通知　汇综发〔2017〕108 号

贸易信贷

107. 中国人民银行关于商业银行办理信用证和保函业务有关问题的通知　银发〔2002〕124 号

外汇贷款

108. 国家外汇管理局关于实施国内外汇贷款外汇管理方式改革的通知　汇发〔2002〕125 号

109. 境内企业内部成员外汇资金集中运营管理规定　汇发〔2009〕49 号

110. 国家外汇管理局关于境内企业外汇质押人民币贷款政策有关问题的通知　汇发〔2011〕46 号

111. 国家外汇管理局关于印发《外债转贷款外汇管理规定》的通知　汇发〔2014〕5 号

112. 国家外汇管理局关于融资租赁业务外汇管理有关问题的通知　汇发〔2017〕21 号

（七）个人资本项目外汇管理（14 项）

资产转移

113. 中国人民银行公告 2004 年第 16 号——个人财产对外转移售付汇管理暂行办法

114.《个人财产对外转移售付汇管理暂行办法》操作指引〔试行〕　汇发〔2004〕118 号

115. 国家外汇管理局　外交部　公安部　监察部　司法部关于实施《个人财产对外转移售付汇管理暂行办法》有关问题的通知　汇发〔2005〕9 号

116. 国家税务总局　国家外汇管理局关于个人财产对外转移提交税收证明或者完税凭证有关问题的通知　国税发〔2005〕13 号

证券投资

117. 国家外汇管理局　中国证券监督管理委员会关于国内证券经营机构从事 B 股交易有关问题的通知　〔95〕汇管函字第 140 号

118. 中国证券监督管理委员会　国家外汇管理局关于境内居民个人投资境内上市外资股若干问题的通知　证监发〔2001〕22 号

119. 国家外汇管理局关于贯彻实施《关于境内居民个人投资境内上市外资股若干问题的通知》中有关问题的通知　汇发〔2001〕26 号

120. 国家外汇管理局关于境内居民投资境内上市外资股有关问题的补充通知　汇发〔2001〕31 号

121. 国家外汇管理局关于贯彻实施《关于境内居民个人投资境内上市外资股若干问题的通知》中有关问题的补充通知　汇发〔2001〕32 号

122. 国家外汇管理局综合司关于境内个人投资 B 股购汇有关问题的批复　汇综复〔2011〕148 号

123. 国家外汇管理局关于境内个人参与境外上市公司股权激励计划外汇管理有关问题的通知　汇发〔2012〕7 号

124. 国家外汇管理局关于重庆长安汽车股份有限公司回购 B 股股份购汇额度等外汇管理事项的批复　汇复〔2012〕21 号

125. 国家外汇管理局关于美国银行有限公司中国区分行行为境内个人参与境外上市公司股权激励计划境内代理机构开立结汇待支付专用账户的批复　汇复〔2017〕1 号

外汇质押人民币贷款

126. 国家外汇管理局关于境内居民个人以外汇抵押人民币贷款政策问题的通知　汇发〔2003〕2 号

四、金融机构外汇业务监管（45 项）

（一）基本法规（5 项）

127. 国家外汇管理局关于下发《银行外汇业务管理规定》和《非银行金融机构外汇业务管理规定》的补充规定的通知　附件：关于非银行金融机构外汇业务管理的相关规定　〔93〕汇业函字第 83 号

128. 非银行金融机构外汇业务范围界定　〔96〕汇管函字第 142 号

129. 关于规范金融机构同业业务的通知　银发〔2014〕127 号

130. 国家外汇管理局关于修订《银行执行外汇管理规定情况考核办法》相关事宜的通知　汇发〔2015〕26号

131. 国家外汇管理局综合司关于印发《银行执行外汇管理规定情况考核内容及评分标准（2017年）》的通知　汇综发〔2017〕31号

（二）银行结售汇业务（15项）

银行结售汇业务

132. 国家外汇管理局关于境外黄金借贷和衍生产品交易业务外汇管理问题的批复　汇复〔2005〕253号

133. 国家外汇管理局关于银行贵金属业务汇率敞口外汇管理有关问题的通知　汇发〔2012〕8号

134. 银行办理结售汇业务管理办法　中国人民银行令〔2014〕第2号

135. 国家外汇管理局关于印发《银行办理结售汇业务管理办法实施细则》的通知　汇发〔2014〕53号

136. 中国人民银行关于外资银行结售汇专用人民币账户管理有关问题的通知　银发〔2015〕12号

137. 国家外汇管理局关于银行间债券市场境外机构投资者外汇风险管理有关问题的通知　汇发〔2017〕5号

银行结售汇头寸管理

138. 国家外汇管理局综合司关于调整银行结售汇综合头寸统计报表及报送方式的通知　汇综发〔2012〕129号

银行结售汇报表

139. 银行结售汇统计制度　汇发〔2006〕42号

140. 国家外汇管理局关于进一步规范银行结售汇统计管理有关问题的通知　汇发〔2008〕54号

141. 国家外汇管理局综合司关于将人民币购售业务纳入结售汇统计有关问题的通知　汇综发〔2010〕99号

142. 国家外汇管理局关于进一步强化国际收支核查工作的通知　汇发〔2011〕47号

143. 国家外汇管理局综合司关于调整银行结售汇统计报表相关指标的通知　汇综发〔2014〕65号

144. 国家外汇管理局综合司关于调整银行结售汇统计报表有关问题的

通知　汇综发〔2017〕4 号

结售汇相关产品管理

145. 中国人民银行关于政策性银行为合格境外机构办理人民币贷款业务和货币互换业务有关问题的通知　银发〔2007〕81 号

146. 国家外汇管理局关于合作办理远期结售汇业务有关问题的通知　汇发〔2010〕62 号

（三）离岸业务（2 项）

147. 离岸银行业务管理办法　银发〔1997〕438 号

148. 离岸银行业务管理办法实施细则　〔98〕汇管发字第 09 号

（四）银行卡相关业务（6 项）

149. 国家外汇管理局关于规范银行外币卡管理的通知　汇发〔2010〕53 号

150. 国家外汇管理局关于银联国际有限公司承接银联卡境外业务相关外汇业务资质等事宜的批复　汇复〔2013〕125 号

151. 国家外汇管理局关于进一步加强银联人民币卡境外提现管理的通知　汇发〔2015〕40 号

152. 国家外汇管理局关于金融机构报送银行卡境外交易信息的通知　汇发〔2017〕15 号

153. 国家外汇管理局综合司关于银行卡境外交易外汇管理系统上线有关工作的通知　汇综发〔2017〕81 号

154. 国家外汇管理局关于规范银行卡境外大额提取现金交易的通知　汇发〔2017〕29 号

（五）不良债权（1 项）

155. 国家发展改革委、国家外汇管理局关于规范境内金融机构对外转让不良债权备案管理的通知　发改外资〔2007〕254 号

（六）银行相关其他业务（4 项）

156. 中国人民银行关于内地银行与香港和澳门银行办理个人人民币业务有关问题的通知　银发〔2004〕254 号

157. 国家外汇管理局关于中国银行福建省分行开办个人外汇保证金交易的批复　汇复〔2006〕95 号

158. 国家外汇管理局关于交通银行开办代理境外分支机构开户见证业

务的批复　汇复〔2010〕208号

159. 国家外汇管理局关于新台币兑换管理有关问题的通知　汇发〔2013〕11号

（七）保险公司（2项）

160. 国家外汇管理局关于印发《保险业务外汇管理指引》的通知　汇发〔2015〕6号

161. 国家外汇管理局综合司关于上线保险业务数据报送系统的通知　汇综发〔2015〕97号

（八）信托公司、金融资产公司及其他非银行金融机构（5项）

162. 中国人民银行关于金融资产管理公司外汇业务经营范围的通知　银发〔2000〕160号

163. 中国证券监督管理委员会　国家外汇管理局关于证券经营机构从事B股业务若干问题的补充通知　证监发〔2001〕26号

164. 国家外汇管理局关于外资参股基金管理公司有关外汇管理问题的通知　汇发〔2003〕44号

165. 国家外汇管理局关于汽车金融公司有关外汇管理问题的通知　汇发〔2004〕72号

166. 国家外汇管理局关于金融资产管理公司对外处置不良资产外汇管理有关问题的通知　汇发〔2015〕3号

（九）外币代兑机构、个人本外币兑换特许机构、自助兑换机（5项）

167. 国家外汇管理局关于印发《个人本外币兑换特许业务试点管理办法》的通知　汇发〔2012〕27号

168. 国家外汇管理局综合司关于规范个人本外币兑换特许业务和外币代兑业务有关事项的通知　汇综发〔2015〕38号

169. 国家外汇管理局关于个人本外币兑换特许机构办理调运外币现钞进出境及外币批发业务的批复　汇复〔2015〕169号

170. 国家外汇管理局关于个人本外币兑换特许机构通过互联网办理兑换业务有关问题的通知　汇发〔2015〕41号

171. 国家外汇管理局关于印发《外币代兑机构和自助兑换机业务管理规定》的通知　汇发〔2016〕11号

五、人民币汇率与外汇市场（19 项）

（一）汇价（5 项）

172. 中国人民银行公告〔2005〕第 16 号——关于完善人民币汇率形成机制改革有关事宜

173. 中国人民银行公告〔2006〕第 1 号——关于进一步完善银行间即期外汇市场、改进人民币汇率中间价形成方式有关事宜

174. 中国人民银行公告〔2007〕第 9 号——关于扩大银行间即期外汇市场人民币兑美元交易价浮动幅度

175. 中国人民银行公告〔2014〕第 5 号

176. 中国人民银行关于银行间外汇市场交易汇价和银行挂牌汇价管理有关事项的通知　银发〔2014〕188 号

（二）外汇交易市场（14 项）

177. 国家外汇管理局关于加强对外汇市场监管规范办公程序的通知〔95〕汇国函字第 009 号

178. 银行间外汇市场管理暂行规定　银发〔1996〕423 号

179. 中国人民银行公告〔2003〕第 16 号——关于在香港办理个人人民币存款、兑换、银行卡和汇款业务的有关银行清算安排事宜

180. 国家外汇管理局关于在银行间外汇市场推出即期询价交易有关问题的通知　汇发〔2005〕87 号

181. 非金融企业和非银行金融机构申请银行间即期外汇市场会员资格实施细则〔暂行〕　汇发〔2005〕94 号

182. 中国人民银行关于加快发展外汇市场有关问题的通知　银发〔2005〕202 号

183. 中国人民银行关于在银行间外汇市场开办人民币外汇货币掉期业务有关问题的通知　银发〔2007〕287 号

184. 货币经纪公司外汇经纪业务管理暂行办法　汇发〔2008〕55 号

185. 中国人民银行　国家外汇管理局关于停办外币清算业务有关事宜的通知　银发〔2009〕137 号

186. 国家外汇管理局关于中国外汇交易中心在银行间外汇市场推出人民币对外汇期权交易的批复　汇复〔2011〕30 号

187. 国家外汇管理局关于修订《银行间外汇市场做市商指引》的通知　汇发〔2013〕13 号

188. 国家外汇管理局关于调整金融机构进入银行间外汇市场有关管理政策通知　汇发〔2014〕48 号

189. 国家外汇管理局关于境外中央银行类机构投资银行间市场外汇账户管理有关问题的通知　汇发〔2015〕43 号

190. 中国人民银行　国家外汇管理局公告〔2015〕第 40 号

六、国际收支与外汇统计（13 项）

（一）国际收支统计综合法规（1 项）

191. 国务院关于修改《国际收支统计申报办法》的决定　中华人民共和国国务院令第 642 号

（二）国际收支统计间接申报（5 项）

192. 国家外汇管理局关于印发《境内银行涉外收付凭证管理规定》的通知　汇发〔2014〕19 号

193. 国家外汇管理局关于印发《涉外收支交易分类与代码（2014 版）》的通知　汇发〔2014〕21 号

194. 国家外汇管理局关于印发《通过银行进行国际收支统计申报业务实施细则》的通知　汇发〔2015〕27 号

195. 国家外汇管理局关于印发《通过银行进行国际收支统计申报业务指引（2016 年版）》的通知　汇发〔2016〕4 号

196. 国家外汇管理局综合司关于印发《通过银行进行国际收支统计申报业务核查规则（2017 年版）》的通知　汇综发〔2017〕67 号

（三）国际收支统计直接申报（6 项）

197. 国家外汇管理局关于中资金融机构报送外汇资产负债统计报表的通知　汇发〔2009〕6 号

198. 国家外汇管理局综合司关于调整中资金融机构外汇资产负债等报表报送方式的通知　汇综发〔2012〕136 号

199. 商务部　国家统计局　国家外汇管理局关于印发《对外直接投资统计制度》的通知　商合函〔2015〕6 号

200. 国家外汇管理局关于印发《对外金融资产负债及交易统计制度》

的通知 汇发〔2016〕15 号

201. 国家外汇管理局综合司关于印发《对外金融资产负债及交易统计核查规则（2017 年版）》的通知 汇综发〔2017〕72 号

202. 国家外汇管理局综合司关于印发《对外金融资产负债及交易统计业务指引（2017 年版）》的通知 汇综发〔2017〕106 号

（四）抽样调查制度（1 项）

203. 国家外汇管理局关于印发《贸易信贷调查制度》的通知 汇发〔2016〕1 号

七、外汇检查与法规适用（11 项）

（一）办案程序（3 项）

204. 国家外汇管理局外汇检查处罚权限管理规定 汇发〔2001〕219 号

205. 国家外汇管理局行政处罚听证程序 汇发〔2002〕79 号

206. 国家外汇管理局行政复议程序 汇发〔2002〕80 号

（二）法律依据（3 项）

207. 国家外汇管理局关于转发《关于骗购外汇、非法套汇、逃汇、非法买卖外汇等违反外汇管理规定行为的行政处分或者纪律处分暂行规定》的通知 汇发〔1999〕102 号

208. 国家外汇管理局关于《中华人民共和国外汇管理条例》第七章法律责任部分条款内容含义和适用原则有关问题的通知 汇发〔2008〕59 号

209. 对国家外汇管理局关于提请解释《外汇管理条例》法律责任有关条款的复函 国法函〔2012〕219 号

（三）其他（5 项）

210. 中国证监会、国家外汇管理局、国家工商行政管理局、公安部关于严厉查处非法外汇期货和外汇按金交易活动的通知 证监发字〔1994〕165 号

211. 中国证券监督管理委员会 国家工商行政管理局 国家外汇管理局 公安部关于印发《关于贯彻中国证监会、国家外汇管理局、国家工商行政管理局、公安部〈关于严厉查处非法外汇期货和外汇按金交易活动的通知〉的会议纪要》的通知 证监发字〔1994〕196 号

212. 国家外汇管理局　国家工商行政管理局关于禁止国内私自以外币计价结算和禁止发布含有外币计价结算内容的广告的通知　〔96〕汇管函字第177号

213. 国家外汇管理局、公安部关于严厉打击非法买卖外汇违法犯罪活动的通知　汇发〔2001〕155号

214. 国家外汇管理局综合司关于非法网络炒汇行为有关问题认定的批复　汇综复〔2008〕56号

八、外汇科技管理（9项）

215. 国家外汇管理局信息系统代码标准化工作管理办法〔暂行〕　汇综发〔2008〕162号

216. 国家外汇管理局综合司关于修订印发《国家外汇管理局信息系统代码标准管理实施细则》的通知　汇综发〔2011〕131号

217. 国家外汇管理局　国家质量监督检验检疫总局关于修订印发《特殊机构代码赋码业务操作规程》的通知　汇发〔2014〕16号

218. 国家外汇管理局综合司关于报送对外金融资产负债及交易数据、个人外币现钞存取数据和银行自身外债数据的通知　汇综发〔2014〕95号

219. 国家外汇管理局综合司关于扩大企业联机接口服务应用范围的通知　汇综发〔2015〕35号

220. 国家外汇管理局关于发布《金融机构外汇业务数据采集操作规程》的通知　汇发〔2015〕44号

221. 国家外汇管理局关于发布《金融机构外汇业务数据采集规范（1.1版）》的通知　汇发〔2016〕22号

222. 国家外汇管理局综合司关于对外金融资产负债及交易数据、机构外币现钞存取数据、外汇账户和账户内结售汇数据接口程序自查、联调和数据报送有关工作的通知　汇综发〔2017〕34号

223. 国家外汇管理局综合司关于做好外汇业务系统适用统一社会信用代码工作的通知　汇综发〔2017〕93号

索　引

（按文件文号分类排序）